U0128696

太 陽 草

空　因　著

文 學 叢 刊

文史哲出版社印行

國家圖書館出版品預行編目資料

太陽草 / 空因著 -- 初版 -- 臺北市：文史哲，
民 99.09
　　頁；　公分（文學叢刊；238）
　　ISBN 978-957-549-922-8（平裝）

857.7　　　　　　　　　　　　　99016643

文　學　叢　刊　238

太　陽　草

著　　　者：空　　　　　　　　因
出 版 者：文　史　哲　出　版　社
　　　　　http://www.lapen.com.tw
　　　　　e-mail：lapen@ms74.hinet.net
登記證字號：行政院新聞局版臺業字五三三七號
發 行 人：彭　　　正　　　雄
發 行 所：文　史　哲　出　版　社
印 刷 者：文　史　哲　出　版　社
　　　　　臺北市羅斯福路一段七十二巷四號
　　　　　郵政劃撥帳號：一六一八〇一七五
　　　　　電話886-2-23511028・傳真886-2-23965656

定價新臺幣三八〇元

中華民國九十九年（2010）九月初版

謹以此書
獻給馮馮先生

他曾經是我的忘年之交，
當代奇人——《微曦》一書的作者。
他雖已乘鶴西去，
但他對我的循循教誨，
以及孜孜不倦、
追求真理的精神將永遠銘記於我心中。

太陽草

　　只有十多分鐘就要到上課的時間了，安靈又像往常一樣，將孿生妹妹安念急急忙忙叫醒來：「安念，快點起床去上學。你還沒有吃早飯！」

　　一個迷迷糊糊的聲音從被子裏飄出來：「上學，上學，天天上學，真討厭！」

　　「我先走，不等你了。」安靈一邊說，一邊輕輕地溜出了家門。

　　上課鈴馬上就要響了。窗外，安靈看到她的妹妹正朝著教室的方向一溜煙跑過來，手裏還抓著什麼東西，那一定是她還沒來得及吃完的早餐。

　　兩姐妹出生時間只差了兩分鐘，長相卻很不一樣。安靈是姐姐，有著一張秀麗而姣好的臉，臉色略顯蒼白，下巴稍微有些尖，眉毛總是微微皺著，好像哲學家在思考深邃的問題一樣。安念是圓圓臉，上面有些零星的雀斑，鼻子稍稍有點兒歪，但襯在她臉上，一點兒也不討厭，反增添些活潑而調皮的味道。

　　安靈眼睛大而明亮。安念卻戴著近視眼鏡。安靈脾氣好，走起路來總是輕飄飄的沒有什麼響聲。安念聰明、反應敏捷，但卻是個脾氣急躁的女孩，雖然視力不大好，兩隻大眼睛時時滴溜溜轉著，好像在動歪腦筋。安念走起路來，呼啦啦地像急風吹過一樣，不用猜，老遠就知道是她過來了。

　　這一天，安念像小鳥一樣飛進教室，然後啪的一聲跌坐在姐姐身旁的位子上。老師講課時，她就在偷偷吃早餐。她將書豎在桌子上，左手托著腮，趁老師一轉身，從書包裏抓一把東西丟進嘴裏。如果有人從側面留意她，只見她吃東西的時候牙齒不動，嘴巴不動，腮幫也不動，只有舌頭在輕輕蠕動。老師從講臺上看下去，見安念總是一副專心聽講獨立思考的樣子。只有她的姐姐時不時聽到妹妹吞咽食物時，喉嚨裏發出輕微的「咕噔」聲。

　　安靈碰一碰妹妹的胳膊，低聲警告她：「喂，安念，老師不是說過上課不允許吃東西嗎？」

　　「爲什麼不可以？」妹妹不高興地在喉嚨裏咕噥一聲。

　　「因爲現在是學習的時候，不是吃東西的時候呀。」

　　安念翻翻白眼，「那我可不可以正在學習吃東西呢？」

　　安靈搖搖頭，不再理妹妹，聚精會神去聽課。

　　第一堂課是文法課。老師問「曇花一現」這個字是什麼意思。安念其實並沒有認真聽講。可是，她看到不少同學都在舉手，也想表現一下，就跟著將手舉起來。「有這麼多人舉手，老師肯定不會叫我的。」她這樣僥倖地希望。

　　「安念，請你回答一下。」老師也許不想掃她的興，偏偏叫了她。安念嚇了一跳，但裝作無辜的樣子扶一扶眼鏡框：「啊，對不起，我剛才沒有舉手，不過是在伸懶腰罷了。」

　　同學們都在偷偷笑安念，可她抱著雙臂，擺出毫不在乎的樣子。

　　這一天，老師叫了妹妹後，又叫姐姐：「安靈，你可以舉一個曇花一現的例子嗎？」

　　大家都看著安靈，她的臉立刻紅了。安靈的學習成績很好，可是自信心不夠。很多時候，她明明知道問題的答案，卻因爲害

怕老師叫她而不敢舉手。尤其是在老師威嚴的目光掃視著全班，似乎是在決定要叫她的名字時，她的手心就冒汗，有時甚至全身都微微發起抖來。這是安靈的習慣，只要碰到稍微緊張一點的場面，她的心就不聽話地撲撲跳起來。

「呃，比如，」女孩的眉毛撐起來，臉上掛著哲學家的沉思和羞澀。「有一個詩人在他的詩歌裏說：『我今晨坐在窗前，世界如一個路人似的，停留了一會，向我點點頭又走過去了』，也許這就是曇花一現的意思吧……」

「嗯，這個比喻很有詩意，可是，是不是還有比它更加直接的例子呢？」老師說，一面微笑著將臉轉向其他同學。

接下來是一堂數學課，老師在黑板上出了一道題：一個大型生日蛋糕，姐姐做需要 6 個小時完成，妹妹的工作效率是姐姐的 3 分之 2。兩人合作了 3 小時後，還剩下蛋糕的幾分之幾沒有完成？

安靈已經算出答案，卻因為害羞沒有舉手。安念吸取上堂課的教訓，既不舉手，也不去看老師的眼睛，裝作在紙張上聚精會神演算題目。真不幸，老師這次又叫了她：「安念，我看你今天演算得很專心，可不可以將你算出來的結果跟大家分享一下？」

「可是，生日蛋糕一般是別人送的，很少自己做噢。」安念靈機一動這樣說。

大家都哄堂大笑起來，連老師都忍不住笑了，他和藹地啟發她：「我們這裏提的是一個假設性的問題。如果在這種情況下，你想一想，還剩下蛋糕的幾分之幾沒有完成呢？」

大家都看著安念，她歪著頭，竭力裝出用心思考的樣子，然後不大肯定地答，「還剩下幾分之幾？哦，這個問題，讓我想一下，大概，大概還剩下二分之一吧？」

「你的結果怎麼算出來的？」

「你不是說她們的蛋糕已經做了三個小時嗎？姐姐做那個蛋糕需要六個小時，三個小時後不正好做了二分之一？」

「可是，」老師困惑地看著她，「這個蛋糕不僅僅是姐姐在做呀。」

「哎呀，」安念不耐煩起來，「姐姐既然做得快，妹妹做得慢，就叫姐姐做得了，為什麼要這麼麻煩呢？」

「什麼？」老師沒有料到他的學生會有這樣古怪的邏輯，他瞠目結舌地看著她，「如果都叫姐姐來做，那麼，妹妹做什麼？！」

「做什麼都可以，只要她喜歡。」安念微微一笑，爽快地答。

本來喧嘩的教室猛然靜得可以，連一根針掉在地上都可聽見。後來不知誰突然帶了頭，尖聲笑起來，接著所有的人都捧著肚皮笑，笑得屋頂都好像要被衝破了。安念理直氣壯地瞪著他們，不明白有什麼事情這麼好笑。能者多勞，這有什麼好奇怪的呢？

*　*　*　*　*　*　*

兩個女孩的母親，據說來自於一個顯赫的家庭。她的父親，也就是女孩們的外公，因為看不起女孩們父親卑賤的家世，不准他們結合。可是，兩個年輕人藐視了家族的權威最後還是走到了一起。結果是女孩們的母親從此被永遠逐出了家門。

更加不幸的是，女孩們的母親幾乎在一生下她們兩個就去世了，她們傷心欲絕的父親也因此離家遠走他鄉，不久，也傳來他在異地去世的噩耗。

於是，兩個女孩就在爺爺奶奶家長大。他們一家四口住在海灣邊上的一個小木屋子裏。

女孩們不上學的時候，常常在海邊玩耍。安靈喜歡一個人坐在海邊看那海上的波濤，一浪翻過一浪。那裏時不時有魚兒蹦出

水面，濺起一串串白亮亮的水珠，然後又神秘兮兮潛回水的深處。傍晚的時候，安靈坐在岩石上癡癡地觀看日落，那時的太陽是一層柔嫩得能捏得出水來的淡紅色。

而她的妹妹，則喜歡光著腳丫踩在濕濕軟軟的沙地上，開心地看著那沾乎乎的泥土從趾縫間吱溜溜冒出來。漲潮的時候，安念常常張開雙臂追著海水跑，跑累了就撲通一聲跳下海裏去游泳，在水裏面又笑又叫。

安靈常常入神地盯著海的對面看。海對面就是人們常說的天和國，一個陌生而神秘的國家。爺爺奶奶說，女孩們的父親，好多年前就去了那個遙遠的國度。這更讓安靈對於對面的那個世界充滿了幻想和好奇：父親去那邊幹什麼？他爲什麼死了？他也曾思念過她們嗎？

安靈想天和國肯定跟這邊很不相同。不然，父親怎麼會去那邊呢？如果到處都是一樣，那就太沒有意思了。她幻想著那邊的景色，那邊居住的各式各樣的人們：他們的話語、衣服、吃的東西、住的房子……有時候，安靈的想像是那麼栩栩如生，彷彿她只要一伸手，就可以觸摸到它們了。

「安念，昨天晚上我做了一個好奇怪的夢……」有一天，姐姐和妹妹在海邊玩耍時，安靈這樣告訴妹妹。

「什麼夢？」安念正撅著屁股，跪在沙灘裏，一邊哼著歌，一邊頭也不抬地拾貝殼。安靈看到她的衣服反穿著，衣服後面的連衣帽穿到了前面。

「安念，你的衣服穿反了。」做姐姐的正色說。

「我知道。我故意這樣穿的。這樣可以多一個口袋，正好多放些東西。」安念聳聳肩膀。果然，安靈看見妹妹掛在胸口的帽子裏面放了好多亂七八糟的東西：小石頭、貝殼、小樹枝等等。

安念喜歡唱歌。她常常哼著的是一首誰也不知道她從哪裡學
來的歌：

大海大海流呀流，
流到西流到東
流入母親的懷抱中。

小鳥小鳥飛呀飛，
飛到西飛到東
飛入自由的天空中。

雪花雪花飄呀飄，
飄到西飄到東
飄入永恆的宇宙中。
……

「我昨晚上夢見媽媽了。」安靈低聲說。

妹妹起初看上去有些懵，然後不經意地笑了：「不公平，母
親怎麼夢裏不來找我呢？她說什麼了？」安念又蹲了下去埋頭幹
活。

「喂，安念，奶奶不是說過要你不要再把貝殼帶回家嗎，家
裏已經多得裝不下了。」

「可是奶奶說過每次准帶一個回家。」

「你已經拾了這麼多，怎可能只有一個呢？」

「別替我操心，我有辦法對付奶奶的。媽媽夢裏說了什麼？」

「我不大記得了，母親好像說要我好好照顧你。」

「照顧我？」妹妹仰起頭看著姐姐，露出雪白的牙齒，唧唧
笑起來。她直起身來，炫耀地露出胳膊上結實的肌肉給姐姐看，

「嗨，安靈，有沒有搞錯，我比你強壯多了，應該是我照顧你才對啊。」

的確，妹妹整天處於運動狀態，論體力，她比姐姐顯得強壯不少。安靈不太喜歡運動，總是悄悄地一個人看書或者想心思，所以顯得有些弱不禁風。

那天兩姐妹到家的時候，奶奶果然要搜妹妹的口袋。「你這淘氣的女孩，今天恐怕又把整個沙灘上的貝殼都撿回家了。」

「沒有，就帶了一個回來，你不是說過一個可以嗎？」安念故意將手舉得高高的，跟奶奶的搜查大力配合。

奶奶真的只摸索到了一個貝殼。

兩姐妹一回到臥室，安念就笑得倒在了床上，「哎喲哎喲，太好笑了，奶奶以為我今天真的只有一個貝殼。」安念得意地將那個貝殼打開給姐姐看，原來她將所有的貝殼由小到大，一環套一環，全部都一個個套了起來。從外面看上去，當然只有一個了。

「你呀，上數學課有這麼聰明就好了。」姐姐也跟著她笑了。

＊　＊　＊　＊　＊　＊　＊　＊

爺爺奶奶以賣草藥為生。他們家的前前後後都種滿了各種各樣的植物，屋子裏也總是充滿了新鮮草藥的味道。

爺爺奶奶生活雖然還過得去，但比起周圍的鄰居來就有些相形見絀了。原因很簡單，現在買草藥的人越來越少了，生病的人寧願去吃那些藥效快、政府又給報銷的西藥，不願意吃那些又苦又澀藥效又慢的草藥。這是個講究效率的時代，爺爺奶奶也覺得無可奈何。鄰家的孩子們大多數都用起了電腦、手機、MP3、IPod、數位照相機這樣的時髦東西，爺爺奶奶雖然也想給孫女兒買，可卻無能為力。好在兩個孩子都習慣了過節儉的生活，並不奢望沒

有希望得到的東西。

　　安念喜歡花草。只要一有時間，她就幫著爺爺奶奶在屋前屋後侍弄它們。小小的年紀，安念就已經記住了不少植物的名字和它們的用途。安靈對於這些花花草草卻無所謂，她一有空就喜歡往學校的圖書館跑，在那裏待上大半天還不夠，往往還要抱一大疊書回來讀。

　　兩個女孩發現爺爺奶奶都越來越老了，他們的背駝了下去，而那兩張滄桑的臉，不知什麼時候變得像乾核桃一樣溝溝坎坎了。他們倆都越來越喜歡咳嗽，尤其在地裏幹活時，常常艱難地直起酸痛麻木的腰，捂著胸口咳著喘著，比賽似的，沒完沒了。

　　「你們應該多吃點調肺順氣的草藥，就不會咳得這麼難受了。」安念這樣對爺爺奶奶說。

　　兩個老人咧開殘缺不齊的牙齒笑了。「傻女孩，並不是所有的病，都可以用這些花花草草治好的呀。」

　　安靈那天比妹妹晚回來，她因為欠了學校圖書館的書逾期未還被罰款了。安念看著她走進門來滿臉沮喪的樣子，調侃地說：「喲，怎麼，又被那個圖書館員給修理了一頓吧？」

　　「我存在那瓷小豬裏的硬幣都快被掏空了，下次說什麼也要記得歸還的日期，不能讓她再拿走一分錢了。」安靈歎一口氣。

　　「哎呀，愛看書的人，總得付出一點代價對不對？」安念陰陽怪氣地說，一邊朝姐姐做了個鬼臉。

　　那天安靈的功課很快就做完了，她安閒地看起她剛剛借來的書。

　　安念大部分功課已經做好，只有數學作業還是一片空白。奶奶從她身邊經過，看見她瞪著大眼睛，不停地咬著筆頭，一副不知該如何下手的樣子。「哎，安念，既然作業不會做，在學校怎

麼不問一問老師呢？」奶奶問。

「我當然問了。」安念理所當然地撅著嘴。

「問了還不會做？你怎麼問的？」奶奶詫異地看著她。

「我問他──『我非得做這個嗎？』」

「哎呀，你這個孩子。」奶奶又好氣又好笑，搖搖頭走開了。

「拜託，安靈，給我抄一下你的數學作業。」妹妹輕輕哀求她。

「不行，老師說了，每個人都得自力更生不許抄襲作業。」安靈頭也不抬。

「這個紅鼻子老頭，抄了他也不知道。天知地知你知我知，怕什麼呢？」

「他當然知道，因為你平常做的題目都是錯的，現在個個都做對了，他會不起疑心嗎？他會叫你一步步重新演算給他看。」

「他起疑心也沒有關係。我就說我在家裏知道答案，一到學校就頭疼起來記不清演算過程了。」

「他會叫你去看校醫，看你是不是真的頭疼。」

「唉，」安念歎一口氣，「為什麼教數學的人都非得這麼精呢？其他老師就好多了，他們只看你有沒有做作業，也不管你做得對不對。」安念一邊說，一邊斜眼瞅著姐姐的作業本，趁她聚精會神看書的時候，悄悄拿過來抄了起來。為了不引起姐姐的注意，她一邊抄一邊有話沒話地跟她聊：「你在看什麼書？」

「一個老頭的書，叫『荒野之狼』。」安靈頭也不抬。

「一個糟老頭寫的書有什麼好看，何況還是寫狼的？」

「不是寫狼的。是關於人生的。」

「什麼人生人死的，全是一派胡言。」

「你不看怎麼知道是一派胡言？」

「我不需要看也知道。」安念不屑地扁扁嘴，調換話題，「唉，真不公平，你那麼愛看書，卻不用戴眼鏡。我什麼也不看，視力卻糟透了。」

「就是呀，爺爺奶奶給你吃了那麼多草藥，也沒有讓你的眼睛少近視一點。」

「你聽起來不是很有同情心呵。」安念抄完了作業，將它輕輕地原封不動蹭回去。

「我當然很同情你。」

「你的語氣卻不是這樣。你可以說：哦，親愛的安念，我多麼希望你的眼睛比太陽還明亮呵！」安念咯咯笑起來，伸長了手腳舒服地靠在椅背上。

安靈也笑起來，放下書：「你要我假惺惺嗎？」

「假惺惺比尖酸刻薄總要好一點呀。」

「尖酸刻薄？剛才是誰在說，愛看書的人總得付出代價呢？」

「好了好了，我們現在平了。」安念響亮地笑著，打了一個響指，朝廚房喊：「作業全都做完了，奶奶！我們可以吃冰箱裏的那個小西瓜嗎？天氣太熱了，我的嗓子都乾得冒煙了。」

「真的都做完了嗎？那好吧，我來切瓜。」

奶奶巍顫顫地走過來，給每個女孩一人一半瓜，叫她們用勺子舀著吃。

「爺爺和你也吃一點嗎？」安靈體貼地問。

「我們都老了，西瓜冰得牙齒都疼了，還是不吃的好。」奶奶說。

安靈才吃了一半不到，安念就三下兩下把她的那一部分吞到肚子裏面了。

「慢慢吃，慢慢吃，不要這麼狼吞虎嚥的，瞧，把衣服都給弄髒了。」奶奶又怨又愛地看著她。「又沒有誰跟你搶，爲什麼不慢一點呢？你看你姐，吃相斯文多了。你都吃完了，她還剩下那麼多。」

「那是因爲她的那一半比我的大！」安念看著奶奶的身影擠眉弄眼地說。

「比你的大？我們的是一模一樣的大！」姐姐不服氣，跟她小聲爭辯起來。

「不，你的大。」

「不，一樣的大。不信，我們的瓜皮還在這裏，你用尺子來量量看。」

「尺子量不準，誤差太大，要用更精確的測量儀器才行。」安念笑著手舞足蹈起來，桌上的西瓜皮也被她冒冒失失弄到了地上。她嚇了一跳，趕緊去撿西瓜皮，卻又不小心將桌子給弄翻了，桌上的茶壺骨碌碌翻了幾個筋斗掉在了地上。茶壺嘴給摔破了，褐色的茶流了一地。安靈也被這突然而來的變故嚇了一跳，趕緊幫著搶救現場。

奶奶聞聲趕回來，裝出嚴厲的樣子：「這是誰弄的？」

「除了我還可能是誰呢？」安念沮喪地低下頭認罪。

「安念，我就知道是你，永遠冒冒失失毛毛躁躁的。你現在給我到地窖裏去好好反省一下。」

「反省什麼？」安念顯得一臉茫然。

「反省一下如何做一個斯文淑女啊。」

「那可得花點時間啊。」姐姐朝妹妹調皮地伸了伸舌頭。

安念不理她。「可不可以帶我的百寶書去看，奶奶？」

「當然不可以。」

「可不可以帶我的貝殼……」

「哎呀，不許再問什麼『可不可以』了，安念，乖乖地，什麼也不許帶，就一個人下去，好好反省一下。」

安念噘著嘴，懶洋洋地拖著腳步下樓去了。

半個小時後，奶奶朝地窖喊著：「安念，你反省完了嗎？可以上來了嗎？」

「還沒有呢。」一個有氣無力的聲音從下面傳上來。

「至少還有點自知之明，」奶奶心裏暗笑著。「要這個孩子成為一個斯文淑女，簡直是希望太陽從西邊出來了。」然後，她轉過身，朝正抱書看著的安靈說，「你也不用看書了，過來陪我到花園裏去幹幹活。」

「可是奶奶……」

「哎呀，我不要聽你妹妹的『可不可以』，也不要聽你的『可是』，你跟我來就是了。不要一天到晚抱著書本唷，把眼睛都看壞了。你妹妹的眼睛已經夠糟糕的了，我可不想讓你的也變得跟她的一樣。」

奶奶絮絮叨叨，才將安靈從她的書本裏帶出來。大概精怪的安念在地窖裏聽到她們的對話了，安靈拿了帽子正要出門的時候，只見她的妹妹箭一樣從樓底下衝上來，「等等，我準備好了，我也要去！」對於安靈來說，在花園裏做事就是懲罰，對於安念來說，世界上再也沒有比種花種草更有意思的了。

＊　＊　＊　＊　＊　＊　＊

秋天快到了，好多花草都快凋謝了。爺爺指著一些即將枯萎的植物給安念看，「你看，這種草是用來退燒的，以前幫過很多人，甚至救過一些人的命，可是，現在別說救別人，它們都快救

不了自己了。還有這個金冠草，是可以幫助人抗衰老的，現在它們自己也老得不行了。」

「咱們種的這些花草不都有很厲害的藥效嗎？」安念不高興地皺起眉頭，表明她的失望。

「可是，眼睛看到的東西哪有那看不見的東西厲害呢。」爺爺摸摸他的光頭，輕聲歎口氣。

「什麼看不見的東西？」安念狐疑地看著他。

「以後你就明白了，現在咱們先把這些花種弄出來，裝到這個布兜裏邊去吧。再怎樣，還有明年，是不是？」

「將來我長大了，也要跟爺爺奶奶一樣做一個草農，有一片屬於自己的藥圃。」安念一邊摘種子，一邊自豪地說。

「你是這樣想嗎？」爺爺朗聲笑起來，「當一個草農有什麼好，又累又窮！」

「我不管，我要做。」

「你不怕窮嗎？」奶奶也踱過來笑著打趣，「你看爺爺奶奶家多麼窮，家裏什麼值錢的東西都沒有。你們的那些同學，有的都有自己的電腦了，爺爺奶奶想給你們買，只可惜買不起呀。」

「沒有關係的，反正學校裏有，我不在乎。」安念乾脆地說。

爺爺回頭看一下一直在身邊悶聲不響的姐姐，「安靈，你呢，你將來想做什麼？」

「我不知道。」

「那你得好好想想了。每個人都應該有自己的夢想。」妹妹以老成的口氣這樣向她建議。

奶奶微笑著看著安靈，「安靈早就告訴我了，她喜歡看書、寫東西，她將來要做一個大作家。」

「做作家跟種花種草也一樣，當一種興趣做做最好。要真的

當一份職業，只怕也是又累又窮啊。」爺爺撫摸著酸痛的腰，帶些憂傷的表情說。

「只怕會比賣草藥的更窮。」安念飛快地接上他的話，然後，她張開雙臂帶著誇張的表情仰天大喊起來，「噢，上天，我多麼希望我是天生富有而不是天生麗質啊！」

一家人都哈哈笑起來。

「哎呀！」安靈忽然驚呼一聲，原來她差點踩著了一隻蝸牛。妹妹蹲下去，饒有興趣地盯著那只蝸牛看。「你看，安靈，它的身子那麼軟軟的，背上卻背著一個重重的殼。好憨憨的樣子哦。」

「書上說，蝸牛的殼是用自己分泌出來的黏液做的。」

「它真聰明，給自己造了一個小房子。颶風下雨的時候，它也不怕，只要躲在它的小房子裏就得了。」安念羨慕地說。

「可是，它要是沒有這個小房子，就可以爬得快得多了。這個房子，既保護它，又阻礙它。你說是不是？」安靈幽幽地說。

「我看就跟我的眼鏡差不多，」安念點點頭，表示贊同。「戴著它我嫌不方便，因為總是怕它丟了或者破了，可是不戴它我又看不清楚。」

太陽快落到西邊的時候，爺爺奶奶依偎著坐在樹蔭裏休息。兩個女孩蹦蹦跳跳來到樹蔭裏的時候，她們的祖母嘴裏正嚼著一片曬乾的葉子，她伸過暴滿青筋的手，將兩個女孩摟過來，緊貼著她溫暖的身體。她們四個就這樣緊緊挨著坐在園子裏，盯著那片收割了一半的藥圃出神。多少年以後，女孩們還記得爺爺奶奶臉上那神秘的笑容，以及當時天邊那一輪不做聲的夕陽。

＊　＊　＊　＊　＊　＊　＊　＊

這天，爺爺帶著安念去市中心買東西去了。安靈幫著奶奶在

陽光下收曬乾的草藥種子。

「這些種子，非得曬一曬，明年才長得好。」奶奶說，一面抖抖索索將種子收進兜裏。

「不再多曬一會兒嗎，太陽現在還很大呢。」安靈說。

「不能多曬了。凡事都有個時辰。多一點也不行，少一點也不行喲。」

「哎喲！」安靈突然驚呼起來，原來藏在種子裏面的一塊尖石頭將她的手指劃破了。

「痛嗎？」奶奶憐惜地問。

「哦，還好。這種突然而來的痛，我倒是不大怕的。」女孩吮著滴血的手指，淡淡地說。

「那你怕什麼痛呢？」 奶奶將她的手指上了點草藥包紮起來。

「那種需要等待的痛苦。」

奶奶特別留意地看了她一眼，說：「你想得太多了，安靈。」

「我知道。」女孩低下頭去。

「不要老想那麼多。你的那些書，也可以少看一點。不論什麼時候，好好活著最重要。」

女孩不做聲，蹙著眉頭，專心地看著她受傷的手指。

「啊呀，」奶奶用渾濁的眼睛憐憫地看著女孩，又歎息一下，「多可惜呀，要是你們的爸爸媽媽還在這裡就好了！」

安靈咬咬嘴唇，輕輕撫摸著頸項上戴著的那塊水晶吊墜。據說這水晶吊墜是母親臨去世前給她們戴在脖子上的。安念也有一塊。這兩塊吊墜似乎有些不平常，它上面刻著一個特別的圖案：一株矮矮的草，葉子片片向上長成一個葫蘆樣，草的頂端是一顆閃閃發亮的珠子。

　　自從她們出生起，這塊吊墜就沒有離開過她們的身體。除此以外，母親還給她們留下了一些衣服，而父親則給她們留下了一本其厚無比的叫「古往今來自然界秘傳」的百科全書。這本書幾乎被安念霸佔了。安念雖然不愛念教科書，可是，卻特別珍愛這部百科全書，她昵稱它為她的「百寶書」，只要一有機會，她就去翻閱它，有些頁邊都已經發毛並且捲起來了。

　　父母親真的死了嗎？安靈常常會這樣暗暗疑問。死在她的腦海中，是一個太抽象的概念，她還沒有辦法去想像它。

　　很小的時候，安靈坐在屋子前，曾經好幾次看見對面那條路上有送葬的隊伍。她看到那些扶著靈柩的人歪歪斜斜走著，一面走還一面嚎啕大哭，她覺得他們很奇怪。她不明白他們為何那樣悲傷，那麼大的大人，竟然會像孩子一樣任性地哭泣。

　　死到底是什麼？死了的人都到哪裡去了呢？安靈正這樣想著時，她看到一輛小卡車停在了屋門口，兩個粗壯的男人合力費勁地卸下了車廂上的兩件巨大的東西。奶奶聽到他們回來了，臉上露出欣喜的表情，她蹣跚著走過去迎向她的老伴：「啊，老頭子，一切都弄妥了嗎？」

　　「噢，老婆子，什麼都弄妥了。早買早放心。」

　　「哎呀，太好了，老頭子！辛苦了，先喝杯茶吧，已經沏好好久了。」奶奶戰戰兢兢地將茶杯遞過去，然後，拉著爺爺的手，在那兩件巨大的東西面前停下來，屏住了呼吸，輕輕地像撫摸孩子一樣地撫摸著它們光滑的表面。她佇立良久，似乎把什麼都給忘了。然後，她歪起頭，孩子氣一樣地抱住它們，又用她有關節炎的突出的指關節在那上面敲了敲，緊接著，寂靜的屋裏傳來沉悶的咣鐺聲。

　　聽到那貨真價實的響聲，奶奶似乎才真正相信了。她咧開嘴

唇，露出裏面掉了大半牙齒的牙床，笑了。爺爺緊緊地挨著她站著，兩個人交頭接耳，嘻嘻笑著，好像在密謀什麼令人愉快的重大的事情。

爺爺奶奶那富於默契的表情，讓安靈覺得不舒服，那嘶啞的吭鐺聲更是毫不留情地鑽進了她的耳朵，在那裏面沒來由地嗡嗡響起來。她看清了，那是兩口巨大的暗紅色的木套子，它們正靜靜地擺在客廳裏，陽光照進來，在牆上投下了巨大而模糊的陰影。不知為什麼，那個慘澹的暗紅色讓女孩聯想到凝固的血，她戰戰兢兢站在它們面前，噁心得不敢大聲呼吸。

忽然間，安靈想到了什麼，急急地問，「安念呢？安念在哪裡？」

她隱隱聽到妹妹壓抑不住的笑聲從哪裡傳出來。

嘩啦，只見安念一個鯉魚打挺，從一口木套子裏面輕巧地跳出來歡呼著，「噢，謝天謝地，我死而復生！」

「哎呀，你太貪玩了，什麼地方不可以玩，怎麼藏在這裏面呢？」奶奶不滿地看著她。

「否則我怎麼知道躺在棺材裏是什麼味道？」妹妹笑著對姐姐說，「實踐出真知，現在我知道了，躺在棺材裏一點都不好玩，又熱又硬，連個翻身的地方都沒有！」

「要是又嫌熱又嫌硬，還時不時想要翻一下身，那麼他就沒有必要躺在這裏面了。」爺爺彎下身子朝裏面瞅了一會兒，低聲笑著說。

「買這些棺材做什麼？」安靈鎖著眉，顯出大惑不解的樣子。

「買棺材等死呀。爺爺奶奶總有一天會死的，對不對？世上沒有哪一個人能夠長生不老啊。」也許茶嗆著喉嚨了，爺爺捂著胸口猛咳起來，臉上的皺紋也擠到了一起。

「那也不見得，」安念插嘴進來，「我的百寶書上說，在遙遠的天和國，那裏有一株奇特的白色的草，叫做太陽草，全地球就有唯一的一棵，它比恐龍還老。太陽一出來，它就變成金色的了。它的上面只結一顆種子，這顆種子因爲數百萬年來吸收太陽的精華，有著奇妙的不可思議的能量，人吃了它就可以返老還童長生不老。你們看，我們的墜子上面雕刻的就是這種草呢。」

真的嗎？安靈詫異地審視著自己佩戴的那個墜子：這就是傳說的太陽草？爸爸媽媽給她們的水晶吊墜上刻著太陽草，是什麼意思呢？

「唔，」爺爺裝出感興趣的樣子，「可惜太陽草不長在咱們院子裏啊。」

「是呀，太可惜了。」安念看著爺爺蒼老的表情，也變得有些傷感起來。三個人都靜下來，每個人都在想著各自的心思。

「哦，爺爺……人死了，到哪裡去了呢？」過了一會兒，安靈打破沉寂這樣問。

「呃，各有各的去處吧。」爺爺含糊不清地答著，用比平常大的聲音吸著他的茶。然後他突然想起什麼，他拿了一顆橢圓形的草藥種子給她們看。「看，孩子們，這顆草藥種子，明年春天種下去，又會開花、長葉，變成很茂盛的草藥了。那時候，這顆種子是活了還是死了呢？」

「當然是活了，因爲它變成了植物。」安念毫不遲疑地答。

「可是這顆種子沒有了。」安靈猶豫一下，這樣說。

老人凝視著天空，很久沒有說話。良久，他才別過臉去，看著兩個女孩輕輕說：「哦，孩子們，如果種子沒有了，花還在，那它就還是活著的了，因爲花可以長種子；如果花沒有了，種子還在，你也可以說它還是活著的；如果……」

「如果花也沒有了，種子也沒有了呢？」安念不等他說完，就打斷他的話。

「那它就真的死了。」

又是一陣沉默。

「如果你找到太陽草，你會吃它嗎，爺爺？」安念扶一扶掉到鼻樑上的眼鏡，鄭重地問。

「你不是說過，這太陽草在我們的整個星球上就只有一株？」

「是的。」

「那我就不吃算了，給其他更想吃的人吃吧。你呢，你會吃它嗎？」

「我也許會，」安念的臉上閃過一絲複雜的表情，「可是，它只有一株，而且書上說，如果將它的珠子吃掉了，這太陽草也就死了，等於這種植物就完全滅絕了。」安念看著姐姐，「你呢，你會吃它嗎，安靈？」

安靈輕皺眉頭，帶些老成的口吻說，「其實，任何假設不過是假設而已。真的有長生不老的藥放在我的手中，我想我會心動的。」

「你會跟我分享嗎？」

「我當然會跟你分。一個人待在這個世界上有什麼意思呢？」

「我也會跟你分的，」安念眯著眼睛想了一會兒，又忍不住問，「可是，如果珠子非常小，不可以分開，那怎麼辦？」

是的，那怎麼分呢，安靈凝神思考著。

「這樣好了，誰先看到誰就吃它好了。」安念建議道。

「我的眼睛比你好，當然是我比你先。」

　　「那不見得，找東西不一定非得用眼睛。我對植物有第六感覺，很有可能是我先看到。」安念快樂地跳起來，「對了，公平方法，石頭、剪刀、布怎麼樣？」

　　「那也不行。每次我們石頭、剪刀、布，你都故意慢吞吞的最後才出，結果總是你贏。」

　　「總是我贏，不見得吧，你也贏過幾次的。好了，我們不用爭了，丟硬幣是最最公平的方法了。要是我們找到了太陽草，我們就用丟硬幣來決定誰吃掉它。」

　　「如果不能一分為二的話。」

　　「那當然。」

＊　＊　＊　＊　＊　＊　＊

　　就在那以後不久，兩個女孩看到爺爺奶奶都躺進了新買的棺材裏。他倆像串通好了似的，走的時間只有幾個小時的分別。周圍認識他們的人都來參加葬禮了。藥圃前的空地上給擠得滿滿的，還有人在那裏放一種只有葬禮的時候才放的爆竹。

　　爆竹點著以後，往往並不馬上爆破，而是要過好一會兒才會響，不響則已，一響起來則驚心動魄。爆竹每響一下，安靈瘦弱的肩胛就不由自主地抖動一下，她的心，也跟著抖一下。

　　安念時不時將眼鏡摘下來，用衣袖子胡亂擦拭著上面的淚痕。妹妹看到姐姐的臉蒼白得沒有人色，就湊到她身邊，憐憫地捅捅她的胳膊，說：「安靈，我知道，你怕這響聲。」

　　「不，我不怕。響過了，就沒事了。」安靈面無表情地答，「我怕的是爆竹還沒有放的那一刻。」

　　妹妹揚起眉毛不解地看著她。姐姐幽幽地說道，「沒有爆竹響前的那一刻，也就沒有鞭炮響了。就像爺爺奶奶，要是沒有生，

也就不會有今天的死了。」

送葬的時候，小雨紛紛揚揚撒下來。安靈眼裏含淚，緊盯著正被泥土覆蓋的棺材。這麼多年來，兩個女孩跟爺爺奶奶一直相依爲命。想到從此再沒有相見的機會了，這個殘酷的事實，在安靈的心裏，再一次驗證了命運的頑固。她的心，爲此而深深悲哀了。

「阿姨，」送完葬後，安靈跟在一個鄰居身後問：「你說，人死了以後，不可能什麼都沒有了，對不對？」

被問人的臉上露出詫異的神色來。

「呃，是的，人死了，會化成土……」

「除了土以外，不會什麼都沒有了，對不對？」

「對不對？」女孩緊追不捨。對於年少的她來說，這是個非弄清楚不可的問題。女孩很奇怪，爲什麼其他的人都理所當然，並沒有將這個問題當成一個問題呢？

「噢，我可憐的孩子，」她無奈地攤開兩手，「人死如燈滅，自古以來似乎都是這樣呀。」

女孩眼中的一絲光亮熄滅了，她彷彿看到大把大把冰冷的雨向她澆灌下來。

「不是這樣的！不是這樣的！我不相信是這樣！」她退後幾步，蒼白著臉坐在了地上，捂著臉嚶嚶地低聲哭了起來。對於她來說，聽到別人對這個問題給的答案比失去她的爺爺奶奶更令她傷心欲絕。那個鄰居好像是做錯了什麼事，懷著愧疚的心情看了她一眼，躡手躡腳地走開了。

冰冷的雨淋在身上，女孩漸漸平靜了下來，她斷斷續續抽泣著，從地上支撐起已經精疲力竭的身子。忽然，她看到有一個人影站在她面前，那是她的妹妹，她的鼻子凍得紅紅的，眼鏡上佈

滿了白亮亮的小水珠。

「諾，安靈，瞧瞧我這裏有什麼？剛從郵箱裏拿到的！」

* * * * * * * *

安念手裏捏著的是一個信封。它看上去很普通，但右上角有一個罕見的郵戳：長劍上纏繞著一條蛇，蛇的身子蜷曲起來，幾乎成一個圓形，好像蛇頭試圖去輕咬自己的蛇尾一樣。信封裏有一張薄薄的信紙，上面寫著：

親愛的安靈和安念：

你們的父親在去世前，曾委託我做你們的監護人。現在爺爺奶奶既然已去，我誠摯地邀請你們到太陽島的天鶴峰跟我相聚。隨信附上兩張前往太陽島的船票。

太陽島是天和國的一部分，上了岸後，請按照我的地圖尋找天鶴峰。你們也許會覺得這地圖比較簡單，但是我相信通過你們的智慧和勇氣，我們必定在不久的將來見面。

祝一路順風。

你們忠誠的監護人

兩個女孩將那兩張薄薄的船票和地圖翻來覆去看了無數遍。爺爺奶奶生前曾經提過，她們的監護人會在他們去世不久後出現。可是，他們從來沒有對她們詳細描述過這個監護人。女孩們也因為不想觸碰死亡這一敏感的話題，儘量避免過問它。

現在，女孩們的心裏有太多的疑問：這真的是她們的監護人嗎？為什麼他竟然是天和國的人呢？是誰將信件放在她們的郵箱裏？這個人現在在哪裡？天和國又是一個什麼樣的國家？太陽島又在哪兒？天鶴峰是一座山峰嗎？監護人既然要她們去，為什麼不說得更詳細一點？為什麼不乾脆來帶她們去呢？

　　兩個女孩雖然心裏充滿了種種疑問和困惑，卻無處可以找尋答案。

　　「我們來問問上天吧。」妹妹扶一扶她的眼鏡，鄭重地建議。「我這裏有一根狗尾巴草，我們兩個同時扯，如果我扯贏了，我們就去天和國赴約。如果你贏了，就證明是騙人的，我們就老老實實哪裡都不去。」

　　「你的力氣本來就比我大，」做姐姐的不以爲然，「當然你會贏我。」

　　「那麼我們來丟小石子，看誰可以先丟中前面那棵樹？」妹妹拋出第二方案。

　　「我的眼睛比你的好，我不戴眼鏡，當然我會贏。」姐姐又將妹妹的方案否決了。

　　兩個人沉默下來。看樣子，要找個絕對公平、客觀的判斷方法，還真不容易呢。

　　「這樣好了，」姐姐最後這樣建議，「我倆都在一張紙上寫下一個數字。如果我的數字比你的大，那麼我們就去。」

　　安念也覺得這個辦法可以接受。「不過，」她忽然想起了什麼，「如果我們的數字一模一樣呢？」

　　「一模一樣？」安靈思忖了一會兒，說，「那就只好再試一次了。」

　　「如果再試一次，又是一模一樣呢？」

　　「安念，」姐姐有些不耐煩了，「你到底想不想試？」

　　「好，好，我就寫。」妹妹蹲下去寫她的，又想起什麼，「可不可以用負數或者小數？」

　　「當然不可以。」安靈看到妹妹東張西望朝她這邊看，趕忙遮住她的數字。「你不要看我寫什麼。你看到了就不算數了。」

「我根本沒有看，就算看了，什麼也沒有看到。」妹妹咕噥著，凝神思索了一下，然後揚揚眉毛，帶些詭異的微笑寫下了她的數字。

「你的數字是什麼？」妹妹問姐姐。

「你的呢？」姐姐問妹妹。

「你先告訴我你的是什麼？」

「爲什麼？」

「你是姐姐。你比我先出生。」

「我不過比你大兩分鐘。」

「大兩分鐘也多了兩分鐘的人生經驗。你應該讓我。」

「我是在讓你，我讓你先告訴我你的數字是什麼。」

「不，你應該讓我先知道你的數字是什麼。這樣才公平。」

姐姐扭不過妹妹，只好屈服了，給她看她寫下的：1

安念笑了，「你存心不想比我的數字大。」

「給我看你的。」

妹妹給姐姐看她寫下的：0。

姐姐懷疑地看著妹妹：「零也算一個數字嗎？」

妹妹理直氣壯地回答她：「你是說到你三十歲的時候你還會看上去跟三歲的時候一模一樣嗎？如果你有三個糖果，我把三顆都吃光了，你還一樣地高興嗎？」

姐姐不吭聲了。

＊　＊　＊　＊　＊　＊　＊

要去天和國的人非得坐一艘叫「歸真號」的小海輪不可。而且「歸真號」每年只航行一次。

兩個女孩是最先跳上甲板的，因爲除了她們，船上其他的乘

客都有人來送別。他們不停地跟親戚、朋友們擁抱親吻，直到最後一聲汽笛鳴響時，才依依不捨地跳上船來。船走了好遠，岸上還有很多人站在那裏朝著他們的方向揮手。安念也踮起腳，揚起她的紗巾，朝岸上使勁揮。

「你又不認識人，在朝誰告別呢？」姐姐納悶地問。

「我們的小藥圃呀。」

「可是，那個小藥圃已經屬於別人家的了，不是我們的了。」

「無論怎樣，它還是會想念我們的，不是嗎？」

「唔，我想會的。」然後隔了一會兒姐姐又問妹妹：「你把那些花種真的都帶上了？」

「哎，能帶上的我都帶上了，要不我的袋子咋這麼沉？」

「你以為我們要去的地方可以種你的那些花嗎？」

「只要花種好，還愁找不到地方種嗎？」

「可是，你背著這麼沉的東西走路……」

「實在不能走，就只有像蝸牛那樣慢慢爬了。」妹妹爽快地笑起來。甲板上的風將她圓圓的臉吹得紅紅的，頭髮也被吹得亂七八糟。

「再見！」兩個女孩朝著岸上大聲喊。

「再見！」一個長長的回聲從海岸邊送過來。

* 　 * 　 * 　 * 　 * 　 * 　 * 　 *

兩個女孩將行李拖進自己的小艙房時，兩個一胖一瘦的人懶洋洋坐在甲板上，漫不經心地瞅了一下她們，說：「哎，女孩們，你們的包看上去好重呀，裏面可能有不少好東西吧？」兩個女孩第一次碰到這樣的人 —— 他們好奇的不是她們本人，而是她們的包！

「哦，沒有什麼值錢的好東西，不過一些旅行要用的日常用品罷了。」安靈謹慎地答。

「真的嗎？」兩個男人不信任似地斜睨著她們，「我們的眼睛可是火眼金睛，沒有任何值錢的東西瞞得過它們。」

兩個女孩下意識地往後退了幾步。「你們是做什麼的，憑什麼對我們的東西感興趣？」安念不高興地發問。

那個胖一點的男人嘻嘻笑起來，「喲，你們這兩個女孩年紀看上去不大，但警惕性還蠻高。你問我們是幹什麼的？我們不過是搬運工罷了。」

「對，」另外一個也得意地笑起來。「我們常常將別人的東西『搬』到自己口袋裏。美其名曰是『搬運工』，其實就是小偷。」

兩個女孩驚訝地『啊』了一聲，下意識地將自己身後的包往遠離他們的方向挪了挪。

「不過你們不用害怕，因為我們已經打算洗手不幹了。要不，怎麼會跟你們一起搭上這條船呢？」

「你是說你們去天和國就為了改過重新？」

「是的，我們要去天和國拜訪智者，聽說他有教人浪子回頭的本事。」

「真的有這樣的人嗎？」安靈若有所思地看著他們，「智者長得什麼樣子？」

「這我可就不知道了，」那個胖小偷說，「只聽說他很老很老了，至少好幾百歲了。」

「好幾百歲！」安念驚呼起來，「這是不可能的！世界上最長壽的人也不過一百歲多一點。」

「那是咕嚕國的紀錄，」瘦小偷不以為然地說，「在天和國可不一樣。聽說，智者很喜歡笑，他笑的時候，他身邊的花和樹

都跟著發笑呢。」

「做一個小偷需要什麼條件它很難嗎？」安靈禁不住問，因為她實在驚奇極了，竟然有人靠此為生。

「哦，那還用說嗎？不是任何人都有做小偷的本事的，尤其是不缺錢的小偷！」兩人笑著，似乎對他們曾有過的職業充滿自豪。

「啊，你們既然不缺錢，還偷錢做什麼？」

「唔，你這個問題問得有水準，我們自己也常常問自己這個問題。」胖小偷帶著深思的表情說。「也許每個人的人生都需要一些刺激吧？就像水煮馬鈴薯的味道總不如牛肉、蔥花、胡椒粉和香油煨土豆一樣。」

「他說得有道理，沒有什麼比煩悶的生活更糟糕的了。我寧願選擇做小偷，也不會選擇無聊。」瘦小偷斬釘截鐵地說。兩個小偷看樣子是合作慣了的，總是一唱一和。

「唔，」另外一個馬上附和，「人有太多選擇的時候，也不見得是一件好事。因為他往往選擇那表面更有意思的，而不是那對他最好的。就像大多數人寧願選擇牛肉、蔥花、胡椒粉和香油煨土豆一樣。水煮土豆也許對他們的腸胃更好，可是他們寧願選擇那更好吃的。」

瘦小偷接著說：「我的父母做著很大的生意，我根本沒有愁過缺錢花。自從我還是小小年紀的時候，兜裏就總有著足夠的零用錢，這在我們那個時代已經是相當少見了。可是，」

「可是，你還是做了小偷。」安念插嘴。

「是的。很小的時候，我就開始偷了。記得第一次我偷的是鄰居家孩子的一個舊玩具。我不聲不響將它偷過來藏在我的床下面。鄰居找上門來，我的父母還不肯相信，『我的兒子不差吃不

差穿，新玩具多得很，另外還有零花錢，他怎麼可能去偷你們家的舊玩具呢？開玩笑！』漸漸地，我長大了，偷癮也跟著長大。後來我聽說搞小偷這一行還有不少道道，要想真正幹出一番成果，還得去拜師學藝。於是，我聯合幾個志同道合的朋友，一起拜在當地最著名的小偷高手的門下。老師果然名不虛傳。他很用心地訓練我們，教我們如何從燃燒的火堆裏面撿豌豆。剛剛開始，我們都叫苦不疊，因爲手被燙傷時實在太痛了。漸漸地，功夫不負有心人，我們終於可以做到從熊熊的火焰中飛速地撿起一把豌豆來而面不改色心不跳了。」

「當然還有其他的訣竅，」那個胖小偷插話進來，「比如用兩根手指在滾燙的水中去夾又滑又小的肥皂等等。另外，我們也在同伴身上試驗和比賽，看誰可以在對方的身上在最短的時間內偷到最多的東西。這樣練了很久，終於練出一身硬功夫，成了無往而不勝的專業小偷。」

「哇！」兩個女孩暗暗驚歎，互相交換了一個複雜的眼神。

「是的，」瘦小偷嘻嘻笑，然後神色變得有些鄭重了。「幾乎是無往而不勝，不過，也有一次失誤的。」

「也不能說完全是失誤，因爲我們畢竟偷到他的錢包了。」胖小偷補充道。

「誰的錢包？」兩個女孩納悶地看著他們。

「一個賣水晶石老人的錢包。他背著一個大褡褳，褡褳裏面還有一黑一白兩隻小貓。我們看到他賣掉了不少水晶石，然後就將錢隨便地放在口袋的錢包裏。這不是好偷極了嗎？」

「我們像往常一樣，一個做掩護，一個付諸行動，很快就將錢包搞到手了，可是……」

「可是什麼？」兩個女孩覺得這個故事越來越有趣了。

「可是我們回到家打開錢包的時候，才發現裏面除了一張紙條以外空空如也。」

「紙條上寫了什麼字嗎？」安念瞪圓了眼睛，急切地問。

「是的，那上面說：『要根除一個惡習，難上加難。唯一的辦法就是找到一個更好的習慣來代替它。』」

「是那個老人寫的字嗎？」安靈若有所思地問。

「誰知道呢？」瘦小偷說，「總而言之，從那以後，我們認識到，我們幹這一行幹得的確有些厭倦了，我們得想辦法發展一個別的什麼事業。畢竟，這個世界上賺錢的手段不只是做小偷而已。」

胖小偷歎口氣：「要找一個新習慣倒是很容易，我們可以學嚼口香糖、磕瓜子、或者打撲克牌，那樣照樣可以消磨時間。可是要找到一個跟做小偷一樣的充滿刺激的習慣就不容易了。」

「而且還能夠帶來不錯的收入。」另外一個補充道。

兩個女孩饒有興趣地看著他們，現在她們不再對這些小偷們望而生畏了。「哎呀，」安念眼睛珠子轉了轉，愉快地說，「你們不是在盤算著要找一個新習慣嗎？」

「是的，你有什麼好主意嗎？」

「你們既然對幹小偷這麼在行，為什麼不培養一個幫員警捉小偷的新習慣呢？」

「那倒是個好提議，不過，每行有每行的規矩。我們並不想去砸掉那些同行們的飯碗，畢竟，他們有他們做小偷的權利。」瘦小偷有些懊惱地說。

「也並不是所有的小偷都像我們一樣不缺錢花。」胖小偷補充道。

「這，」兩個女孩有些為難了。忽然，安念拍一拍腦門，眼

前一亮，「哎呀，我知道你們可以做什麼了！你們可以做魔術師，因為沒有人會比你們的指法更快的了。」

「這個主意好像還不錯。」胖小偷當即贊同。

「而且還有潛力發展成一個馬戲團。」瘦小偷也連連點頭。「這個新習慣太好了，我們應該刻不容緩馬上去做。」

「既然如此，我們還有必要去天和國麼？」胖小偷看著瘦小偷。

「嗯，既來之則安之，我們去那裏旅遊一下也不妨，順便去看看那邊有什麼可以……」

瘦小偷本來想說「偷」，可是，他的朋友很響地乾咳了一下，他立即會意了，「我是說，順便看看那邊有什麼可以學的，回來好開我們的馬戲團。」

「祝你們好運。」兩個女孩拖了自己的行李進艙。

「啊，請等一等，」胖小偷將什麼東西朝她們的方向丟過來，「順便說一句，這是你們的項鏈，上面還有一個很值錢的水晶吊墜呢。剛才你們可能不小心將它們掉在地上了。」

兩個女孩瞪圓了眼睛拿回自己的東西，看著兩個人大搖大擺地走開了。

「他們會成為很優秀的魔術師的，我敢擔保。」安靈說。

「我也深信不疑。」妹妹毫不遲疑地回答。

＊　　＊　　＊　　＊　　＊　　＊　　＊

事實上，這是一艘規模很小的海輪，所載的乘客不過五、六十來個。這是兩個女孩第一次坐船遠遊，她們的眼睛因為興奮而瞪得大大的，不願意放過任何映入眼簾的新鮮的景象。尤其是安念，她在甲板上東跑西跑，跟碰見的每一個人熱情地打招呼。船

上的乘客都是成年人，至少也有十八、九歲了。他們剛上船的時候大都不苟言笑，表情嚴肅地站在甲板上，儼然心思重重的樣子。不過，過了幾天，大家在這小海輪上，每天低頭不見抬頭見，彼此熟識不少了，氣氛才變得輕鬆一些。尤其是兩個女孩，是船上的未成年人，大家對她倆更格外親切一些。

兩個女孩一有機會就去跟人聊天。她們驚異地發現，在這一群旅行者中，每個人去天和國都有一個特別的原因或者故事。

這一天主動跟兩個女孩攀談的是個中年婦女。她看上去是個性格有些急躁的人，說話時眉頭皺著，語速很快，聲音裏面隱藏著很深的焦慮。女人告訴她們，她是一間大公司的業務主管，有著很豐厚的收入，有尊敬她的同事，也有不少可以閒聊的朋友。

「我本來是個快樂的人，可是，一個小小的車禍改變了我的命運。」女人苦笑著告訴她們。

「我因為工作關係，需要常常開車。我的駕駛技術通常很好，就算是在崎嶇不平的鄉間小路上，甚至在還未完全融化的冰雪上，我的車都開得四平八穩。可是，有一天，在送一個重要的顧客回機場去的路上，我的車因為在信號燈突然變黃的時候剎車太急了點，後面的車撞到了我的車尾上。這本來不是個什麼大事故，我沒有受傷，車尾破損了一點，我的客戶受了點小驚嚇罷了。可是……」

女人擦了擦鼻尖上冒出來的汗，接著說：「可是以後只要看到交通信號燈是黃色的時候，我的臉色就變得蒼白起來，握著方向盤的手也發著抖。『我是停還是衝過去？如果停下來，是不是後面的車會撞上我？如果衝過去，側面的車會不會撞過來呢？』我的腦子裏，好像有兩個聲音在打架一樣地折磨著我。車越接近信號燈，我就越猶疑不決、心神不寧起來……」

女人深深歎了一口氣。

「你爲什麼想起要去天和國呢？」安靈問。

「這個我猜得到，」安念不等女人開口，就搶著說，「聽說天和國是個沒有現代文明的地方，那裏好像連電燈都沒有，沒有電燈就沒有信號燈呀。」

「好像聽說那裏也沒有車……」安靈接著妹妹的話說，「如果你想找一個好的駕駛教練……」

「我不用找駕駛教練，我的車已經開得很好了。我要人幫助我的是如何去掉這個害怕。」女人帶著一絲淒涼說。

「你害怕開車嗎？」

女人一言不發，沉思了一下，然後才說：「我並不害怕開車，我的朋友們都說我的車技很好。我也是個非常遵守交通規則的人，開車這麼多年了，我幾乎沒有得到過一張交通罰單，連停車罰單都沒有。如果交通燈是紅色的，就算一個人都不在場，我也會遵照規矩在適當的地方，將車慢慢減速停下來。這個我有心理準備，所以做得很好，很從容不迫。可是，如果交通燈是黃色的，我握著方向盤的手就抖了起來。因爲我時刻擔心著黃燈即將轉爲紅燈的那一瞬間。我害怕要在倉促中做出前進還是刹車的選擇……」

女人滿腹憂愁地看著兩個女孩。她們對她充滿了同情。

「噢，可憐的人，我完全可以理解她，」安靈心裏想，「這位女士，她怕的不是什麼別的，而是這個『不定』。其實，這不就跟我害怕鞭炮差不多嗎？我害怕的並不是那聲響聲，而是等待那不定響聲的痛苦啊。」

＊　＊　＊　＊　＊　＊　＊　＊

　　這天跟女孩們聊天的是一個大男孩，大約十八、九歲的樣子。

　　「你早。」兩個女孩看他一個人孤獨地站在甲板上，熱情地跟他打招呼。

　　「你們早。」大男孩靠在甲板上的身體有些單薄，他的臉色看起來有些蒼白，眼眶深陷，眼睛紅紅的，好像哭過了。

　　「昨晚上在客艙裏放的那個電影好看嗎？」安念好奇地問。幾乎每天晚上，船上都放一部電影，但大多數都是給成年人看的。安靈、安念沒有到年齡，晚上只能坐在甲板上看星星，一面羨慕地聽著客艙裏發出的歡笑聲或者感歎聲。

　　「一點都不好看，故事裏面的人死的死，傷的傷，太悲慘了。我一點都不喜歡。」大男孩無容置疑地說。

　　這個男孩告訴她們，他最怕看的就是悲劇性的故事。每次看到一個驚心動魄或慘不忍睹的鏡頭，就趕緊將眼睛閉著，並將耳朵塞起來，腦袋緊緊夾在兩個膝蓋之間。「好了嗎？那個鏡頭過去了沒有？」他戰戰兢兢問身邊的人。直到對方再三向他保證，危險已經過去了，可以睜開眼睛了，他撲撲跳個不停的心才會漸漸恢復常態。

　　他告訴她們，有一天晚上，幾乎全城的電視都在放一個哀傷的片子。大男孩看到美麗的女主角快要死了，他不敢看下去了。他掩著耳朵衝到外面，但是那裏也找不到清靜。因為就算站在外面，他還可以隱約聽到鄰居家的電視機傳出來哀怨的音樂聲和女主角幽幽的哭泣聲。他的心被攢得緊緊的，他很痛苦，因為一種恐懼抓住了他，但他卻無處逃遁。黑暗中，他奔跑著，一邊跑一邊流淚：「不要，我不要她死。她那麼好。我不要她死！」他一邊流淚一邊喊。跑累了，才在城市邊上一個黑暗的角落裏坐下來。他的手仍然插在耳朵裏，渾身顫抖不停。

「你怎麼了？需要幫助嗎？」有熱心的過路人上前關切地問他。

「好了嗎？她已經死了嗎？我可以睜開眼睛了嗎？」他驚慌失措地問。

「什麼好了？她是誰？她爲什麼死了？」對方莫名其妙。

安念被他的煩惱弄得哈哈笑了，「哎呀，你真是好笑啊，電視、電影上的東西都是假的，有什麼可害怕的呢？」

大男孩不看她，卻低著頭看著自己的腳尖，「真亦假，假亦真，誰知道呢？我沒有辦法，就算明明知道是假的，我還是害怕。」

「那你該多看一些喜劇片了。」安靈真誠地建議道。

「喜劇片？」大男孩的臉上露出譏諷的笑，「那純粹是逗人取樂的淺薄的東西，有什麼意思呢？」

「噢，你怕看悲劇片，又嫌喜劇片淺薄，那你到底要看什麼？」安念瞪著眼睛不耐煩地看著他。

「我不知道，」男孩的臉在她的注視下微微紅了，「所以我才要去天和國，因爲連我都不清楚自己要什麼。」

*　　*　　*　　*　　*　　*　　*

船長是個老人。寂寞的時候，兩個女孩去找他聊上幾句天。

「你的工作看上去真舒服，幾乎不要費什麼勁。」安念目不轉睛地看著老人嫻熟的操作。

「可是這裏誰也沒有我的工作重要。」老人頭也不回自豪地說。

「那是因爲你掌握著航向，只有你才可以讓船開到該開的地方。」安靈說。

「只有你才會讓船繞開那些有很多白色泡沫的地方，因爲那

裏很可能有暗礁。」安念也補充道。

「唔，你倆倒是挺聰明的女孩。」老人讚歎道。

「對岸的天和國是什麼樣子呢？你去過嗎？」安靈問。

「唔，我去不去不要緊。你們去了不就知道了，不是嗎？」船長漫不經心地說。

「跟這邊很不一樣嗎？」安靈遲疑了一下，又問。

「那當然，不然怎麼叫對岸呢？」老人帶著促狹的微笑朝她擠了擠眼睛。

船快速從海面駛過，一面發出快樂的咕嚕嚕聲。船將海面上大塊大塊的波光都攪散了，魚兒在船舷旁高高跳起來。

安念說：「可惜這個海輪不夠大，沒有太多可以聊天的人，除了我們，都是大人。」

「可是，今年船客還算多的呢。」船長淡淡地說。

「為什麼呢？」

「為什麼？」船長輕笑起來，「對岸沒有吸引他的地方，他憑什麼要去看呢？」

見兩個女孩皺著眉頭表示不解，他繼續說道：「一個人去旅行，總得為了一個目的。有的為了看風景，有的為了看朋友，有的為了解除寂寞，有的為了增長見聞。如果沒有任何目的，你會去旅遊嗎？」

兩個女孩陷入深思中，沒有回答他的問題。沉默了一會兒，安靈輕聲問：「天和國還有多遠？」

「事實上差不多就要到了。」

「就要到了？」她們驚訝不已地看著他。

「可是，天和國的港口有很多哩，你們要在哪裡下？」

「太陽島。」

「唔，那是最後一個港，大概大多數人都比你們先下了。」

「真的嗎？」安靈顯得有些失望，「我們剛上船的時候，還以爲所有的乘客都在同一個港口下呢。」

老人爽朗地笑了。「既然港口這麼多，爲什麼非得在同一個地方登陸呢？」

* 　* 　* 　* 　* 　* 　*

這是一個美得眩目的黃昏，安靈坐在甲板上，托著下巴，靜靜地看著夕陽下面的海洋。在這如夢幻一般的海面上，安靈覺得她跟那海水、那白雲、那陽光、那海風都融爲一體了，他們都有著一顆相通的靈魂，她默默跟它們說話，她也彷彿聽到它們在回答她。她看得如癡如醉，直到有什麼柔軟的東西輕輕拂過她的臉頰，才將她驚醒過來。

她聽到身後突然傳來一個陌生的聲音：「喂，女孩，你是誰呀？」儘管這是個溫柔的聲音，她還是嚇了一跳。驀地回過頭，只見面前站著一個身穿白衣的婦人，雖然甲板上風很大，她卻只穿著單衣單褲。褲管很大，裏面鼓滿了風。她的頭髮有些亂，長長軟軟一直拖到後膝上。安靈注意到，女人笑起來時，眉毛是彎彎的，她的一隻眼睛下面，有一顆小小的黑痣，隨著她的笑容跳動著。

她局促地告訴她，她叫安靈。「那麼你呢？你是誰？你在這裏做什麼？」安靈反問她。

「我麼？」對方的眼波閃爍了一下。「我在等我的丈夫回來，他說出去逛逛就會回來的。」

「出去逛逛？」安靈驚訝起來，在這個小海輪上，從頭可以望到尾，會有什麼地方可以逛逛呢？

　　她們這樣面對面站了一會。安靈忽然覺得對方的眼睛並不真的是在看著她，而是空洞洞地盯著她身後的海面出神，她有些害怕起來，想要回自己的艙位了。正好這時她聽到妹妹呼喊她的聲音，她就趕緊走開了。女人讓開路，笑眯眯地看著她離開。安靈走到自己的艙門前，回過頭，只見那個女人仍然面對海水站在甲板上，風將她的頭髮吹得老高。

　　第二天，安靈將自己的經驗告訴船長。

　　「她是誰？你認得她嗎？」

　　「唔，那是個癡情的好女人，我認識她。」船長這樣告訴她。

　　「是嗎？她看上去有些奇怪。她的丈夫去哪兒了，你知道嗎？」

　　船長的臉變得凝重起來。「她的丈夫？她向你提起了嗎？」

　　「是的，她說他出去逛逛就回家。」

　　「可是，他再也不會回來了。他死了。死了好久了。」

　　女孩的心怦怦跳起來：「死了？怎麼死的？」

　　「跳海死的。」

　　「爲什麼？」

　　船長猶豫了一下，決定將他所知道的都告訴她。

　　「聽說在女人住的家鄉，有兩個勢均力敵的宗教團體：Ａ小國和Ｂ小國。他們都有自己的轄區、法律和軍隊，兩個小國邦水火不容，烽煙在他們轄區之間不斷升起。起先Ａ小國占了上風，佔領了Ｂ小國的一些域地。可是，Ｂ小國也一直在尋找報復的機會。終於這一天來到了。在一個風雨交加的晚上，他們襲擊了Ａ小國在遠郊的一個軍事據點，裏面的士兵將領們，除了一個副將之外，都統統被殺死。那個副將那一天晚上正好跟他的情人去海邊約會了，才倖免一難。後來在Ａ小國，那些被殺害的將士們都

被評上了烈士，只有一個人倒了霉。」

「哪一個？是那個副將嗎？」

「是的，他成了被所有人懷疑的奸細，有人猜測就是他將 B
教派的敵兵引了進來。副將極力辯白，他的情人也挺身出來爲他
作證，證明那天晚上他確實是跟她在一起。可是，沒有人相信他
們。要知道，要證明有很容易，要證明沒有，幾乎不可能。」

「後來呢？」

「後來？後來副將仍然在軍隊中服役，但他再也得不到重用
了。凡是軍隊中有什麼重要的事，都刻意隱瞞著他。甚至他去參
與他的宗教儀式時，都有人監視他，嘲笑他，凌辱他。不到中年
的他，很快頭髮就全白了。」

「唉！」安靈爲他歎一口氣，又問，「後來呢？」

「那個深愛他的女人，日日夜夜陪著他。有一天黃昏，他說
他要去海邊走走，很快就會回來的，他要她等著他。可是，他卻
再也沒有回來。他自殺了，就在跟情人道了再見的那個晚上，他
跳了海。」

「他就這樣死了？」安靈露出大驚失色的樣子。

「是的，從此，那個美麗的情人，每天還是去海邊等他回來。
她總是穿著白色的衣服或裙子，因爲那是他最喜歡的顏色。她站
在那裏，一遍遍地跟他說話。」

聽到這裏，安靈的臉蒼白起來。她瞄一眼那片波光粼粼的海
面，心裏忽然升起一種惶恐。「他們真可憐！」她忍不住又歎一
口氣。

「我看其他的人比他們更可憐。」老人眼睛一眨不眨看著前
方，輕輕說。

＊　＊　＊　＊　＊　＊　＊　＊

　　兩個女孩的隔壁住的是一個詩人。詩人臉容俊秀，但神情總是有些驕氣和冷峻。她們從他開著的門裏面，看到那本該放衣服的櫃子裏高高堆滿了書，他常常端坐在那書堆前好久不動，然後，忽然間他又站起來，彷彿因為什麼而激動起來，他緊緊攥著手，在狹小的房間裏來來回回踱著步。

　　詩人也喜歡朗誦，有時候晚上很晚了，她們還聽到他在隔壁大聲念著催人淚下的詩句。詩人朗誦的時候，本來嘰嘰喳喳講個不停的女孩們立刻安靜了下來，她們都屏住了呼吸，被詩人那聲情並茂，如泣如訴的朗誦感動了。詩人自己卻並不知道這些，他念著那些美麗哀婉的詩句時，他根本將自己都忘了，他的聲音微微發著顫，他的臉上是一種虔誠而凝重的表情，彷彿他自己已經與這個世界隔離了，他完全融入了故事中，跟那裏面的人共呼吸共存亡了。

　　有一天，兩個女孩聽到詩人在隔壁大聲朗誦：

「你喜歡」

你喜歡，一個人在河灘上靜靜走

那裏有很多石頭很多水草

有很多死去的蚌殼

偶爾還能撿到遠古年間的銅幣

但這並不意味著什麼

你的臉色很古老很陰沉

古老陰沉得如那堵曬滿乾魚的斑駁的牆

野鴨從蘆葦裏飛起

叫聲是一串驚嘆號

你的腳步有些蹣跚

路，很長很長

路，很窄很窄
有碎網橫在中央
你視而不見
其實沉默也是一種語言
一種自己聽得懂的語言
你把草帽摘下來又戴上
向一頭獨行的牛兒問好
那牛瘦得使人流淚
而你卻瘦得使人微笑
太陽恆古不變地轉著
落下去的地方傳說就是黃金山谷
淘金人卻沒有回來
沉重的財富把水手的帆船壓沉了
祖母悲傷地走進墳墓
而篙是一樣的篙
槳是一樣的槳……

「孩子與戰爭」
就這樣等呀等，等了許多年
鐮刀早已生銹
孤獨如野草般瘋狂長在孩子的臉上
穿滿彈孔的天空
慘白在流血過多之中
並不複雜的繩結複雜著
並不恐怖的早晨恐怖著
一群鴿子在金屬的顫音裏急劇墜落

袋鼠驚叫著趴下了

響尾蛇紛紛出洞

硫磺繚繞著受傷的林

曠古的庇蔭在憂鬱裏窒息

淚水流蕩的河邊

篝火來不及撲滅又熊熊燃起

廢墟繼續延伸著廢墟

貧困繼續延伸著貧困

孩子拾起鐮刀回家時

驀然發覺

已經跛足……

朗誦完了，詩人回過頭，看見兩個女孩正站在門邊羨慕地看著他。他搔搔頭皮有些不好意思起來。

「這些並不是什麼好詩，不過是我小時候信筆塗鴉亂寫的。童年寫的東西，卻偏偏記得特別牢。我本來不想讀它們的，它們卻跑到我的腦中來了。」

「你寫得很好，也讀得很感人，我都要掉眼淚了！」安靈讚賞地看著他。

詩人紅著臉笑了。安靈注意到他書架上的好幾本書都是她讀過的而且是她特別喜歡的，其中包括「一個孤獨者的遐思」「和「荒野之狼」。

「這些書你都讀過了嗎？」她問他。

「當然都讀過了，有的還讀了好多次呢。」

「你真行。」

「這是我的精神食糧啊。」詩人理所當然地說。

他們談得熱烈，卻把安念冷落在一旁了，她不高興地噘起嘴，

帶些挑釁的神情看著他，「呵，除了會讀書，你還會做什麼？」

「我還會寫詩呀，」詩人輕笑起來。「我很小的時候，就開始偷偷寫詩，因爲我父母不允許我寫。他們希望我將來可以做個科學家。可是，我不喜歡科學，一點都不喜歡。」

詩人苦笑了一下繼續說：「其實我也嘗試過要把那些難懂的功課學好，但是我就是不善於邏輯思維，就像老師說的一樣，我的思考過程總是紊亂而無條理的。所以，無論我如何努力，腦子偏偏就是渾渾沌沌不肯合作。誰說水一定是兩個氫原子一個氧原子構成？三角形內角和爲什麼偏偏是一百八十度，而不是三百度，或者一千度？浮力的大小等於排開液體的重力，到底是什麼意思……」

「就是，誰規定這些的呢？真是莫名其妙！」安念馬上附和。

「我的腦袋裏充滿了這些奇奇怪怪的問題。要我去問老師，我是死也不會去的。其他的同學對老師的講義一個個看來都心領神會，好像只有我是世界上最笨的人。我自己承認這一點已經足夠，難道還有必要向全世界的人宣告，讓他們都來恥笑我麼？」

「如果你是世界上最笨的，那麼你知道，至少還有一個人不比你更聰明。那個人就是我！」安念覺得他說得太有道理了，也跟著激動起來。

「上課的時候，我不是在偷偷看詩，就是寫詩。連課本的空白處，甚至我的課桌上，都被密密麻麻抄上了一首首別人的或者我自己的詩歌。放學一進門，我就往自己的房裏一鑽，半天也不見個人影出來。我的父母都以爲我發瘋了。」

「你寫的詩歌都發表了嗎？」安靈輕聲問。

詩人大概感到有些難堪了，她們可以看到他薄薄的皮膚下面透露出絲絲縷縷的紅暈。看得出，他是個敏感的人，但敏感的神

經下面，卻又跳動著火一樣的熱情。

「可以實話告訴你們，到現在爲止，我幾乎還沒有發表過一首。我從幼年一直寫到中年，到如今已經寫了十幾個厚厚的筆記本了。這些年來，我拿著我的詩稿，將所有大大小小的編輯部、雜誌社都跑遍了，可是沒有任何人需要我的詩，懂得我的詩，更不用說發表它們了。『這年頭，居然還有寫詩的？』他們像看外星人一樣地看著我。」

「後來呢？」安靈輕聲問。

「後來，我的父母將我送到了一個精神病院。」

「精神病院！」兩個女孩不約而同驚呼起來。

「那個地方並沒有什麼不好，有時候還挺方便的，」詩人說。「首先，我還暗自高興，啊，現在我有的是時間可以無憂無慮地寫詩了。可是……」他鬱鬱寡歡地歎息了一聲。

「可是，突然間，我發現我什麼都不會寫了。我原以爲我的腦子裏裝滿了東西，只要用筆輕輕一劃，那些詩歌就會一蹴而就，像流水一樣倒出來。可是，在療養院的日子裏，我絕望地發現，我幾乎什麼都寫不出來。我的靈感不知跑到哪裡去了。我往往手裏捏著一支筆，長時間發著愣，卻一個字也寫不出來。」

詩人聲音裏那痛苦的感傷和幾乎是萬念俱灰的無奈深深打動了安靈的心，她蹙著眉，爲他的痛苦而痛苦了。

「你是很有才氣的，不要放棄，堅持寫下去總會成功的。」安靈由衷地說。她的眼裏有淚花在閃爍。「你不過需要靈感罷了。」

「其實，我會不會成爲一個著名的詩人，還不是主要的，」詩人眉宇間帶著深思看著她。「我最害怕的是……」

「是什麼？」

「我害怕平庸。很小的時候，我就告訴我自己，絕對不可以

跟我周圍的那些人一樣隨波逐流，我一定要去追尋自己的夢。我要的不是錢，不是名，不是權，而是一種與眾不同的可以讓我心甘情願全身心去追求的生活。我也感到我的靈魂在逼迫我去追尋它。」他的聲音因為激動而顫抖起來。

安靈溫柔地笑了，「你不會平庸的，我肯定。」

詩人充滿感激地看著她，眼裏浮現出他鄉遇知音的激動的光芒。兩個年輕人的臉不由自主地紅了。安念在一旁見了，故意大聲清了清嗓子，將他們的注意力分開來。安念雖然跟這個詩人有很多相同的感受，卻並不鍾情他滿臉愁容的外表。

「我猜你是要去天和國找靈感了？」安念帶些同情又帶些輕慢的樣子斜視著他。

「是的，我要去找靈感，一種永不乾涸的靈感。」詩人自言自語般地說。

「你會找到的，我相信。」安靈將一隻手放在胸前，撲閃著眼睛，真誠地說。安念覺得她姐姐那時候的樣子看上去像是在為詩人祈禱一樣。

＊　＊　＊　＊　＊　＊　＊

船上有一個時髦的女人。她的穿著總是非常時尚。她也很會打扮，在她薄薄的連衣裙或者高傲的小外套上總是恰到好處地系著一條別緻的絲巾。絲巾結子乍一看是隨隨便便的樣子，其實是她非常精心地繫出來的。她的頭髮幾乎每天一個花樣。今天如果燙成一個個重疊不斷的小圈圈，明天也可能就是大波浪，後天也許是高高盤起的貴婦髮髻了。就算在船上，她天天都穿著高跟鞋。她的個子本來算是高的，根本用不著穿高跟鞋。但她不管，她喜歡穿。

　　時髦女人常常戴著墨鏡在甲板上散步。散步的時候，她美麗的絲巾在風中時不時飄起來，她就優美地抬起手，輕輕地將它拂到一旁。她走得嫋嫋婷婷千姿百態，高跟鞋底踩在甲板上發出好聽的篤篤聲。時髦女人知道她很漂亮，她彷彿看到有人偷偷地從門縫裏或者窗戶的暗影裏窺視她的倩影。她不介意，她以她的時尚和美麗為傲。

　　有一天時髦女人邀請女孩們到她的艙房裏去作客。女孩們注意到，時髦女人就算在她自己的陰涼的船艙裏，也戴著墨鏡。她們看到她的桌子上有一面巨大的梳妝鏡。鏡子前面擺滿了各種各樣的小巧的瓶子，雅致的香味彌漫在空間裏。

　　「那些都是用來化妝的。」看見女孩們好奇的目光，女人解釋道，一邊不經意地瞄了一眼鏡中的自己。女人每隔幾分鐘，就不由自主地在那鏡子裏瞄瞄。然後，她輕輕彈一下手指。她的指甲又長又尖，深紅色的指甲油閃著熠熠的光。

　　女孩們也看到，女人的衣櫃裏除了琅琅滿目的衣服外，還有很多鞋子。

　　「這些鞋子，大概有幾十雙，都是你自己要穿的嗎？」安念驚異地問。

　　「是的，今天穿這雙，明天穿那雙，高興的時候穿這雙淺黃色的，煩惱的時候穿那雙深藍色的。它們都是我所需要的啊。」女人驕傲地說。

　　「鞋子跟心情還有關？」女孩們睜大了眼睛。

　　「那當然。鞋子是女人的秘密武器。不是有人說，女人最美麗的部分就是一雙腳嗎？」

　　「可是，這些鞋子，有可能在天和國穿嗎？」安靈懷疑地看著它們。「我聽說在天和國，什麼現代化的交通工具都沒有，到

哪裡都得翻山越嶺靠一雙腳。你這樣的鞋子，不可能走很遠的路啊。」

「沒關係，我可以到了那裏再買新的。」女人肯定地說。

女人的衣櫃裏也掛滿了各種式樣和顏色的絲巾。她告訴她們，她喜歡用鮮豔的絲巾來點綴衣服，所以對絲巾特別鍾情，幾乎每天在下班的路上都會要買一條。後來絲巾太多了，都沒有地方可放了。她就把它們按式樣和顏色裝箱，箱子上面詳細地貼著產品介紹。到了晚上，她就戴上不同的絲巾，按照雜誌上的介紹，給它們打出各種各樣的美麗的結，在鏡子邊轉來轉去。

「我只有一條絲巾。」安念哀聲歎氣說。

「不是有人說過，不繫絲巾的女人是最沒有前途的女人嗎？美麗的絲巾，讓我感受到女性的最嫵媚的魅力。我的絲巾不僅在式樣、顏色、質地、季節上有講究，而且有時候我還會考慮到同事今天會穿什麼衣服而跟她們搭配得當。我喜歡站在別人面前那種讓人突然眼前一亮的感覺。」女人得意洋洋地解釋。

「可是，買這麼多化妝品和衣服，不要花很多錢嗎？」安靈驚奇地問。

「當然要花很多錢，不過，讓自己更加美麗，總是要付出一些代價的呀。我可不是那些想讓自己漂亮卻捨不得花錢的人。美麗是無價的，爲了它，犧牲一點錢算什麼呢？」

女人告訴她們一件好笑的事。有一次，她在一個大商店的名貴化妝品櫃檯前流連。那個櫃檯的小姐熱心地向她推銷新產品，她將所有最名貴的化妝品一一拿出來給她看。

「這個好嗎？那個你一定喜歡吧？」她不斷問她，希望從她身上好好賺一筆。

可是，時髦女人不停搖頭。

「是因為太貴了嗎？」善解人意的推銷小姐同情地看著她。

「不是太貴了，」時髦女人溫柔地笑著說，「而是太便宜了。我從來不用這麼便宜的產品。」

「哦，女孩們，你們真該想像一下當時那個推銷小姐臉上的表情。」時髦女人帶著回憶往事的表情微笑著說。

「有這麼多錢，我可捨不得去買化妝品和衣服，」安靈說，「我寧願多買些書。」

「書可以讓你變得更漂亮嗎？」女人挑戰地看著她。

「我想它們總可以讓我變得更聰明些吧。」

「聰明有什麼用？」女人不以為然地扁扁嘴，「男人最不喜歡的就是太聰明的女人。」

「他們喜歡不喜歡我不管，至少，不必到哪裡都背著這麼沉的箱子旅行啊。」安靈聳聳肩膀。

「如果是我，「安念插嘴進來，」我既不買衣服，也不買書，我要買……」

「我猜你要買什麼？」女人不等安念說完，就調侃地說，「你大概想買吃的東西吧？像你這種年紀的女孩都愛吃零食。可是，吃零食容易長胖，而且吃的東西吞到肚子裏去了，有誰看見呢？漂亮的東西穿在身上，誰都羨慕，不是更划算嗎？」

「我沒有說要買吃的。我有錢，要買很多很多的種子。」安念辯解道。

「種子？」女人滿腹狐疑地看著她。

「是的，種草藥的種子。它們長大了，可以治好很多人的病啊。」

「要是有可以治空虛的草藥就好了，我也不必千里迢迢去天和國尋找藥方了。」女人若有所失地擰起兩根細細的眉毛，漂亮

的臉上罩上了一層薄薄的陰影。

「你有空虛的病嗎？」安念關切地問。

「是的，我常常感到空虛。空，空，空，我覺得我的心，就如煙霧一樣，空得令人莫名其妙。你們看，我一天到晚都戴著墨鏡。以前我以為我戴墨鏡是為了給自己增添一點神秘的味道，我也承認我喜歡躲在墨鏡裏偷看別人，看別人羨慕自己的目光。人活著就是為了美麗，炫耀自己的魅力是天經地義的，不是嗎？後來我漸漸明白了，我戴著墨鏡，是因為我不喜歡別人看到我的眼睛。我也害怕看到自己的眼睛，因為那裏面總是空空的，什麼也沒有。生命不能承受之輕，沒有什麼比這種輕飄飄的感覺更糟糕的了。」

三個人沉默起來。兩個女孩看到時髦女人墨鏡背後的眼睛似乎透著隱隱的悲傷和惶惑。她們很為她難過，想安慰她幾句，卻不知該說什麼才好。

「我找到治這種病的草藥了，一定告訴你。」安念安慰她。

「謝謝。」女人這樣說，然後別過臉去不看她們，似乎她的思緒已經飄到一個很遠的地方去了。

＊　＊　＊　＊　＊　＊　＊

船上的乘客雖然各有各的艙位，隨便自由活動，一日三餐卻都在一個餐廳裏吃。女孩們因此也結識了船上其他一些富有特色的人。人太多，她們不大記得他們的名字了，除了兩個小偷、詩人、時髦女人、怕看悲劇的人、白衣女人、怕黃燈的人等等，她們也認識了：

一個非搬家不可的女人 —— 據說這個女人不喜歡安定的生活，一年至少要搬家四次。每個季節浩浩蕩蕩搬一次。她的家人

因爲被她折磨得忍無可忍，將她送到了這條船上。

一個氣憤難平的人 —— 據說她是一個老師。她在訓斥一個淘氣的學生時，那個學生不屑地將一張餐巾紙扔到了她的臉上，同時在出教室門的時候，故意用高大的身子在她胸部上蹭了一下。

一個非打毛衣不可的人 —— 據說她將家裏所有值錢的東西都換了毛線了，因爲她非得一天到晚手中有一件未編織完的毛衣才行。

一個想殉情的人 —— 據說他的女朋友不幸因病去世了，他試圖自殺八次未遂。

一個害怕小丑的人 —— 據說他還在很小的時候就害怕小丑。人人都喜歡小丑，只有他怕它們。所有的人，連他的弟弟妹妹們都取笑他，他一氣之下就上了「歸真號」了。

一個無事可做的老人。

一個吃土豆片上了癮的人。

一個瘦得不行還想更瘦的年輕女孩。

一個害怕參加派對的大學生。

一個非得天天參加派對否則無事可做的大學生。

一個買菜時總以爲人家短斤少兩的家庭主婦。

一個自己不會寫故事卻對人家寫的故事評上癮了的教授。

一個不賭博手就癢癢的男人……

總之，五花八門什麼樣的人都有，讓兩個女孩簡直記都記不住。

這天，兩個女孩又結識了一個被稱爲「沮喪的人」。事實上，她們早就注意到他了。這是一個中年男子，外形微胖，肚子已經挺出來了，但穿著卻相當整潔。晚上他常常坐在甲板上看著遠方的燈塔，一動不動。白天他也會在甲板上看書。他好像一直在看

同一本書，可是，書在他的膝蓋上攤開著，許久許久，也未見他翻開一頁紙。有時候，風吹過來，將書的紙張吹起來，他一動不動呆坐著，也不用手去壓一下那被吹起來的書頁。

「你好，你叫什麼名字？」女孩們一天路過他身邊時，安念首先熱情地跟他打招呼。

「唔，我叫什麼名字？」男人大聲地咳嗽起來。他咳得驚天動地滿臉通紅，好像肺部有什麼東西堵住了要將他窒息似的，好一會他顫抖的肩膀才平靜下來。

「我叫什麼名字？」他又毫無表情地重複了一句，「我的名字曾經在咕嚕國很響亮，可以說是家喻戶曉。可是，現在我既然上了這條船，就沒有必要拿它來嚇你們了。噢，女孩們，你們暫且叫我沮喪的人好了，因爲說實在的，我現在的確沮喪極了。」

「那好，沮喪的人，你在這裏看什麼書？」安念問。

「唔，」男人懶洋洋有氣無力地掃了一下書名，「我在看『幸福的種子』」。

「什麼是幸福的種子呢？」安念立即好奇起來。

「我還沒有看完呢，怎麼知道什麼是幸福的種子？」男人了無生氣地說。

「可是，我們看見你看這本書都看了好些天了。」安念毫不客氣地指出來。

「時間能夠說明什麼呢？有些東西，看一輩子也不見得看得明白呀。」男人懊惱地看著她。

「你真的很沮喪嗎？」

「我應該不沮喪。我在我們當地是個相當富裕和有影響力的人。我什麼都有了：輝煌的事業，顯赫的地位，美好的名聲，賢慧的妻子，乖巧的孩子……因爲我的成功，所有認識我的人都尊

敬我、羨慕我、崇拜我。」

「你真幸運。」兩個女孩也羨慕起他來。

「是的，我擁有一切，可是，我卻感到沮喪，非常沮喪，甚至對一切都感到厭倦起來。冬天來了。我並不是個很怕冷的人，可是每次呆在火爐邊，我就恨不得將火整個的抱住，幾乎不願意再起身。其實，我並不是特別喜歡烤火。如果沒有火可烤，我根本就不會想去烤它。何況我並不喜歡爐子裏發散出來的那令人昏昏欲睡的味道。可是，只要看到火，我就身不由己地被它的熱量吸引，被它莫名其妙拉過去。我一被拉過去，就很難再從它身邊走開。我無法忍受從一個有火爐的地方忽然走到一個沒有火爐的地方時，心裏那種空洞而冰冷的感覺。」

「你的血液循環應該不會太好。」安念以行家的口吻下定論。

「是的，我的手腳經常冰冷冰冷的，」男人說，「而且我也覺得很累，一種發自心底的累。也許是因為越來越頻繁的抽煙，我覺得胸口常常堵得慌，並且隱隱地有疼痛的感覺。我的體力好像也一年不如一年了。每天我回到家裏，一屁股在飯桌前坐下來，肌肉酸痛得厲害，渾身都是疲倦，幾乎不願意再站起來。」

「我只有期末考完數學考試的時候才有這種感覺。」安念說。

「我的肺部很敏感，每次吸完一支煙，我的喉嚨像著了火一樣，要驚天動地地乾咳很久，才可以將肺部咳順暢。可是，儘管如此，我還是抽煙，我喜歡盯著鼻尖細細地欣賞那黑色煙霧鑽進鼻孔時那令人刺激的感覺。早上起床的時候，當我看著玻璃窗外，想到這一天又將是平淡無味的一天，我的身體就變得又酸又懶。我知道我缺乏的是快樂。可是，到底要怎樣才會快樂呢？除了我所得到的，還有一種更高境界的生活嗎？如果有，那麼它在哪裡？我曾多次看到一個遠方的亮點，它像黑暗中的螢火蟲一樣，忽隱

忽現。它似乎在召喚著我的靈魂，可是，等到我想看清楚它的外表或者聽清楚它的聲音時，它又像一座海市蜃樓一樣消失了，嘲笑著棄我而去。」

「也許是我自己錯了？」男人苦笑著看著面前兩個女孩，「也許這個世界本來就該是這個樣子？也許世界本來就沒有真正的快樂可言？我不過在奢求虛幻的東西？」

「你如果天天做些運動，多吃些增強血液循環和補充體力的草藥，也許會覺得好一點。」安念煞有介事地建議道。

「如果哪裡有賣補充快樂的草藥，我倒要多買一些。」男人皺著眉頭說。

＊　＊　＊　＊　＊　＊　＊

每天早上兩個女孩去到甲板上，總發現船上的人比頭一天少了一兩個。很顯然，不斷有乘客在半夜三更到達目的地下船而去了。她們兩個要去的那個島嶼，也已經可以模模糊糊看到一些輪廓了。

那天晚上，安靈站在甲板上眺望著遠方的燈塔時，那個憂傷的詩人朝她走了過來。

「看到那有燈光的地方嗎？」他帶些傷感地說，「那就是我過兩天就要登陸的地方。」

「那燈光看上去已經很近了啊，說不定明天就到了。」安靈表情複雜地說。她雖然跟這個詩人認識不久，但他的哲學家氣質和孜孜追求夢想的堅定決心在她心裏留下了深刻的印象。他人還沒有離開，她就已經感到依依不捨的惜別之情了。

「可是，海面上的燈總是看得比實際距離要近好多。」詩人柔聲說。

「你害怕嗎，就要到天和國了？」安靈轉過身，面對著他的眼睛。

「不害怕是假的。我當然害怕。你知道，我從來沒有遠途旅行過。尤其是去這麼一個不一樣的地方。你呢？」

「我也害怕，」安靈低下頭，「害怕極了。」

他含笑看著她。「每個人都會害怕這個不定的。可是，種子放在穀倉裏也許很安全，但它永遠沒有發芽開花結果的機會，是不是？」

安靈抬起頭，發現詩人也正低頭俯視著她，他亮晶晶的眼睛裏閃爍著微笑。好像被人看破了什麼秘密似的，她的臉紅了。他們的眼睛不過對視了幾秒鐘左右，她卻感覺到他已經認識她很久了並看透了她所有的心思。

幾天後，兩姐妹起床後，跟往常一樣到餐廳裏去吃早餐。敏感的安靈立即發現那個詩人的身影不見了。

「詩人去了哪兒了？」她受了驚似地問身邊的胖小偷。這兩個小偷特別善於收集資訊，旅行數天，對船客們的來龍去脈，都瞭若指掌。

「噢，他的港口到了，他昨晚上了岸。他下船的時候，就我一個人看見。」胖小偷說。

「他說了什麼嗎？」安靈急切地問，不理在一邊擠眉弄眼的妹妹。

「他要我告訴你們：後會有期。」

「不是告訴『你們』，而是『你』。」安念毫不客氣地強調著。

安靈輕輕歎了口氣，「世上沒有不散的宴席。」

「哎喲，安靈，這麼多愁善感幹什麼。」妹妹故作大驚小怪

的樣子。「他不是說後會有期嗎？你們肯定還會見面的。」

當有一天連那兩個小偷都下船了，甲板上只剩下女孩們和那個沮喪的人時，終於，船長告訴她們，船很快就要到最後一個站了，這一天是她們登陸的日子。

兩個女孩歡呼起來，立即去準備行李下船。

當兩個女孩將行李收拾好，堆在甲板上時，發現那個沮喪的人還無動於衷地坐在甲板上看著遠方，手裏依然握著那本叫「幸福的種子」的書。

「你不跟我們一起下船嗎？」女孩們奇怪地問他。

那個人面無表情地瞅她們一眼，一言不發。

「你沒有關係吧？是不是哪裡不舒服？」安念蹲下身去，關切地問他。可是，那個沮喪的人什麼也沒說，臉上露出痛苦的痙攣。

「不要去打擾他了，」船長說，「你們下船，有你們下船的理由，他不下船，有他不下船的理由。」

「都要到站了，他不下船，難道又跟你們回去不成？」兩個女孩困惑不已。

「為什麼不可以呢？」

「可是，在海上辛辛苦苦飄了這麼多天，再回去不是前功盡棄嗎？」安念揚起眉毛。

「人最渴望的是改變，但最懼怕的也是改變。我認識一個人，坐『歸真號』坐了二十四次了，到最後還是沒有下船。」

「24 次就是 24 年。」安靈若有所思地看著老人。她想問船長，這個坐了 24 次船的人是不是就是這個沮喪的人？可是，她又怕他聽到了，讓他不好意思。想了想，她還是沒有問。

「都已經上了那麼多次船，過了那麼多次海，為什麼不試著

下船一次呢？」安念不以爲然地扁扁嘴。

「做一個選擇需要一時的勇氣，可是堅持一個選擇卻要畢生的勇氣。」船長以過來人的口吻輕描淡寫地答。

「我不明白，」安念繼續說，「既然都已經來了，再回去簡直是白花時間、金錢。多沒有意義呀。」

「世界上沒有任何事情是毫無意義的。」

船長話音未落，前面的海域突然出現了一個巨大的島嶼，島嶼上可見一大片墨綠色的森林。兩個女孩的臉煥然生輝起來。

「很快咱們就要進港口了。」老人說，「行李都準備好了吧，不要忘記什麼東西嘞。」

「不會的，已經檢查過了。」安靈答。

「哦，那好，」船長斜眼看一下她們的東西，說，「你們的背包顯得很重呀，背著這麼重的包，還能走遠路嗎？」

「是夠重的，」安靈幽幽地歎口氣，「爺爺奶奶的家，都裝在這兩個包裹了；還有妹妹的百寶書……」

「沒有什麼比我的百寶書更重要的了，」安念接過話題，驕傲地說，「我看差不多世界上所有的問題，都可以在裏面找到答案了。」

老人大聲笑了。「凡是能夠在書中找到答案的問題就不叫做問題了。」

漸漸地，船停了下來。天和國的太陽島到了。

「你們很幸運，大白天上岸，不必像別人那樣在黑暗裏摸索著上路了。」船長笑眯眯地說。「一路愉快。女孩們，祝你們好運！」

「再見！謝謝！」兩個女孩跳下船，還頻頻向老人揮舞著手。

「再見！」她們又向甲板上那個沮喪的人揮手道別。可是，他將臉扭到另外一邊去了。

　　　　＊　　＊　　＊　　＊　　＊

　　她們上了岸，看到面前矗立著一個森林，森林邊上有一塊巨大的石像。石像上雕刻的正跟她們在信封上看到的圖案一樣：一把長劍上纏繞著一條蛇，蛇的身子蜷曲起來，幾乎成一個圓形，好像蛇頭試圖著去輕咬自己的蛇尾一樣。

　　這也是她們第一次看到這樣一塊奇怪的石頭。遠遠看去，它是耀眼的銀色，像月亮一樣發著柔和的光芒。可是，走近一看，她們才發現它幾乎是透明的，連裏面紋路的走向都看得清清楚楚。兩個女孩在石像面前默默佇立，忽然，她們有一種奇怪的感覺：這塊石頭跟她們一樣也有一雙眼睛，她們在看它，它也在默默地觀察著她們。

　　她們疑惑地摩挲著石頭的光滑的表面，驀然間，兩個女孩看到石頭上刻著三個朦朧的字：你是誰？

　　這三個字，刻得並不顯眼，要特別注意才會看到。

　　「你是誰？」「你是誰？」寂靜的森林邊嗡嗡地應著這個問題的回聲。兩個女孩被這個問題給突然問住了，她們皺著眉頭，納悶了好一會兒。

　　「可是，我不就是我自己麼，我叫安念，一個熱愛自由的女孩。」安念扶一扶眼鏡，為自己竟然被這樣簡單的問題給難住了，咯咯笑起來。她在口袋裏使勁摸索著什麼。

　　「你在找什麼呢？」安靈問。

　　「我收集的貝殼呀。我猜我將它們忘記在咕嚕國了，唉，」安念歎著氣，「早知道帶過來就好了。我一邊走一邊丟貝殼，萬一我們走錯了路，別人還可以來救我們。」

　　「你以為我們是童話裏受繼母欺負的小女孩嗎？」安靈搖著頭輕笑起來，「迷失了路會有精靈們來救我們？爸爸媽媽爺爺奶奶都不在了，有誰會來救我們呢？」

「那也不一定。我還欠了那個紅鼻子數學老師好多作業沒交呢。」

「數學老師再嚴格，也不至於追作業追到外國來。」

「上次我生日那天美美送了我生日禮物，我還沒有機會送她禮物。」

「美美再小氣也不至於飄洋過海來追討她的生日禮物。」

「你不是還欠了圖書館的書沒有還嗎，你知道，咱們學校圖書館的那個管理員可是出了名的不饒人？」

「她不過罰我們的款罷了，款罰夠了就可以給圖書館買新書了，她才高興著呢。」

「這樣看來，我那些貝殼帶沒有帶過來，倒真的是無所謂的了。」安念爽朗地聳聳肩。「既然如此，那就上路吧，還在這裏嘮叨什麼？」

安念頭也不回像小鳥一樣跳進了林間。姐姐緊緊尾隨其後。

森林簡直是一片無邊的綠色汪洋。裏面除了她們認得的松樹、榕樹、樺木和橡樹之外，還有不少她們從未見過的植物。森林中也有些低矮的灌木叢，各種顏色鮮豔的漿果和野花就在那一堆亂蓬蓬中爭奇鬥妍，昆蟲們在上面快樂地爬來爬去。

她們看到這裏的樹大多高聳入雲、挺拔青翠，有的上面還纏繞著古藤。很多巨樹的根，好像不甘地下寂寞似的，從黑色的泥土裏凸了出來。那些被雷劈開的的或者老死的枯樹，就隨意地倒在地上，捨不得似地親吻著它們的同伴。有一棵樹，只剩下一個空心的樹椿了，夕陽照在裏面，光線從裂開的樹皮的縫隙裏面漏出來，亮得像一個點了燈的燈籠一樣。還有一種樹，樹幹是白色的，樹葉竟然是藍色的，而且樹葉的形狀像極了蝴蝶。風輕輕吹過來，那些樹葉簌簌飄動起來，就像好多漂亮的蝴蝶在翩翩跳舞。

　　空氣裏有一種特別清涼甘甜的味道，兩個女孩忍不住邊走邊深深吸氣。「啊，真好。我們來到世外桃源了！」安念歡呼著，像小鳥一樣快樂地吹著口哨。「哇，要是我們有一個照相機就好了。」

　　兩個女孩早就想要有一個數位照相機，可是跟著爺爺奶奶過慣了節儉生活的她們卻一直捨不得買。自從賣掉爺爺奶奶的房子以後，她們除了存下一大部分款，其餘的都揣在身上，留著旅行的路上用了。她們也打算，一路上要精打細算省吃儉用，因為她們的旅行，據說至少得花上一年，甚至可能更長時間呢。

　　森林裏靜悄悄的。她們走了好一會兒，既沒有見到一個人，也沒有看到半個動物的身影。安靈有些不安起來，因為她從來沒有在這樣空曠寂靜的地方呆過。

　　「有人嗎？有人嗎？」安靈聽到自己的聲音在曠野裏迴響，它聽起來有些驚慌失措。還是沒有動靜。她鼓起勇氣跟在妹妹身後走，汗水從她紅紅的額頭上冒出來。

　　安念察覺了她的緊張，轉過身來笑著說：「哎呀，安靈，別害怕，我打賭我們很快就會碰上人的。我們先唱歌吧，森林裏回聲大，別人可以在很遠的地方就聽到我們。」

　　安念自顧自唱了起來，可是，姐姐卻並沒有心思跟她一樣喧嘩。她心事重重，左顧右盼，生怕前面有什麼不測在等著她們。

　　安念唱歌唱累了，還是靜悄悄一個人影都沒有，她也覺得無聊起來。兩個人走倦了，在樹下坐下來休息。「哎，安靈，咱們聊聊吧，不要那樣愁眉苦臉的。」

　　「聊什麼？」姐姐無精打采地看著妹妹。

　　「聊聊咕嚕國。」

　　「咕嚕國，」安靈苦笑了一下，「我們大概再也回不去了。

最快也要等到明年這個時候『歸真號』回來載我們。」

「既然如此，既來之則安之，你還擔心什麼呢？」

「我現在明白爲什麼那個沮喪的人到了目的地還不肯下船了。」姐姐憂心忡忡地說。

「爲什麼？」

「因爲沒有什麼比不定的痛苦更讓人痛苦的了。」

「哎呀，痛苦還沒有來臨，爲什麼要害怕它呢？不是有人說，等待幸福的人更幸福；等待痛苦的人更痛苦嗎？車到山前必有路。」安念不耐煩地揮揮手，好像下決心要把姐姐的愁緒趕開。然後，她咧嘴一笑，在暖洋洋的太陽下露出她閃亮的牙齒。「安靈，你不要擔心，現在我莊嚴宣佈，我們在天和國的探險生涯正式開始。不管遇到什麼困難，我都會保護你的。」

＊　＊　＊　＊　＊　＊　＊

女孩們走了大半天路，肚子早就有些餓了。

「安念，你看那是什麼？」姐姐指著不遠處的一棵樹給妹妹看。

那是一棵不同尋常的樹。樹上結滿了金燦燦的果子。那種果子她們以前從未見過，圓圓的，厚厚的，香氣也很特別，有點像她們喜歡吃的剛出鍋的米糕的味道。

「你肯定它們是可以吃的嗎？」安靈懷疑地問。

「讓我翻翻我的百寶書，如果它說可以吃，那就可以吃了。」

果然，安念不多久就在她的書裏找到了這種果子的插圖。上面寫：古龍果，可食用，具有生津解渴醒腦之用。

安念順手將行李往地上一扔，扶扶眼鏡，轉瞬間就高高攀到了樹頂上。姐姐雖然也喜歡吃果子，卻不像她的妹妹那樣敢做敢

為。她怕，她只能在樹下眼巴巴看著她。

「哇，太好吃了！安靈，又甜又香，你快上來吧！」安念一邊吃，一邊將掏空了的果殼扔下來戲弄姐姐。姐姐裝作生氣了，捏緊拳頭，對著樹上的人怒目而視。妹妹卻嘰嘰喳喳笑著朝她扮鬼臉。她知道姐姐不會真正對她生氣的。她也知道她不敢爬上樹去。她不怕姐姐。她輕車熟路地騎在一根粗樹杈上，輕輕一搖，很多果子就像被風吹落的樹葉一樣輕輕掉下來。

「哎，接著吧，安靈，想吃多少就吃多少。我們真夠幸運的，就像荒島上的女王一樣。」

「夠了，不要搖樹枝了，這麼多太浪費了。」安靈忍不住剝開香噴噴的果子往嘴裏塞。

兩姐妹吃飽了，在樹下休息了一陣，才又繼續啓程。漸漸地，天邊的夕陽升起來。她們看到一望無際的天空裏先冒出了一絲小火苗，它將天邊的一片白雲點亮了，然後，那片怕羞的白雲紅了臉，又去吻它周圍的同伴，不一會兒，整個西邊的天都讓它給吻遍了。天空激動得燃燒起來……

「真安靜啊！」

「真是漂亮極了！」

兩個女孩開始喜歡上這個新地方了。雖是異鄉人，她們卻因此更帶了一種寧靜而驚喜的心情去觀賞一切。

太陽一落山，天色就開始黯淡了。她們經過林中一片空地時，打算在這裏宿營。那時候正有一隻戴著紅頭冠的啄木鳥在一棵大樹上啄蟲子。它啄得一絲不苟，吭哧吭哧的聲音在空曠的林中傳得很遠。

兩姐妹目不轉睛地看著啄木鳥。鳥似乎也知道她們在看它，不但不在意，反而啄得更專心致志更賣力了，樹下面撒滿了它新

啄出來的濕潤的木屑。

「它的腦袋真硬，我擔保它永遠不會頭疼。」安靈說。

「而且它也不用做數學題。」安念說。

她們在林間找到了一條小溪。安靈去溪邊汲水的時候，安念已經幫姐姐把做飯的灶砌好了，然後就去找柴火。她靈巧地把小徑邊上的樹枝、乾草、刺蓬兒一古腦兒扒到一塊，再用手一摟，麻繩一捆，俐俐落落地扛在肩上帶回來。拾來的樹枝有些還有點濕，她就將乾的挑出來給姐姐生火，濕的就拿了去攤在岩石上晾曬一下，準備第二天再用。

安靈從背包裏小心地拖出那個白色的簡易帳篷，她想把它設置好。可是，花了好久時間，弄得滿頭大汗，也還沒有搞好，只好叫妹妹來幫忙。安念跟姐姐正好相反，她不喜歡上學，但手腳很靈巧，往往從來沒有做過的事情，她可以無師自通三下五下就搞定。那個帳篷，在安念的擺弄下，一會兒工夫就穩穩地矗立起來了。

安靈做飯的時候，安念也不閒著，她在帳篷口挖一個洞，然後在裏面放些石頭、尖樹枝、荊棘之類的東西，上面再用泥土遮掩好。她說這是一個防壞人的陷阱。做姐姐的覺得妹妹在很多方面的確比她能幹多了。

夜幕漸漸降臨的時候，灶爐裏的樹枝也燃燒起來。很快，麥片在鍋裏一浪接一浪地翻騰起來。她們的晚飯是麥片粥。離家出發前，為了精簡行李，她們所帶的吃的東西除了一些罐頭就是一人一大袋子燕麥片。本來燕麥已經炒熟了的，並不需要煮。但兩姐妹都嫌乾燕麥太難咽了，還是兌上水，裏面加點鹽，煮成糊狀比較好喝。至於那些罐頭，她們早就決定只有在萬不得已的時候才會享用它們。

「哎呀，要是有一根辣香腸就更好了。」安念舔舔嘴巴，眯著眼睛，帶些嚮往的神情說，「或者一些奶奶醃的小黃瓜也不錯。」

「哦，安念，你醒一醒，我們現在離家已經好些天了，並且在一個荒島上旅行。你不要畫餅充饑了。」

「我知道我知道，畫餅充饑又有什麼不好？」安念也笑起來，「至少對刺激我的食欲有幫助。」然後，她也輕歎一口氣，「以前家裏那麼多好吃的，我總是狼吞虎嚥將它們吞下去。奶奶老罵我，要我慢慢吃慢慢吃。唉，現在我才明白了，那個時候要聽了她的話，多好！因為只有慢慢吃慢慢吃，才會記得每口食物的美味啊。你呢，除了食物，你最想念咕嚕國的什麼東西？」

「我們學校的那個圖書館。」

「你真是書蟲子，」安念不以為然地說，「怪不得你念念不忘船上的那個落魄詩人，你們都是一樣的人。」

「書就是精神食糧啊。」安靈聳聳肩膀。

「那些好聞的花香才算是精神食糧呢。」安念誇張地大聲吸氣，好像真的聞到了世界上最好聞的花了。「將來我一定要做個種草藥的女孩，你呢？」

「我要做個文學家，或者哲學家也行。」安靈彷彿突然看到那個詩人英俊的臉在她的眼前一閃，臉上不由得泛起薄薄的紅暈來。

「你又在想著他了。」安念無助地搖搖頭，歎口氣。

「除了吃的，你還想念什麼東西？」

「這……」安念想了想，「聽說這邊落後得很噢，沒有電腦、電視、電話、電子遊戲……凡是帶電字的東西都沒有。」她停頓了一下，又接著說，「是不是會有些太寂寞了？我想我也許會有些想念咕嚕國那邊的熱鬧繁華吧？」

「熱鬧繁華，我倒不太在乎，」安靈說。「我喜歡的是那邊的熟悉，什麼東西，我都知道個大概，不必老去揣摩著前面的路在哪裡，也不必擔心明天有沒有飯吃……」安靈沉默下來，眼裏飄進一層淚花。

「哦，算了算了，不要再提往事了，」安念不耐煩地揮揮手。「我們現在在這樣一個美麗的地方旅行。我們就是這個蓬萊仙境的女王們。真是求之不得的大好事，為什麼還要傷感呢？」

為了讓火燒得更旺一些，安念不知從哪裡弄來了一根空心的竹子，她鼓著腮幫使勁地吹著竹子的一端。柴快樂地在坑裏嗶嗶啵啵燒著，紅紅的火光在女孩們的臉上一閃一閃。猛然間，安靈覺得她們不是在煮飯，而是在舉行一個極其神秘的宗教儀式似的。

一陣煙霧騰騰，熏得眼睛睜也睜不開的時候，麥片就煮好了。飯雖然簡單，她們兩個還是像吃山珍海味似地吃得津津有味。飯後，兩人默默地凝視著天邊的月亮。那天晚上半彎的月亮是淡白色的，它的旁邊有一顆很亮的星星，靜靜地照在她們的篝火上。安念擺弄著一根小樹藤，將它折成小小的一段段，僅剩一層薄皮連著，做成一對耳環一樣的東西，掛在她的耳朵上，一搖一擺，逗得姐姐笑起來。

「那些星星，它們在眨眼睛呢，好像在向我們訴說宇宙的秘密一樣。」安念抱著膝蓋感慨道。

「如果宇宙有秘密的話，」安靈苦笑著搖搖頭，「我也不奢望去瞭解它們，因為它們離我們太遙遠了。我只但願我可以瞭解我自己就好了。」

「你是說你也有很多秘密嗎？」安念詭異地看著她。

「秘密？」安靈搖搖頭，「與其說秘密不如說矛盾吧。我覺得我是個很矛盾的人。有時候，連我自己都不明白自己。」

「比如說？」

「比如說，你還記不記得那次學校給我們打預防針，大家都怕疼，誰都不願意第一個被打針？」

「我當然記得。你毛遂自薦站起來做第一個。我那次都好佩服你的勇氣。你不怕疼嗎？」

「我當然怕疼，」姐姐用愧疚地語氣說，「可是，我寧願第一個被打針。早打早了，不必再接受等待的煎熬了。」

「唉，每個人都是矛盾的人，不只是你。不要想得太多了，安靈。」

「也許你說得對。」

兩個人安靜下來，黑暗在她們周圍流蕩。為打破沉寂，安念輕輕哼起歌來：

大海大海流呀流，
流到西流到東
流入母親的懷抱中。

小鳥小鳥飛呀飛，
飛到西飛到東
飛入自由的天空中。

雪花雪花飄呀飄，
飄到西飄到東
飄入永恆的宇宙中。

那是支簡單而深情的曲子，安靈就這樣反反複複唱來唱去。每次安靈哼這首曲子時，安靈就感到莫名的惆悵、憂傷。

晚上，女孩們躺在簡陋的帳篷裏，聽著帳篷外風吹樹葉的嘩

嘩聲，有恍如隔世的感覺。安念雖然第一次遠離家鄉，感到有些孤獨，但因爲對前面的路途充滿了憧憬，心裏又有著按捺不住的興奮。她不停地輾轉反側，好久都難睡著。

安靈卻皺著眉頭想，到底哪個世界才是更真實的呢？是我們那個繁華忙碌的咕嚕國，還是這個清靜荒涼的天和國？我和妹妹真的都存在嗎？我們不是在做夢嗎？我到底是誰？她帶著這些問題，漸漸地進入了夢鄉。

＊　＊　＊　＊　＊　＊　＊

兩個女孩雖然時有別離故國的感傷，但大多數時候更充滿了對這個新國家的憧憬和嚮往。

她們一路上說說笑笑，走得飛快。安念一路上特別注意沿路碰到的動植物，因爲她計畫回國以後，要編寫一本有關天和國自然界的百科全書。安靈則暗暗留心著人的動向，爲她以後寫書積累素材。可是，她們在森林中一連走了好幾天，還沒有碰到一個人影。

森林裏雖有一條小徑，但它彎彎曲曲，並不是一眼可以看到底。兩個女孩往往沒走幾步，就以爲無路可走了，可是，忽然峰迴路轉，面前又豁然開朗起來。

「這條小徑曲曲折折的，總只讓你看到眼前一點點路，就像人生一樣，前面到底是什麼呢，誰也不知道。」安靈感歎地說。

「前面是什麼，爲什麼要知道呢，有一點驚喜不是更好嗎？」

「可是，真的都是驚喜嗎，也可能是……」

「不要胡思亂想了，安靈。前方是一個你不走到路的盡頭就無法解開的謎語，這樣可以了吧，我的哲學家？」安念咯咯笑著。

那天兩個人一大早就起來匆匆趕路，太陽升得很高了，姐姐

還不肯休息，因為她堅持要等到 12 點整才能正式開飯。

安念走得累了，就在後面磨蹭起來。

「安念，你快點呀，都像你這樣，我們不知道何年何月才能到目的地。」安靈催促她。

「我是在快快地走呀，不過我的涼鞋裏老是有小石子飛進來，我隔幾分鐘就得將它們倒出來。」

「我不相信。怎麼我的涼鞋裏就沒有小石子飛進來？」

「那只能說明我走路比你走得斯文呀，」安念振振有詞，「都是你走路不小心，將小石子踢進我的涼鞋裏了。」

「呵，你走路慢吞吞地，現在倒成了我的錯了。」安靈不相信地看著她。

「要證明沒有幾乎是不可能的。」安念得意洋洋地說。「不過，我是個講究證據、實事求是的人。現在，我得好好盯著你的腳，看你到底有沒有將小石子踢進來。」

安靈搖搖頭，不理她，自己走自己的。不一會兒，她指著旁邊的一棵樹梢感歎地說：「哎呀，剛才那只藍嘴巴紅翅膀的小鳥你看到了嗎，多麼可愛呀，那可是我們咕嚕國沒有的鳥。」

「在哪裡？在哪裡？」安念急切地拿出她的筆記本。

「太晚了，已經飛走了。誰叫你剛才不看路，只顧盯著我的腳走路呢？」姐姐裝出痛惜萬分的樣子。

她們吃完中飯在林間休息的時候，又談起各自的理想。

「你真的已經打定主意要做一個作家嗎？」安念問姐姐。

「那當然。」

「奶奶說過的，咕嚕國的作家都很窮。」

「沒有關係，我可以順便做點別的什麼小工作賺我的日常開銷。你呢，你肯定要做一個花匠或者藥農嗎？」

「那當然。」安念毫不遲疑地答。

「你也會很窮。你沒有想過要做別的更賺錢的工作嗎？」

「比如說什麼？」

「比如說老師。」

「老師？」安念受了侮辱似地大叫起來，「隨便做什麼不好，我憑什麼做老師呢？做老師的人一定是所有的路都走不通了才去做老師的。」

「做老師有什麼不好？至少比花匠賺得多。」

「做老師有什麼好？掙的錢比別人不會多多少，還得管教那些調皮搗蛋的學生。」安念不屑一顧地說。

「是呀，還得管那些常常不交作業的學生。」

「你在說我嗎？」安念帶點疑心地看著她。「說實話，我不喜歡做老師的理由多著呢。不過，主要原因有一個，那就是，老師們沒有幾個不是自相矛盾的人，近朱者赤近墨者黑，我可不想變得跟他們一樣。」

「比如說？」

「比如說他今天叫我安靜，上課不要說話，明天又責備我太安靜了，沒有積極回答他提的問題；今天她催我快點把功課做完，明天又說我功課做得太馬虎了就是因為做得太快；今天他叫我們互相幫助，明天又懷疑你幫助我做了我的數學作業而給我打個零分；今天她叫我不要提太多問題，只管照葫蘆畫瓢就可以了，明天她又怪我做的東西死板沒有創造性；今天叫我們不要看太多電視，明天有什麼發生了我不知道，他就瞪著眼說你怎麼這麼孤陋寡聞連這個都不知道……」

「那倒是，他們的確有些不一致。」

「簡直就是前後矛盾漏洞百出。我想老師們正式教課前都得

好好培訓一下，讓他們至少要懂得對自己說的話負責。」安念憤
憤地說。

「他們應該是有培訓的吧。」

「大人培訓大人算什麼呢？我建議應該讓孩子們來培訓他
們，那樣，就不會出現這樣的自相矛盾的老師了，他不會再今天
跟你說你是世界上最聰明的學生，明天又歎著氣說，唉，從來沒
有比你更傷腦筋的孩子了。」

「我記得那好像是數學老師對你說過的話呀，」安靈的眼睛
裏撲閃著捉弄妹妹的神情，「至少老師也有對的時候。」

「什麼對的時候，你指的是前部分還是後部分？我是世界上
最聰明的學生，還是從來沒有比我更傷腦筋的孩子？」安念揚起
眉頭，瞪大眼睛，裝作威脅她的樣子。

「當然是後面一部分。」安靈早已準備，背了她的背包逃到
安全的地方，咯咯笑起來。

「其實呢，」安念接著剛才的話題邊走邊說，「做什麼都沒
有做一個隱士好。」

「什麼是隱士？」安靈停下來狐疑地看著她。

「你讀了這麼多書，連隱士是什麼都不知道嗎？」安念得意
地賣弄起來。「天和國有不少隱士啊，他們是高山洞穴裏打坐靈
休的人。他們與世無爭，有的就在山洞裏打坐修行一輩子，也有
的會雲遊行醫替人看病、解難。他們習慣了一個人生活，不到萬
不得已的時候，不跟人打交道。」

「很寂寞啊。」

「那當然，要跟普通人一樣，怎麼還叫隱士呢？據說當地人
對隱士們有很深的敬畏，一旦發現他們處於閉關禁語之中，就算
是為了避風擋雨進了他們的洞門，也自覺地不跟他們說話。想吃

東西的，就隨便找一點東西充饑；需要烤火的，就抱著火烤一陣，將被雨雪浸濕的靴子烤乾了再上路。」

「你對他們瞭解得很多啊。」

「那當然，我的這本百寶書上就有關於他們的記載。隱士們吃得也很少，幾乎就靠一些野菜和山果爲生。而就算是在大雪紛飛的天氣，他們當中很多人也是赤身裸體，有的不過在腰間圍一塊獸皮遮羞而已。」

「我希望他們至少穿一點什麼，不然的話，太難看了。」

那天她們走了很長的路，一直到傍晚天眼看要黑了才停步。吃完飯安靈收拾好東西，天就已經差不多全黑了。她正要進帳篷去，只聽妹妹突然朝她奔過來驚叫一聲：「哎呀，不要動！」

「怎麼了？」安靈嚇了一大跳，臉上冒出冷汗來。只見妹妹慌張地指著她身邊的一棵樹，「蛇，一條毒蛇，就在你的腳邊上。」

「媽呀！」安靈回頭一看，地上果然有一圈黑色的陰影，她嚇得臉都白了，一聲尖叫，癱坐在地上。

就在這時，只見妹妹放聲笑了起來。她笑得那樣厲害，捂著肚子蹲到了地上。「哎呀，安靈，那不過是樹根罷了，瞧，都把你嚇成這樣了。你說好笑不好笑？」

安靈定神一看，地上果然是一圈樹根。她白了妹妹一眼，「你太淘氣了，安念！」

「我淘氣？」安念用手指著自己的鼻尖，「那也只能怪你，誰叫你說從來沒有比我更傷腦筋的孩子呢？現在你看，你說的話應驗了吧？」

那天晚上，安靈疲乏了，一倒在地上就想睡覺了，可是她的仍然興奮的妹妹卻久久不能入睡。她不睡罷了，也不想讓姐姐先入睡。安念從小天不怕地不怕，卻很怕黑暗。在咕嚕國的時候，

她跟姐姐分享一間房，她們房裏的小燈總是一直點到天亮，就因爲安念怕黑。

　　現在，在這樣的黑乎乎的帳篷裏，不可能有小燈了，安念非要姐姐陪著她說一會兒話再睡。

　　「安靈，你還記得我小時候怕黑暗嗎？有一次，突然停電，我們房裏的小電燈滅了，我嚇得鑽到你的床上不敢動彈？」

　　「我不大記得了，不過我倒記得小時候我特別怕的是鬼，」安靈在黑暗裏輕笑起來。「爺爺奶奶給我們講鬼怪的故事時，我總是哆哆嗦嗦認定旁邊就站了一個鬼了。有次也是停電了，你尖叫起來，奶奶點了蠟燭進來看我們，我首先沒看到她的人，只看到地上的影子，我以爲是鬼來了，毛骨悚然地叫起來，撲到奶奶的身上，將她手裏的蠟燭打翻了，她的衣服也被燒了一個大洞。你還記得嗎？」

　　「唔，我不大記得了。每個人的記憶力都是有選擇性的，是不是？我只記得發生在我身上的事情，你只記得發生在你身上的事。好奇怪啊。」

　　「唔，」安靈睡意迷蒙起來，「是的。不要再說了，好好睡覺吧。」

　　「我睡不著。」

　　「實在睡不著，我看過的書可以給你一個好方法：你想像自己的身體就像一個死去軀體一樣……」

　　「不用想像了，今天走了這麼遠的路，它已經是跟一個死去的軀殼差不多了。」

　　「那你還不能睡著？」

　　「問題是這個軀殼還在呼吸著……」

　　「哎呀，那好吧，再告訴你另外一個方法，」安靈不耐煩起

來，「你想像自己躺在海邊上，海濤在輕輕撫弄著你的腳，一下、兩下……然後，」

「然後我就開始想念我們海邊上的家了。」安念又打岔。

「安念，你根本不想睡！」

「我當然想睡，只是你的方法不對罷了。你還有什麼好方法？」

「你可以用心聽帳篷外面的松濤聲，你聽，那聲音好大，嘩啦啦的，好好聽啊，你聽著聽著就會睡著了。」

「那也睡不著，松濤的聲音太像海濤的聲音了，聽它只會讓我更想家。」

「那你總可以用那個最原始的方法了，如果這也不行，你休想我再陪你說話。」

「什麼最原始的方法？」

「數數字呀。從一一直往上數，數到你睡著爲止。晚安。」安靈別過身去，把毯子罩在頭上，打算再也不理妹妹了。

「那你陪我一起數。」妹妹仍然不依不饒。

安靈知道不陪著她數，今晚她就甭想睡覺了。「一、二、三……五十，五十一……」還沒有數完一百下，妹妹那邊的床上就傳來了均勻的呼吸聲。倒是安靈這個早就想睡覺的，一直數到快近一千了才漸漸睡著。

* * * * * * *

其實這個島，本身就是一片巨大的山脊，山高得從下面都看不到頂，山頂都躲在雲裏面了。山裏常常有陣雨，讓狹窄的山路變得泥濘不已。女孩們很多時候都赤著腳走，否則鞋子陷在泥漿裏，拔都拔不出來。白天溫度還好，一到了晚上溫度可驟然降低

到零度以下，她們非得想辦法讓火一直生到天明不可。

　　不過凡事有利必有弊。在山路兩邊往往有一些不起眼的山洞供路人歇息、紮營。尤其是天氣不好的時候，找個遮風避雨的地方並不太難。有的山洞甚至還有門，裏面還有砌好的灶和泥床，這樣兩個女孩幾乎不必用她們的帳篷了。

　　「早知道如此，根本不必帶著帳篷出來了，沉甸甸的，多不方便！」妹妹說。

　　「以防萬一呀，就像藥圃裏面的蝸牛一樣，你以為它真的用得著每天背著那重重的殼嗎，可它還不是照樣背著它？」姐姐說。

　　路上總是僻靜得可以，女孩們走了好些天，還是一直沒有碰上一個人。

　　「這一帶，一路都有供人居住的山洞，說明這條山道上時常有人經過。可是，怎麼我們到現在還沒有碰上一個人呢？」安靈納悶起來。

　　「如果他們沒有糧食賣給我們的話，碰不碰上人關係不大。」安念答話。

　　頭一向路還比較平坦，到現在卻有些崎嶇不平了。兩個女孩也不再總是嘰嘰喳喳邊走邊說話，因為必須小心看著路才不會摔跤。也許旅程失去了最初的興奮感，安靈覺得身上的背包越來越重。她的妹妹走得也不像以前那樣像一隻兔子一樣飛快了，她也越來越多地要求中途休息。有時候，她一坐下來，就不大願意起身了。

　　安靈一心趕路，總是催著妹妹起身。「我頭痛。我要休息。」這一次妹妹撒嬌地向姐姐抱怨，然後不等姐姐說什麼，就自顧自一屁股在地上坐下來了。安靈沒辦法，只好在她身邊坐下來。

　　山裏面有很多她們從未見過的色彩斑斕的鳥。這些鳥既不怕

人，也非常好奇，兩個女孩坐在地上休息時，鳥兒們常常飛到她們身上，目不轉睛地盯著她們看。安念很喜歡小動物，這一天，她們坐在樹下，一隻頭頂有著一小撮乳黃色軟毛的雛鳥，好像是為了特別引起她們的注意似地　調皮地從一棵樹上雀躍到另一棵，叫得特別婉轉、響亮。安念笑了，她也和著鳥的叫聲，輕輕吹著口哨。那隻鳥乾脆飛到安念的手上，歪著頭，饒有興趣地看著她。

「安靈，給我一點麥片吧，我要餵餵它。」

安靈皺了一下眉。她們從家裏帶出來的吃的已經所剩無幾了，她正在發愁如何儘快趕到有人的地方去買一些糧食，她不想將食物浪費在餵鳥上。可是，她又不忍拒絕妹妹那熱切的目光，她遲疑了一下，在她的手掌上放了一點點。

「你真小氣，存心不讓它吃飽。」妹妹努努嘴，表示她的不滿，一面輕輕撫摸著那隻鳥，甜蜜地看著它在她手心裏啄著麥片。正是春天，到處是一派充滿生機的景像，野花在淡淡的霧氣中搖曳著，花瓣上的露珠反照著藍天和白雲。

「要讓鳥吃飽，你就有可能吃不飽了。」做姐姐的沒好氣地說。

「唉，我寧願自己不吃，也要讓這只可愛的小鳥吃飽。」妹妹不以為然地躺在地上，用手枕著頭，愜意地閉上眼睛。

「啊，安靈，走了這麼天的路，我有些累了，頭也有點疼，我們今天就在這裏休息吧。多麼好的天氣，多麼好聽的鳥叫聲啊！」安念聞著空氣中濃馥的樹脂香，情不自禁又深深吸了口氣。

「累了也許是真的，因為我也覺得很累。但頭疼？可能是裝的。好妹妹，今天我們還根本沒有走什麼路，快點起來吧。否則的話，何年何月才能走到呢？」安靈不理妹妹的小伎倆，照樣催著她走。

「你怎麼能夠證明我沒有頭疼？事實上，我常常頭疼，現在頭也疼，一點也不騙你！」妹妹皺著眉頭爭辯起來。「你不記得我們的數學老師說過的嗎，要證明『有』很容易，要證明『沒有』幾乎不可能。」

安靈笑了。「噢，你那麼討厭數學卻對老師的話記得那麼牢。」

「對我有用的我當然記得，對我沒有的東西，我要去記它幹什麼呢？」妹妹理直氣壯反駁道。然後，她苦著臉，摸一摸腦袋，又看一眼天，大驚小怪地叫起來：「咦，安靈，最近的太陽好奇怪，旁邊有好多五顏六色的光？安靈，你看見了沒有？」

安靈漫不經心地瞟一眼天說：「沒有，除了太陽以外，哪有什麼五顏六色的光？是你的近視眼看花了。起來，我們還是繼續走吧。」

事實上，安靈也注意到，妹妹的近視眼似乎越來越嚴重了。常常非常近距離的東西，她都看不清楚。頭幾天，她吃東西時，沒有看清上面粘著的一小塊未燒盡的火碳，而將手燙出了一個大泡，皮膚上面的燙傷到現在還沒有完全癒合。

「出發前應該提醒她去看一下眼科醫生配一副新眼鏡的。」安靈這樣後悔著。

她們起身繼續上路，不久就路過一個小山洞。山洞旁邊有一棵不知名的樹，樹上開滿了淡藍色的大朵的花，地面上也撒了厚厚一層。安念聞著花香，又賴著不肯走了。安靈只好決定就在這裏宿營。

她們燒了火，草草吃了飯。兩個人在火邊坐著出神。火光照在安念的眼鏡上，紅光一閃一閃的，顯得有些撲爍迷離的樣子。安靈覺得妹妹比平時沉默，她詫異地看一下她的臉，發現它蒼白得有些不正常，而且安念的呼吸聲聽起來也有些急促。她在地上

動來動去，好像坐得很不舒服。

「安念，你沒有什麼不舒服吧？」她伸手過去摸一摸她的額頭。

火，在灶裏無聲地燃燒著。安靈的手碰到妹妹的額頭時，並沒有覺得她在發燒，但是安念眼中的淚光，卻被火光反照了出來。

安靈被妹妹臉上那深沉的憂鬱感動了，她慌張地問：「你怎麼了，安念？你有什麼不舒服？」

「我頭疼，也有些暈。」安念無力地呻吟道。她靜靜地靠在火爐邊，好像怕冷的樣子，抱著肩膀發著抖。

「真的嗎？你為什麼不早講？」

「我告訴你了，你也不相信我。」安念嘟起嘴來。

「對不起，你頭疼有多久了？」安靈慌亂起來。她握住妹妹的手，她覺得它們是冰冷的。妹妹無力地將她的頭靠在姐姐的胸前。

「很久了，不過時好時壞。不過這也是老毛病了，我在奶奶家就經常這樣。」

「你不發燒，應該沒有什麼問題的。」姐姐同情地看著她。然後，在自己的背包裏搗鼓了一陣，翻出一個藥盒子，「我的好妹妹，頭痛？好了，吃這個吧？」

安靈拿了兩片去痛丸給妹妹，看著她懶洋洋吞下去了，才給她鋪了草席，讓她倒在火爐邊睡了。安靈給妹妹細心地蓋好被子，久久守在她身邊沒有睡著。她擔心著妹妹，時不時欠起身去看一看她。她看到睡中的安念眉頭略微皺著，緊緊抓著被子，好像生怕它掉下去一樣。她的呼吸時急時緩，那張孩子氣的臉上，似乎還掛著一滴淚珠。顯然，她睡得並不安穩。

「如果妹妹真的病了，怎麼辦呢？我們離人住的地方還有多

遠？吃的東西最多只能撐三、四天了。如果沒有及時的糧食補充，又怎麼辦？」安靈只覺得害怕，一種恐懼而無能爲力的害怕。她還沒有看到痛苦，就已經在畏懼它了。她不知道這種沉甸甸的惶恐心情是從哪裡來的，她到底在擔心著什麼，又或者有什麼週期性或潛在因素誘發它。自從她很小的時候，她就有這種絕望的不安症了。她心裏憂鬱重重，一直到過了半夜，才迷迷糊糊睡過去了。

*　*　*　*　*　*　*　*

第二天到了中午時分，妹妹還一直在睡覺。安靈不忍心叫醒她，她在山洞裏拾輟了一會兒，然後打算趁妹妹還沒有醒之前先到山谷裏去找點水。

她順著細長陡峭的山路，小心翼翼地往下走。山上的小徑很窄，幾乎沒有兩隻腳並排起來那麼寬。她一路上走得很費勁。

山脊延伸下去的地方有一條溪流，溪流不遠處便是幽深的懸崖。最近剛下過雨，小溪嘩嘩向崖下奔流如注。

她將水壺汲滿水，然後看到溪邊有一簇小紅花開得很精神的樣子，聞起來也很香。她小心地將它們採了下來，放在口袋裏，準備送給妹妹。

「嗷嗚……」忽然間，一聲巨大的咆哮從不遠處傳過來，將她嚇得倒退了幾步。她猜測碰上猛獸了，因爲只有它們才可能製造出那麼大的聲音，連四面八方都被它震得嗡嗡發響，那些本來還朝氣蓬勃的茂盛的青草們，似乎也因爲害怕而萎縮起她們嬌弱的身子來。安靈的第一個反應就是逃，趕快離開這個是非之地。但是，往哪個方向逃呢？前面是野獸，後面是懸崖，她已經進退兩難了。她迷茫地站在小溪邊，一時不知何去何從。

「嗷嗚……」又一聲威嚴的嘯聲，而且比上次更響了，好像天地都在回應它。安靈覺得自己的每一根頭髮都豎起來了。她看到她的心味的一聲從高處直溜溜掉了下去，沉到了底。她想到了逃避，因爲她不想面對這不可避免的痛苦。她想跳到那小溪中去，讓那潺潺溪水隨便將自己帶到哪裡，或者乾脆閉上眼睛跳下懸崖峭壁。可是，她的眼前出現了妹妹那幽怨的眼神。

「不，不能丟下安念。她需要我。」她一咬牙，橫下一條心，決定不論前面是什麼刀山火海，還是往前走吧。無論如何，她們得結伴而行。

她低著頭，貓著腰，往前顫顫巍巍試探性地走了幾步，猛然間又聽到一聲氣勢洶洶的巨吼聲。她嚇得跳了起來，一抬頭，正好跟蜷伏在山坡上一塊大岩石上的龐大動物打了一個照面。它居高臨下地俯瞰著她。她不知道那是一種什麼動物，它有點像咕嚕國的老虎，但它比老虎的身材要短小，而且有著深棕色的鬃毛。

「啊，請不要傷害我，我的妹妹生病了，她還在等我帶水給她喝，求求你了。」她帶著哭音顫慄著說，同時聽到自己的牙齒在咯咯作響。

可是猛獸並不理會她的招呼。它還是自顧自朝她走了過來，一步，兩步，她幾乎可以聽到它呼呼哧哧的喘氣聲。她感到她全身毛髮都豎立了起來。她面對面站在猛獸前，她忽然覺得冷極了，緊緊抱著雙臂，全身哆嗦著。她的口袋裏其實有一個口哨，但她不敢去取出來。她怕她只要稍微一動，野獸就會迎面撲過來了。

她一動未動，既不能前也不能退。她不知道她這樣靜靜地跟它對峙了多久。猛獸越來越近，她幾乎可以體會到它接近她的溫熱的呼吸了。就在這時候，猛獸驀地回了頭，它一定聽到什麼聲音了，它的耳朵高高地豎起來。

　　安靈也彷彿聽到了什麼聲響，那好像是短暫的一聲狗叫。但那一定是幻覺了，在這荒蕪人煙的地方，怎麼可能有狗呢？除非有鬣狗？哦，不，千萬不要有鬣狗，據說它們都是一群群的，攻擊起人來毫不留情，連大象都不是它們的對手。安靈曾經在電視上看見一隻幼獸被一群鬣狗團團堵住，它們群起而攻之，專門撿對手最薄弱的身體部位攻擊。不一會兒，那只幼象就倒在它們的腳下，血和肚子裏的內臟流滿了一地，它的母親無奈地站在不遠處，悲哀地低鳴著。這個殘酷血腥的場面在安靈的心裏留下了深刻的印象。現在，她怕那些可能存在的鬣狗勝過怕面前的這隻猛獸了。她咬著牙，不知道要怎麼辦才好，她抖索得厲害，背著的水被她晃動不停的身體潑到了地上。

　　其實還很早，可是她看到林間突然變得幽暗起來。難道黃昏就來了嗎？她害怕，她害怕極了。她顫顫巍巍，覺得世界末日也不過如此罷了。

　　又有一聲什麼聲響，一定是那些鬣狗了！她看到那猛獸側著腦袋，猶豫了一下，漸漸地，它轉開身，朝懸崖上面走去了。這是她對它最後的印象，因為隨著她的心撲通撲通狂亂地跳了幾下，雙腳一軟，眼前一黑，她暈過去了。

　　也不知道過了多久，一縷輕風吹過來，鑽進了她的肺裏，安靈睜開眼睛，她的臉上露出困惑的表情。然後，她漸漸清醒了。她猜猛獸去追那些鬣狗了，它扔下了她。

　　她馬上想到了妹妹。安念見她這麼久沒有回來，一定擔心得不得了，她得趕快回去才是。安靈找回水壺，才發現水壺裏的水早已經潑得所剩無幾了。她匆匆忙忙再舀了點水，就毫不停留往山上趕。

　　她跌跌撞撞奔回山洞。到了山洞門口，背靠在洞門上，才大

大舒了一口氣。可是，在山洞裏她到處找，都沒有看見妹妹。她猜她有可能出去拾柴火了，她應該馬上就會回來的。安靈將那把被壓得有些不成形的小紅花放進一個塑膠杯子裏，加了點水，擱在妹妹的枕邊，濃郁的花香立刻在山洞裏彌漫開來。

　　她決定先好好做頓飯，等妹妹一回來就可以馬上慰勞她了。漸漸地，水燒好了，飯做好了，可是，安念還是沒有回來。安靈忽然想到了今天在溪邊碰到的那只猛獸和那些可能的鬣狗，她的心沉甸甸的，一股寒意攫住了她，她的呼吸急促起來。

　　「安念，你在哪裡？」她在山洞的前前後後找了好幾遍，一點回聲都沒有。她不敢走得太遠，只打算在附近轉一轉，怕萬一妹妹已經在回來的路上錯過她了。

　　「安念！安念！」她呼喚的聲音越來越淒厲。

　　山裏的天說黑就立刻全黑了。她跑回洞裏拿了手電筒出來繼續找。周遭一片黑暗，萬籟俱寂，她在黑乎乎的樹林裏四處尋找著。好些次，她被樹根絆倒了，她的嘴巴上粘著土。

　　她聽到自己的心在撲撲跳著，她曾經讀過的各種各樣的鬼的故事忽然都一一展現在她的腦海裏。她彷彿看到周圍有很多幽靈，在她的周圍徘徊。她聽到半夜的露珠一滴一滴地淌在葉子上的聲音。她又彷彿聽到不遠處有什麼東西在淒厲地叫喚。這個聲音在她身上產生了一種恐怖陰森的效果。她怕這個尖厲的叫聲，更勝過對黑暗的害怕。

　　「安念！安念！」她焦急地大聲呼喚著，卻什麼回音都沒有聽到。她的心裏害怕極了。她很想丟下妹妹不管了，她想跑回山洞蒙住腦袋再也不出來。現在，那個山洞就是她的避難所。但是，她又擔心著妹妹。安念眼睛不好，她恐怕她失足掉到了什麼地方，也許摔斷了手腳，在黑暗中呻吟著等著她去營救呢。她是姐姐，

她有責任去救她。想到這裏，她又鼓起勇氣往前走。

　　晚風吹過來，她覺得很冷，有一棵樹枝輕輕拍打了一下她的背。

　　「啊，鬼！」她不敢回頭看，手一哆嗦，手電筒就從她的手中滑下去了。她抖抖索索蹲下去撿她的手電筒，然後，她眼睛的餘光窺伺到，前面一棵大樹下，有一個什麼東西動了動。她屏住呼吸定睛一看，立刻認出了她妹妹躺著的模糊的身影。

　　「哦，安念，你為什麼躺在這裏呢？」她趕緊跑過去將她搖醒。

　　妹妹揉揉眼睛，好像不認識她似地看著她。

　　「哎呀，原來你在這裏睡大覺？我到處找你，又喊又叫，聲音那麼大，你都沒有聽見嗎？」安靈抱怨地看著她。

　　「安靈，不要離開我，我害怕。」忽然妹妹一骨碌爬起來，抓住她的衣袖。

　　安靈的眼淚在黑暗中不由自主掉了下來。

　　「你出來找了我，對不對？」她將自己遇見猛獸的經歷告訴妹妹。「不過我猜它早就走遠了。動物一般來說不會主動進攻人的。你不用害怕。」

　　她們好不容易摸索著回到了山洞。還好，安靈燒的火還沒有滅。兩人緊緊地抱著火烤了一陣，才完全平靜下來。

　　安靈將一杯溫水遞給妹妹，安念卻攬住了姐姐的手，將瘦小的下巴枕在那上面，就像一個幼小的需要人愛憐的女孩一樣。

　　「安靈，告訴我你不會離開我。」她可憐巴巴地看著她。

　　「我當然不會離開你的，永遠不會，我向你保證。你怎麼覺得我會離開你呢？」安靈大惑不解地問。妹妹素來以大膽而自豪，什麼時候她突然變得這樣膽怯害怕而患得患失？

「我不知道，今天我等了好久你都沒有回來，然後我就躺在樹下睡著了，我夢見你一個人撇下我走了。我……」淚水又在安念的眼眶裏轉動起來。

安靈輕聲笑了，「這不過是一個荒唐的夢罷了。你知道我的膽子小，我怎麼可能會撇下你一走了之呢？」

「你的膽子小，那倒是真的，」妹妹回憶到以前，也輕聲笑起來。「我還記得你體育課跳高，你害怕得不得了。別的學生都跳過了，只有你不敢。」

是的，安靈也永遠記得那一次跳高課。她久久斜睨著那橫在不遠處的細細的竹竿，遲疑著不敢邁出一步。

「來呀！」大塊頭的體育老師朝她不耐煩地招手。跳過了的同學也虎視眈眈擠在一旁看熱鬧。他們等呀等，只等著膽小的安靈縱身一跳，給他們開一開眼界。可是，他們注意到，安靈臉色發白，嘴唇發青，好像在忍受著巨大的痛苦似的。她的妹妹帶著同學在大聲吆喝著給她鼓勁，她的膝蓋和牙齒卻在發抖。

「安靈，沒關係，跳吧，竹竿這麼矮，前面又是沙地，你還怕什麼呢？」妹妹不斷給她打氣。安靈心一橫，咬著牙，鼓起勇氣往前衝。她的臉上現出孤注一擲的表情，大家都以爲她的勇氣終於戰勝了怯弱，大聲爲她喝采歡呼起來。

然而，就在她跑到竹竿前即將起跳的一剎那，與生俱來的懦弱突然像幽靈一樣，從一個陰暗的地方鑽了出來，以一副猙獰的面目可怕地纏住了她。她的心猛跳起來，膝蓋抖索著，腳一軟，連竿帶人一起重重跌到沙裏面了。笑聲從四面八方傳過來。她又羞又惱，像鴕鳥一樣，將臉深深埋在沙裏面，一動也不動，只恨不得地上裂開一條縫，將她沉到那地層的深淵裏面去，將她整個人跟那嘲笑聲永遠隔開來。

「我不明白為什麼我的膽子那麼小，別人都敢於做的事，我就是不敢做。別說跳高，就是跳繩，我都好害怕。別的女孩子都喜歡玩跳繩。繩子在她們身前身後甩來甩去，她們一點都不怕，一邊躲著甩動的繩子，還一邊可以跳出好多複雜的動作來。我卻怕得要命，我好怕萬一繩子不小心甩到臉上，那會很痛的呀。」安靈不好意思地說。

「沒有關係。每個人都有她害怕的東西，不是嗎？」安念安慰著她，蒼白的臉上露出稍微的迷茫來。

「是嗎？你也會害怕嗎？」姐姐吃驚地看著妹妹。在她的眼裏，妹妹總是那樣無憂無慮天不怕地不怕的呀，難道她也像自己一樣有什麼與生俱來的或者不可解決的隱憂嗎？安靈心裏暗暗驚訝。這是第一次，她發現自己其實並不完全瞭解與她朝夕共處的妹妹。

＊　＊　＊　＊　＊　＊　＊

頭一天晚上燒的火還有些熱氣，女孩們仔細地將它用沙土和濕青苔撲滅了，又在上面澆了不少水，才整理好山洞收拾好了行李上路。

這一天她們出發得很早。小草上還沾滿了露珠，山腰上有雲在徘徊。

「嗯，有了小徑真好，也不用擔心迷失方向，只管順著它走就行了。」安念甩開膀子快步走在前面。安念頭不痛，肚子也不餓的時候，是個相當快樂而朝氣蓬勃的女孩。她一邊走，一邊輕輕哼著歌，跟頭幾天有氣無力的樣子判若兩人。

「小徑好是好，可是它的盡頭不見得就是我們要去的地方噢。」姐姐在後面有些擔憂地答。

　　不久，一陣沁人心脾的花香向她們襲過來。原來森林小徑已經告一段落，她們來到了山腰上的一片桔園邊，那裏滿園都是濃得化不開的桔香味。

　　「有橘子的地方，就應該有人。我們大約要接近一個村莊或農場了，那裏一定可以買到糧食。」安念滿有把握地告訴姐姐。她輕快地走在前面，做姐姐的必須快步走才能跟上她。安念裝作等姐姐，等她走近了，悄悄地將路邊的一棵桔子樹搖了搖，花瓣兒便如雨一般紛紛揚揚落下來，落到姐姐的脖子裏，頭髮上。

　　「喂，安念，你好討厭，你讓我的脖子裏面都是粘粘的了！」姐姐抱怨著。

　　「誰叫你走後面呢？」妹妹毫不以為然，朝她做鬼臉。

　　「那好，我現在走前面好了。」

　　「不行，我知道，你在想以牙還牙，我不放心你走前面。」

　　「居心叵測的人才會相信別人也跟他一樣壞。」

　　兩個人爭來爭去，最後，還是用石頭、剪刀、布的方法，才解決問題：安靈走前面，妹妹尾隨。

　　終於，她們看到山谷裏的村子了。村裏的空地上有一個很大的曬衣坪，五顏六色的衣服正在微風中招搖。大概正是吃中飯的時候，風中飄來飯菜的香味，兩個女孩不由自主咽了一下口水。

　　有兩個小孩，在村邊蹲著玩耍，遠遠地看見她們來了，就丟了手中的玩具朝她們跑過來。快到她們跟前時，大約發現她們是陌生人，才又站住了，張開嘴巴，好奇地打量著她們，然後又轉身朝村裏面跑去了。

　　靠近村邊的梯田裏，有農人在躬腰勞動，在他們不遠處，逡巡著幾頭懶洋洋的牛。田埂非常狹窄，兩邊是水汪汪的農田。兩姐妹小心翼翼地走著，兩個人都背著沉重的包，盡量保持平衡，

生怕一不小心跌離田埂而掉到任何一邊的水田裏了。

前面悠然地步來了一條牛。安靈的心跳得很厲害，因為她很害怕像牛那樣生著紅眼睛甩著鞭子一樣的尾巴的龐然大物。

「安念，怎麼辦？」她停下腳步，求援地看著妹妹。

「什麼怎麼辦？」

「牛來了，我們要跟它撞上了。」

「撞上了大不了說聲嗨罷了，有什麼了不起？」

做妹妹的顯然不把姐姐的慌張當一回事。安靈現在後悔走在前面了。牛每靠近一步，她的心就像擂鼓一樣響一下。

牛越來越近，安念看到姐姐的腳步越來越蹣跚不定。就在牛即將跟她們狹路相逢的那一瞬間，安念看到姐姐背著她的旅行包，毫不猶豫地縱身跳進浸滿了水的濕漉漉的泥田裏。安念站在田埂邊上，牛幾乎貼著她的身子過去了，它像什麼也沒有發生一樣，看也不看她們，怡然自得地走遠了。

「這有什麼好怕的呢？牛是吃草的，它又不會吃掉你。」安念好不容易將姐姐從泥地裏拖出來。見姐姐滿身都是泥濘的狼狽樣子，她禁不住大笑起來。

「我怕它的長尾巴，甩在身上會痛的。」安靈不理妹妹，手忙腳亂地整理她的衣服。

安念仍然吃吃笑個不止，「你都沒有機會給牛試一試，怎麼就知道會痛呢？」

她們進了村，看到村莊的房子大都是淡青色閣樓式的兩層房。周圍祥和寧靜的氣氛表明它並不是個貧瘠的村子，但顯然，它也並非富裕之鄉。有一兩個農婦打扮的人，正蹲在房前的平臺上刷洗衣裳。房子前面的草叢裏，有幾隻雞正邁著方步，目不斜視地踱來踱去，一邊咯咯叫著。

　　經過好幾家人的敞開的門口，她們可以看見裏面的用木頭或者竹子做的桌椅，也有男人一邊嘿嘿地吆喝著，一邊在巨大的石臼中舂米。還有的人在磨一種什麼果醬，稠稠的紫色的果汁從石磨的斜板上滑下來，落到地上的一個容器裏。年老的婦女們盤腿坐在草席上撚羊毛或織地毯。她們用的紡織機是一種木制的手搖起來嘎嘎作響的東西。婦女們聽到窗外的腳步聲，停了手中的活，微笑著合起雙手，向他們問好。

　　「很顯然，這是個落後的地方，什麼機器都沒有，一切都靠手工勞動。」安靈這樣說。

　　「真的連電都沒有。剛才我們經過的屋子，我沒有看見任何一家掛著電燈泡。」安念說。

　　她們經過一間小屋，房前有一口老井，井上壓著一塊讓青苔給染得發綠的大石頭。一個中年婦人正在屋門口跟她兒子吃午飯。桌上擺著的菜肴正散發著熱氣騰騰的撩人心魂的香味，兩個人都吃得津津有味的樣子，誰也不說話。尤其是她的兒子，一個跟兩個女孩差不多大年齡的少年，他吞湯時，粗大的喉節裏發出咕嚕嚕的唱歌一樣的聲音，看得兩個女孩直咽口水。而那個婦女正在吃一個烤土豆。她首先將它放在掌心裏，凝視了好一會兒，然後，像怕碰傷了它似的，她小心翼翼地將皮剝開一點點，然後一點一點連皮帶肉慢慢地咀嚼著，每吞下一口，她的臉上不易察覺的笑紋就像水波一樣輕輕蕩漾一下。

　　「這麼簡單的食物，他們吃得多麼美滋滋的呀。」兩個女孩羨慕萬分。

　　「嘿，孩子們，你們要去哪兒？」女人吃完了，心滿意足地吸一口氣，放下碗筷，熱情地跟她們打招呼。

　　「去天鶴峰。」

女人臉上露出崇敬的神色，「噢，天鶴峰，唔，不錯，很好，有志氣。」

「還有很遠嗎？」

「噢，不近也不遠，」她說，「翻過這幾座大山，再經過一片沙漠，進了天和國的國都以後再穿過一大片草地，最後爬過好幾座雪山，雪山的最高峰就是你們要去的地方了。」

「這麼遠你還說不遠。」安念歎口氣。

「一個欣賞路邊風景的人，還會在乎遠嗎？」那個少年冷不防說了一句。

兩個女孩覺得他有些唐突，但也沒說什麼。畢竟，是她們闖入了他的家。

「哦，女孩們，你們想吃什麼嗎？請隨便坐下來跟我們一起用一點吧。」婦人站起來殷情地招呼她們。

「噢，不用了。我們只需要買些糧食。你們有糧食賣嗎？」安靈問，「最好夠我們吃一個月左右，因為我們還要走很遠的路。」

「背著一個月的糧食還可以走遠路？」婦人揚起兩道長長的眉毛。

兩個女孩困惑了：「你是說一個月還不夠嗎？」

那個婦人也笑了，說：「天和國的人出門旅行，帶一天的口糧就夠了。」

「一天的口糧！」安念瞪大了眼睛，「如果我們只帶一天的糧食，已經餓死好多次了！」

婦人跟男孩一同收拾好了碗筷，說，「好了，姑娘們，我們正要去一個農莊上作客，正好跟你們同一段路。那裏糧食的價格更低一點，你們不妨到那裏再補充一些。」

兩個女孩吃了些東西，又在井邊將水壺都灌滿了，跟在這對

新結識的人後面慢慢走。

　　他們出了村，經過一條小河邊。河邊的田裏有一對夫婦在勞動，而一個小男孩則被裝在一隻竹籃裏放在附近的田梗上。女孩們看到大滴大滴的汗水從那對夫婦的臉上流出來。孩子大約餓了，哭起來，做母親的擦了汗過來給他餵奶喝。做父親的則歇下手中的活，靠著那把柄端磨得發亮的鋤頭朝他輕聲吹著口哨。空氣中蕩漾著一種滿足而生趣盎然的味道。

　　「你們好！」兩個女孩跟他們打招呼。

　　「你們好！」

　　「你們在種什麼？」

　　「我在種紅豆，」男人說，「紅豆好吃，種紅豆得紅豆。」

　　「我在種灰蘿，」女人說，「灰蘿不好吃，種灰蘿就得灰蘿。」

　　「奇怪，既然灰蘿不好吃，為什麼還要種它？」安靈忍不住問。

　　「這還不明白，」安念說，「灰蘿肯定是一種草藥了，明明是苦味還要去種它，不是藥是什麼呢。」

　　那個少年聽到這句話，似乎是有些欣賞的，他微微笑了一下。

＊　＊　＊　＊　＊　＊　＊

　　母親在前面領路，後面三個大孩子慢慢跟著。山有些陡峭，兩個女孩爬得氣喘吁吁，那母子倆卻身輕如燕，面不改色心不跳輕輕鬆鬆如履平地一樣。

　　「你們真行啊！」安念羨慕地說。

　　「登山的時候，兩隻手要空空的，儘量將要拿的東西背在背上，腳要活，好像是一個皮球踩下去又輕輕彈起來一樣。」婦人回過頭親切地教她們。「另外要注意呼吸，呼吸跟腳配合好，這

樣就可以走很遠的路爬很高的山都不容易累了。」

「如果爬山爬到半路累了怎麼辦呢？」安靈又問。

「沒有關係，那個時候你就乾脆停下來，調整一下呼吸，想像一下太陽的光線照進你的身體裏。慢慢地，你就會覺得力氣又回來了。」

少年顯然對山裏的植物瞭若指掌，他時不時停下來指著一些植物給她們看。

「看，這種褐色的像麥穗一樣的東西，生命力旺盛極了。既不怕熱也不怕冷，到處都有，連雪山上都有。我們叫它爲褐皮麵，放在水裏泡一泡變得軟軟的，味道好極了，就像麵條一樣香。」

「看見沒有，這棵樹的下面有好多白色的土豆一樣的東西？我們稱它們爲豆仔，這個只要稍微烤一烤，味道比土豆還香甜啊。」

「這種樹葉軟軟的，嫩嫩的，不可以吃，不過可以用來擦屁股喲。」

「這種淡黃色的苔蘚，高山上平原上都有，既可以用來充饑，也可以曬乾了外用，主要是用來止血。」

「這種岩石邊上的白色蘑菇你們看到了？我們叫它們爲雲耳朵，因爲它看上去就像一片雲一樣。它們既可以煮熟吃，也可以生吃，跟豆仔一起吃味道美極了。不過不能吃得太多哦，因爲裏面含有一點點鹽分，吃多了就會口渴了。」

「這種樹的藤蔓，看上去很漂亮，但你們要小心一點。不然被它給纏上了，就很難脫身的呀。」

「這種長在草地上的菱形的果子，我們叫菱果，不單在山裏，在天和國任何地方都看得到的。它裏邊水份很多，任何時候都可以用它們來解渴的。不過菱果現在是白色的，還沒有成熟，到完全成熟了就變成金黃色的了，吃起來又甜又爽口。」

「你們看這種花，可以摘下來泡茶喝，會有強身健體的作用。另外，也能給人預報天氣。每次看到它的花瓣縮成了一團，你們就可以肯定那天會是個雨天了。」

不久，他們在一棵高高聳立的紫色樹前停住了。「這種紫色的薄皮果，味道香甜極了，現在正是成熟的時候。」男孩說，「不過，小心噢，裏面有個很大的果核。」只見他像猴子一樣敏捷地爬上樹，摘了一些果子遞給每人一個。

「哇，真的好吃極了！」兩個女孩愉快地讚歎著。安念三下兩下就將她的那一份吃完了，順手將果核隨地扔了。男孩馬上跑去將它撿回來。

「天和國的人從來不會將任何果核扔掉，」男孩很認真地說，「我們都將它們埋在土裏種起來。這樣就不會浪費了。」

安念雖有些不好意思，還有點想強詞奪理：「並不是所有的果核都可以長出果樹來。」

男孩乾脆地答：「那倒是真的，任何事都不可能百分之百。不過，我們的前輩告訴我們，凡是對自然界有利的東西，我們都要盡可能讓它再生。只要有這個潛能，就不要放棄它。」

「在我們的咕嚕國可沒有這個條件，」安念仍然爭辯著，「大多數人根本沒有土可種東西。」

「他們沒有土？」少年顯得詫異極了，「他們不住在房子裏嗎？」

「他們住在空氣中。」

「真的嗎？」少年的母親聽到這裏，也回過頭來問。她跟她的兒子都驚奇得不得了，兩個人嘴唇裏發出嘖嘖的聲音，那大概是天和國的人表示驚訝的特殊方式吧？

「不是真正的空氣中，」安念笑著解釋，「很多人住在很高

很高的樓裏，當然離地面有些遠了。」她做了一個誇張的手勢給他們看。

「再高的樓下面也有地。那他們也應該下樓來將果核種到地上啊。」少年說。

兩個人邊走邊教，兩個女孩邊走邊學。尤其是安念，不停地在她的筆記本上記下她所感興趣的一切。

「這些山真是一個天然的食物儲存庫啊。」安靈不由得感慨。

「是的，安靈，你不記得爺爺奶奶說過的嗎，每一株草藥上面都有一顆不同的星星照耀，所以它們才會有不同的藥效。這些植物也真的是各盡其能呀。」

「你說得很有道理。」少年很高興安念跟他一樣對植物這麼情有獨鐘。

「我在家鄉的時候，也常常跟植物打交道。但你說的這些植物，我的百科全書上大多數都沒有記載。等我將來回到了咕嚕國，都可以寫自己的『天和國森林指南』了。」安念高興地說。

他們默默走了一陣，忽然安念又想起一個至關重要的問題，「你見過太陽草嗎？」

「太陽草？」男孩年輕的臉上現出嚮往的表情，大眼睛裏也撲閃著快樂的光。「噢，那是一株神奇的草，聽說長在雪山巔上，我希望有一天可以幸運地見到它。」

過了一會兒不久，兩個女孩看到有幾隻身上有白色斑點的野山羊在吃一種紫色的草。羊看到她們，就像沒有看到似地，臉上充滿了怡然自得。

「那種草，山羊喜歡吃，人也可以吃的。」少年說。

然後他帶了她們去採豆仔。只見他沒有費多少功夫就找到了一種圓形樹葉的樹，他將繞在樹椿下面的黃色莖塊移開來，果然，

那下面就是層層疊疊一大塊乳白色的塊狀果實了。

「這豆仔是最好不過的食物了，一年四季都有的。取果實的時候，要小心一點，不要傷著它的根了。取完了，再將土和莖好好蓋起來，這樣它還可以繼續發。」少年很細心地教她們，「這豆仔也可以把它搓成粉，加上水果蒸一蒸，可以拿來做很香甜的蛋糕噢。」

安靈看到少年只取了一小部分豆仔出來。

「就這麼多夠了嗎？」

「足夠我們四個人吃了。」

「我們可以將剩下的帶走明天吃嗎？」安靈問。

少年笑起來。「噢，明天的事明天再說，何必今天就去想它呢？你看它們，」他指著附近那些悠然吃草的山羊給她們看，「它們很喜歡吃那紫色的草，可是它們總是每株草只吃一點點，這樣草很快就可以再繁殖起來啊。」

安靈不做聲了。

那天晚上，兩個女孩還在紮帳篷的時候，那母子倆已經將他們的天然帳篷紮好了。原來，他們就用一些松枝和樹皮蓋了一間圓圓的臨時小屋，旁邊還有一張用青藤綁在四棵樹幹上做成的吊床，看上去又利索又愜意，兩個女孩不得不羨慕極了。

晚飯也是在野外採集的：褐皮面和豆仔。采褐皮面稍微費事一點，因為婦人告訴她們，得采那種完全變成了深褐色的，否則稍微淡一點顏色的都有苦味。

安念不相信，「就差那麼點顏色，味道就會差那麼遠嗎？」她丟了一個穗子到口裏嚼，結果苦得她眼淚都掉下來了，其他的人都笑起來。

「再甜的東西在成熟前都是苦的呀。」少年說。安念聽了這

話，忍不住多看了他一眼。這個少年長得還挺英俊的呢，她的臉悄悄紅了。

婦人很快將灶砌好，火燒起來了。褐皮面軟軟粘粘，裏面再扔些甜的綠葉子，真的很好吃，就像真的麵條一樣。母親在忙的時候，少年就將豆仔仔細地包在幾片碩大的荷葉一樣的葉子裏，然後系成一個四方的包裹一樣的東西，放進火裏去慢慢煨。沒多久，令人垂涎欲滴的甘香味就在他們周圍彌漫開來。濃烈的香味讓兩個女孩情不自禁深深吸氣。

「我打賭，世界上不會有比這更好更天然的野餐了。」安念快樂地說。單是聞著誘人心魂的飯香，她隱隱約約的頭疼立即消失了，而且感到精神煥發起來。

更妙的是，吃完了香甜可口的飯，他們兩個還幫她們在附近找到了一個可以泡澡的溫泉。更深夜靜了，母子倆睡去了，山裏的晚上帶著寒意，兩個女孩還在水裏嬉戲，不停地將水潑到對方的身上。泉水邊上有些晚睡的昆蟲在唧唧叫著。天邊有一顆碩大的星星眨巴著眼睛在看著她們。

「啊，真舒服啊。」安靈滿足地說。這麼多天的旅途辛苦和疲憊，在溫暖的泉水的浸泡下，顯得無影無蹤了。

「簡直就跟仙境一樣。」安念也愜意無比。

「在天和國裏，好像除了天然的東西，什麼都沒有，可是，這裏的一切都顯得這麼寧靜、滿足、快樂。很奇怪啊，是不是？」姐姐再次感歎。

「是啊，」妹妹說，「我起初也不肯相信，一個人怎麼可能沒有電視打發時光呢？他不會覺得無聊嗎？」

「也許最簡單的本來就是最快樂的？」安靈喃喃自語道。

兩個人將身體盡情地泡在水裏，盯著天邊的那顆星星許久許

久沒有出聲。

＊　＊　＊　＊　＊　＊　＊

　　第二天一早，母子倆已經坐在懸崖邊看日出看了好久了，兩個女孩才起床。早飯吃的是雲耳朵和昨晚剩下的一點豆仔，另外每人還有一杯熱氣騰騰的茶。雲耳朵配上豆仔果然好吃極了。太陽茶也很好喝，是那種很細膩的淡淡的甜味，喝下去，讓人立即有神清氣爽的感覺。兩個女孩吃得狼吞虎嚥，母子倆卻一如既往細嚼慢嚥，每吃一口飯，要花上大半天，吃完了，還要長長地吸一口氣。

　　兩個女孩早就吃好了，坐在一邊等他們。

　　「你們真的每次吃飯都有這樣慢嗎？」安念詫異地問，「這要花多少時間啊。」

　　「可是還有什麼比吃飯更要緊的事呢？」婦人笑著問。

　　「而且你們吃得很少哦。」安靈看著少年比她高大多了的身材驚訝地說。

　　「正因為吃得慢，所以才會吃得少啊。每吃幾口，就吸一口氣，就吃得更少了。」

　　「為什麼呢？」

　　「因為太陽分子將你的肚子填滿了呀。」

　　「太陽分子還可以飽肚子嗎？」女孩們驚奇極了。

　　少年好笑起來：「哎呀，你以為你們吃的東西不就是一塊塊的太陽分子嗎？」

　　「啊！」兩個女孩的眼睛越瞪越大。

　　「聽說咕嚕國的人從來不吃新鮮的東西，所有吃的東西都是加工過的，為什麼呢？」男孩好奇地問。

「因爲加工過的東西味道更好啊。」安念理所當然地答。

「有什麼東西味道會比太陽更好嗎？」少年詫異地看著她。

「哎呀，兒子，你少賣弄了，這些道理姑娘們以後都會明白的，你操空心幹什麼？好了，咱們快上路吧。」他的母親催促道。

她們爬過一個山脊，聽到前面樹上有小鳥在爭著叫個不停。少年也向著鳥兒們吹起悅耳的口哨來，那些鳥兒們好像遇到知音了，更一發不可收拾唱個不停了。

「鳥兒像人一樣，喜歡有太陽的早上。」安念說。

這回輪到少年別過頭來認真地看了她一眼了。他咧開嘴唇朝她笑了，她的臉又不聽話地冒出紅暈了。走在一邊的安靈將這個細微的動作看在眼裏，微微一笑，她準備一有機會就要好好取笑一下妹妹了，誰叫她老在她面前提起船上的那個詩人呢？

溫和的空氣、燦爛的陽光和動聽的鳥聲讓女孩們心情振奮步伐輕快。這天黃昏剛到她們就來到母子倆要去的農莊了。那裏正在慶祝一個婚禮，到處是一片喜氣洋洋的歡樂景象。

「我們還以爲這是個沒有電的國家，可是你看那不是電燈嗎？」安靈詫異地指著前方說。

果然，只見農莊人家的窗戶上、房子上、門前屋後的樹上都掛起了慶祝的五顏六色的小燈泡，遠遠看去，燈光裹在黃昏的淡淡霧氣裏，一閃一忽，像一個個神秘繽紛的夢。

可是，兩個女孩走近了，才發現那並不是燈泡，而是一些會自己發光的石頭。

「啊，太奇怪了，這些石頭竟然像燈一樣發光，這是什麼石頭呢？」兩個女孩覺得奇怪極了。

「遠方的客人，歡迎你們！」農莊主婦張開雙臂熱情招呼兩個女孩進去。「今天是我兒子的大喜日子，如果不嫌棄的話，請

跟我們一起共用晚餐。」

　　農婦將她倆帶到農莊上的一個大帳篷裏。那就是臨時的廚房，很多婦女正在那裏忙著做飯，芬香的氣味襲面而來。一個年輕的女人抱著一個兩歲左右的小孩坐在一邊休息。小孩紮著一根細細的沖天辮，瞪著圓圓的眼睛好奇地打量著她們。

　　「你們要去哪裡，女孩們？」年輕女人問。

　　「天鶴峰。」

　　聽到天鶴峰這個名字，對方的臉上露出肅然起敬的神色。

　　「坐下來休息一下吧，飯很快就做好了。」她挪了挪位置，招呼兩個女孩坐下來。

　　兩個女孩默默看著她們做飯，禁不住又嚇了一跳：這裏的人做飯既不用電，也不燒柴，而是用一些小小的紅紅的石頭做燃料。

　　「這些石頭可以燒嗎？」安念忍不住問。

　　「爲什麼不可以呢？」那個年輕女人反問她，「你們一定是咕嚕國來的人，聽說那裏的人既不用石頭來做飯，也不用它們來照明。」

　　「可是，石頭怎麼可能有光和熱呢，這在咕嚕國是不可想像的。」安靈說。

　　「它們本身不能產生光和熱，可是，太陽給了它們光和熱啊。你們咕嚕國真的既沒有晶光石，也沒有炭火石嗎？」現在輪到婦人詫異了。

　　「什麼是晶光石？什麼是炭火石？」安念問。

　　「晶光石是我們用來照明的石頭；炭火石是用來做飯的。兩種石頭原理都差不多，都是利用太陽的能量。不過，一個是光能，一個是熱能。我們平常在家的時候都用它們，只有旅行的時候才會想別的辦法，因爲它們攜帶起來不太方便。」婦女耐心地解釋

著。

「哇，天和國原來有這麼先進啊！」兩個女孩面面相覷，驚歎不已，「這些石頭可以用很久嗎？」

「用幾輩子都可以的呀，」婦女笑著說。「它們能量不夠的時候，我們就將它們擺在太陽下面曬一曬，讓它們盡情地吸收太陽的光和熱，很快又可以用啊。」

「沒有太陽的時候呢？」

「沒有太陽的時候，也有光和熱啊。只不過要曬稍微久一點罷了。」

「它們在這裏真的不過是普通的石頭？」安念懷疑地看著她。

「世界上有什麼東西是普通的嗎？」婦人反問她們。

「我是說，在哪裡才可以找到這些特殊的石頭呢？」

「真正好的東西還用得著去找嗎？」婦人咯咯笑起來，「我們這些石頭都是祖先傳下來的，早就給我們準備好了的啊。」

「你們真幸運！」兩個女孩由衷地說。

盛情的主人們邀請路過的兩個女孩在農莊上住一兩晚再走。她們也求之不得答應下來。大家聽說這兩個陌生的女孩是咕嚕國來的，都表示了極大的興趣。他們七嘴八舌地問她們有關咕嚕國的情況。

「咕嚕國，那是個遙遠的國家。聽說那裏房子多得連人走路的地方都沒有了。大家散步都得在自家房頂上散步，真的嗎？」一個年長一點的人這樣問。

「聽說那邊的人，整天盯著一個會說話的盒子一動不動，好多人連眼珠子都不會動了，真的嗎？」一個中年婦女這樣問。

「聽說那邊不大太平喲，常常打仗。這邊打完了那邊又接著

打，幾乎沒有安寧過，是這樣嗎？」一個年輕男孩問。

「聽說那裏的人喜歡存錢。錢放在床墊下面，當席子睡，是嗎？」那說話的人口齒有些模糊不清，好像他是在捂著嘴壓抑著不笑出聲一樣。

「聽說咕嚕國的人都喜歡年輕的人。人一老了，都自動集中到一個地方去，不吃也不喝，就等著死。因為那裏的老人們覺得自己很醜，也很孤獨，真的是這樣嗎？」有一個瘦骨嶙峋，卻神采奕奕的老人問。

安靈安念從來沒有受到這麼多人的注意過，她們幾乎有些招架不過來這麼多人的問題。安念眼珠一轉，悄悄蹲了下去，在她的便條箋上飛快地寫下幾個什麼字，然後分別放進兩邊的口袋裏。

「聽說咕嚕國的人總是很憂愁，他們不大喜歡笑，是嗎？」又有一個人問，一邊吃吃地笑起來，一雙眼睛笑成兩條細細長長的縫。

安念示意姐姐不要回答，然後她一聲不響地從左邊的口袋裏拿出一張便條，上面寫著一個字：「是！」

「聽說咕嚕國的人為了瘦，常常飯都不吃，就吃幾片小藥片。」一個穿白襪衣的人這樣說。

安念又從她右邊的口袋裏拿出一張便條，上面有兩個字：不是！」眾人都嘩的一聲笑起來。

一個小女孩蹦蹦跳跳地甩著腦後一根小辮子，親熱地拉著安念的手：「聽說那裏的孩子一天到晚都在做功課，真的嗎？」

「這，」安念有些為難了，她覺得上學時功課是有些多的，每天晚上都得做半個小時以上。碰上難解的數學題目，那還得做更久。可是，說整天都在做功課好像又有些誇張，因為畢竟他們也有玩的時候。

　　看來世界上的問題不僅僅可以通過是和不是就能夠回答。安念正在猶豫的時候，好在善解人意的姐姐已經提前寫了一張條子遞過來：有時候！

　　馬上要開始用晚餐了。五花八門的食物早就在那個石頭灶裏做好了，一盤盤擺在帳篷露天下的長條桌子上。濃烈的香氣在空中蕩漾，刺激人的胃口。大家先都去井邊洗手。兩個女孩這才注意到，其實天和國也是有自來水的，不過管子卻是竹製的，而且水流很細。每個人洗手的時候，都全神貫注，似乎不願意浪費一滴水。

　　「你們這裏缺水嗎？」安念問。

　　「當然不缺，天和國的水資源豐富極了。」

　　「但你們用水很小心啊，生怕多用了一點。」

　　「那當然，我們不論做什麼，都得爲後代想一想啊。另外，我們所作的一切，對其他地方也有著息息相關的影響。」

　　「也會影響我們咕嚕國嗎？」安靈問。

　　「當然影響了。我們的行爲會影響你們，你們的一舉一動也對我們這邊有很深遠的影響啊。畢竟，我們都在一個天空之下。」

　　女孩們不由得想到科學老師在課堂上講過的咕嚕國的種種環境問題：水污染、大氣污染、噪音、森林流失、土質變酸、全球變暖等等，不禁有些爲自己的國家汗顏起來。

　　婦人看她們有些尷尬的樣子，趕緊說：「不要緊的，我們有空再談這個問題吧。現在該去吃飯了。記得，在天和國吃飯是不可以講話的呵。」

　　「不可以講話，爲什麼！」安念失聲叫出來。

　　「不爲什麼，不過一個傳統而已。也許吃飯時講話不利於消化吧。」

「在我們國家，吃飯是最好的講話時機了，因為大家只有在那個時候才有時間呀。」安念嘟噥著。

「只不過嘴裏有食物的時候一般不可以講話，其他的時候不但可以，而且被認為是一種必要的禮貌。」安靈加以補充道。

一個婦女將她們帶到那一長排已經鋪著漂亮白色桌布的桌子前，桌子擺好了潔淨的盤子和木質的刀和叉，兩個女孩早已經垂涎欲滴了。兩個新人已經在桌邊坐下了，兩個女孩因為是遠方來的客人，她們被分配到坐在兩個新人身邊。坐在安靈左手邊的是穿著橙色婚紗的新娘，坐在安念右邊的是那個教會她們認很多植物的少年。

「你的橙色的婚紗很好看啊，在咕嚕國，新娘都穿白色……」安念讚歎地說，可是她的胳膊被那個少年輕輕撞了撞，「吃飯時不要說話噢。」

安念會過神來，不好意思地吐了吐舌頭。

每吃完一道菜，就有志願的人自動站起來去帳篷那邊端新的菜過來。新的菜來了，大家一個個傳給隔壁的人，直到最後一個人都傳完了，剩下的菜就放在這最後一個人面前，誰如果還想再吃一點，就用眼睛示意一下旁邊坐的人，這個人又示意他旁邊的人，直到菜再次傳到這個人的手裏。如此而已，一切都井然有序，但一切都鴉雀無聲。兩個女孩心裏充滿了驚奇，卻不敢問：怎麼可能這麼多人在一起吃飯聽不到一點聲音呢，怎麼可能連刀叉碰撞的聲音都沒有呢？那些去端菜的人又怎麼配合得那麼好呢？

她們一邊用餐，一邊留心地看著周圍的人。她們發現似乎每個用餐的人都將吃飯當成了一件神聖的事情在做，小心翼翼、聚精會神，似乎此時此刻除了吃飯，他們什麼也不會去想。

這可苦了兩個女孩。安念素來就冒冒失失，磕磕碰碰的，要

她吃飯時不弄出一點聲音來，幾乎是不可能的事。不過她已經盡力了。安靈本來是個小心文雅的女孩，但她也很緊張，生怕不小心弄出比別人大的聲音，或者將刀叉掉到地上了。

安念覺得這裏的橄欖好吃極了。她吃了好幾個還想吃。她想問旁邊的少年這些橄欖是從哪裡買的或者摘的，話到了嘴邊又猛然意識到她是不可以說話的，她只好強忍著吞下到了唇邊的問題。她眨眨眼睛，看到不遠處的盤子裏還剩下最後一個橄欖，她就用眼睛示意鄰座的男孩，表明她想吃那顆橄欖。可是，那個男孩困惑地看看她，又看看那顆橄欖，似乎不明白她的意思。安靈搖搖頭，示意妹妹不要堅持。可是，倔脾氣的安念偏偏要吃它：還剩下一個橄欖，既然沒有人要吃它，為什麼我不可以吃它呢？浪費可恥，不是嗎？

她又不耐煩地捅了捅那個男孩。那個男孩大概終於明白了她的意思，他輕輕笑了笑，給他鄰座的人使了個眼色。於是，那裝著橄欖的盤子從桌子那頭一個人一個人有條不紊地傳過來了，每個接盤子的人臉上都帶著些微笑，但大家誰也沒有做聲。

盤子傳到安念面前時，她瞪大了驚奇的眼睛：原來盤子裏是個橄欖核！怪不得大家都那麼困惑了！安念的視力不好，將橄欖核看成了橄欖了。她噘著嘴看了一下安靈，只見她的姐姐正咬著嘴唇儘量不笑出聲來。安念有些氣，想質問她為什麼明明看見了橄欖核還不告訴她讓她在眾人面前丟醜？不過，她記得姐姐好像是暗示過她的，不過她沒有明白她的暗示罷了。哎呀，都怪這不能說話的宴會，弄出這麼多複雜出來！

安念又瞥一眼鄰座的少年，只見他也是抿著嘴一副忍俊不禁的樣子。他那想笑又不敢笑的滑稽樣子實在是好笑極了。那時候大家都已經差不多吃完了，好多人都放下了刀叉，對著空空的盤

子吸了一口氣，似乎是在讚歎如此一頓豐盛的美餐。安念彷彿感
到坐在身下的那條長板凳也在微微發顫起來，那一定是那拼命忍
住不笑的少年弄出來的了，也許還不止他一個呢。安念也想學著
別人的樣子吸一口氣，可是她卻忍不住磕嗤一聲笑了起來。她一
帶頭，大家都跟著哈哈笑起來，幾乎每個人都倒在鄰座人的身上
放聲笑了起來，新娘也倒在新郎的身上咯咯笑起來，她笑得眼淚
都出來了。那個場景真是有趣極了。

＊　＊　＊　＊　＊　＊　＊　＊

　　主人們還專門請了一個人來給客人們爆米花。小孩子都站在
一旁期待著。安靈、安念也擠進去看他如何爆米花。只見那個人
將一些紅色的米粒放進一隻大瓦罐子裏，罐子上面再套上一個大
袋子，然後開始搖下面裝有炭火石的手拉風箱，給瓦罐加高溫度。
他搖得越來越快，爐子溫度越來越高，沒多久，隨著轟的一聲響，
爆米花濃烈的香味就四處彌漫開來。站在一邊觀望的小孩又叫又
笑又拍手，好不熱鬧。

　　安靈雖然喜歡爆米花的味道，卻害怕爆米花的那一聲響。每
當米罐就要響的時候，她就捂住耳朵，問安念：「好了嗎？好了
嗎？」安念存心跟她開玩笑，有一次米罐還沒有響的時候，她就
說，「好了，好了，已經響過了。」結果安靈剛一放下手，米罐
就轟的一聲巨響，把她嚇得跳了起來。妹妹做賊心虛，趕緊逃跑。
做姐姐的則在後面追，裝作要懲罰她，旁邊的人則在一邊笑彎了
腰。

　　晚上大家燃起了篝火。兩個女孩注意到了，篝火也是用炭火
石做燃料的。小孩子們在篝火上烤一種琵琶形的麵餅，餅在鐵鉗
上燒得滋滋作響，散發出非常好聞的香味兒。大人們圍在篝火邊，

拉著手風琴，彈著吉他，伴隨著節奏歡快的曲調，有的談笑，有的引吭高歌。是跳舞的時候了，大家將兩個新人圍在中間，興高采烈地扭擺起來。有幾個怕蚊蟲騷擾的人，臉上還戴了滑稽的鐵絲罩，像機器人一樣，在火焰旁憨笨地扭來扭去。火光照在這些人的身上，在周圍投下一層活潑的陰影。大家慫恿著兩個遠道而來的女孩加入他們的跳舞。安念毫不猶豫地蹦到了那個跟她們一同來的少年的身邊，跟他手牽手無拘無束地扭起來。她跳得很開心，很放鬆，幾乎整個晚上，她都在笑，在旋轉。

安靈卻無論如何不肯去，她寧願做觀眾。她的顧忌太多了，她無法在這麼多人面前放開。她覺得她跳舞的動作很笨，很難看，她擔心她的樂感也不大好，總是踩不到點子上。她誠惶誠恐，生怕自己出洋相而成為別人取笑的話柄。她怕丟醜勝過怕一切。

音樂暫時安靜下來的時候，安念也許不想讓姐姐感到太冷落，她坐到她的身邊稍微歇息一下。「你愛上他了嗎？」安靈裝作有些吃醋地說。

「誰？」安念裝出無辜的樣子看著她。

「你知道是誰。」姐姐努努嘴，朝少年坐的方向瞥了一眼，只見他也正笑眯眯地看著她們這邊。

正在這時候，新娘隔著篝火朝她們笑著喊：「哦，女孩們，你們明天想到周圍走走嗎？我跟我的丈夫要去拜訪山上的寺廟，請求老和尚的祝福。你們要跟我們一起去嗎？」

「要去！」安念不等姐姐表態，就蹦起來手舞足蹈地表態。

安靈下意識地看了一下錶，問：「好的，明天幾點鐘出發呢？」

所有的人都哄的一聲笑起來。兩個女孩面面相覷，不知道有什麼好笑，後來看到大家都看著她們的手腕，這才明白了，天和國的人根本就不戴錶。

「不戴錶怎麼知道時間呢？」安念困惑地問。

「要知道時間幹什麼呢，反正一清早公雞就會將你叫醒的呀。」那個少年眼睛亮晶晶地看著她，說。

「公雞可以將我們叫醒，可是其他的時候誰來提醒我們呢？」安念問。

「比如說做什麼？」

「例如吃飯……」

「吃飯還要知道時間？」那個大男孩驚叫起來，「肚子不就是最好的時鐘嗎？」

「那麼去上學呢？小孩上學總要知道時間吧？」安念禁不住問。她就因為上學遲到常常被老師罰。

大家又笑了起來，尤其孩子們笑得最響。

「上學就在家裏上，還要知道時間嗎？」其中一個女孩說。

「上學就在家裏，那麼誰是你們的老師？」安念、安靈瞪大了眼睛。

「老人啊。爸爸的爸爸媽媽，媽媽的爸爸媽媽，他們都是我們的老師呀。」

「所以我們這裏的老人一點都不寂寞。」那個臉上有個小黑點的婦女插嘴道。

「不過孩子們到了 16 歲的時候，如果還想學一些特別的技藝，比如修理、園藝、畫畫、書法什麼的，可以再上專門的學校。」

「那有沒有功課，有沒有考試呢？」安念終於有機會問她最關心的問題。

「都沒有。為什麼要有呢？」

「連考試都沒有，那怎麼知道誰是最好的，誰是最差的呢？」安靈問。

「為什麼要知道誰是最好的，誰是最差的？我們這裏連畢業證書之類的東西都沒有。學的東西能夠派上用場就可以了，不是嗎？」那個婦女鄭重地說。

「我太喜歡這個地方了，」安念羨慕無比地歎一口氣，「可是……」，她忽然又想起什麼，眼珠轉了轉，「沒有錶，怎麼約時間去看醫生？」

「看醫生，」一個長者笑起來，「我們這裏的人很少生病幾乎不怎麼看醫生啊。」

「你是說這裏根本沒有醫生嗎？」安靈吃驚地問。

「你們說的醫生就是懂草藥的人嗎？」農莊太太問，「那麼我們這裏醫生多得很啊，幾乎個個都是。修道院裏、寺廟裏的修行人，他們的醫術比我們更厲害了。另外山裏也有一些平常不大跟人來往的隱士們，他們的醫術更不在話下了。平常有什麼不能解決的問題，我們也會去找他們幫忙。」

兩個女孩還想問什麼，可是熱烈的音樂又響起來了。眾人都紛紛站起來跳舞。安念又像蝴蝶一樣跟著那個等待她的少年飄走了。

安念很晚都還在跳舞，安靈一個人抹黑進了帳篷，先躺下了。她雖然覺得疲倦，卻久久沒有睡著。她回憶到她們在咕嚕國裏的那些日子，啊，她們已經出來多少天了，為什麼那個世界如今顯得那麼朦朧那麼遙遠呢？現在她們所在的異國他鄉，是多麼不一樣呀。雖然這裏看上去這麼貧窮、落後，人們連最起碼的錶都沒有，可是他們都這麼快樂、健康，連空氣中彷彿都充滿了堅韌和盎然生機。難道快樂真的是不需要條件的嗎？

* * * * * * *

「最上面就是我們要去的寺廟了，沿著石梯走到頂就到了。」

新娘新郎走在前面，愉快地朝著兩個女孩招手。

　　兩個女孩站在山下仰望，只見山坡上林木蒼翠，白雲幽幽；山頂又薄又尖，筆直插入蒼穹之中；一條石級，綿綿長長，一直伸到雲上面。等她們氣喘吁吁爬到山頂上，又覺得這山並不像從底下看去那麼陡險峻拔。

　　「累不累，休息一下再進去吧。」新娘體貼地說。

　　兩個女孩鬆一口氣，靠著一棵大松樹坐下來。山上各種各樣顏色的花爭相開著，花叢密密掩映處，有一間白頂的平房。

　　「其實說天和國完全沒有鐘也不對，」新郎指著前面的花園給她們看，「你們看那些花，有好幾十個品種吧，那就是我們這裏最普遍的時鐘啊。」

　　見兩個女孩露出驚訝的神色，他繼續解釋：「你們看，這些花，每一種都是在不同的時刻開的。有的正好是在太陽剛出來前那一刻開，有的太陽出來的那個時候開；有的是正午才開；有的太陽偏西才開；有的半夜才開……總之，每種花，都可以報時啊。」

　　「啊，太有意思了，可以報時的花園！」安念在她隨身帶著的本子上飛快地將這一切記下來。

　　就在這時，一陣沉重的撞鐘聲從花叢中傳出來，在這個靜寂的山谷中，鐘聲顯得格外古老、空曠、幽遠，兩個女孩忍不住嚇了一跳。鐘響過好一會兒了，空氣中還殘留著它空蕩蕩的回聲。那回聲似乎有一種神奇的發人深省的力量，好像一聲聲都鑽進她們的靈魂中了。

　　寺廟的屋簷下面掛著一個小竹鈴，在風中搖曳著，發出神秘而悅耳的低低的響聲。他們推開門進去了，只見寺廟裏面輕煙繚繞，木魚聲聲，一個老和尚披著簡陋的袈裟席地而坐，合著掌，吟著她們聽不懂的經文，他唱得很慢很有節奏。

　　兩個新人跪下去接受和尚的祝福，他將手放在他們的頭上，大聲說：「願愛與和諧在你們之間永存。」

　　新娘示意兩姐妹跪下來，請求和尚的祝福。兩個女孩猶豫了一下，也學著她的樣子跪下來。

　　他將手放在安念的頭上，說：「心靈的光芒可以照亮一切。」安靈看到妹妹的肩膀不由自主顫動了一下。

　　然後，他將手放在安靈的頭上，說：「智慧帶來內心的安寧。」

　　那天晚上，半夜時分，安靈彷彿又聽到了寺廟的鐘聲，那渾厚深沉的回音好像一下一下直接鑽到了她的心裏，讓她全身震顫，連耳膜都被震得嗡嗡響。「聽靜夜之鐘聲，喚醒夢中之夢。」她不知道從哪裡讀到過這個句子。她在黑暗中坐起來，睜大眼睛環視四壁，好像要找出那使她心神不寧的原因。「智慧帶來內心的安寧。」她默默念著這句話，念了很多遍，才漸漸睡著了。

　　　　　　＊　　＊　　＊　　＊　　＊　　＊　　＊

　　女孩們從農莊出來已經有好些天了。春天快近尾聲了，正是「春去花如雨」的時分，只聽到乾枯的野花瓣踩在她們腳下的沙沙聲，陽光照在她們年輕的臉上。

　　山路越來越陡，她們覺得背著的那個背包越變越重，儘管裏面的糧食並不多。她們現在已經學會如何就地取材充分利用森林裏的資源了，食物和水已經不是主要問題，但是長時間的旅途還是讓她們感到疲憊起來。特別是安念，走路的時候總是東撞西撞，也不怎麼注意看腳下的路，好多次都摔倒了，安靈不得不就地紮營，給她包紮傷口。

　　「你太累了，安念，你背的東西又太重，走路又不大小心，所以老跌倒。把你包裏的東西分給我一點。」安靈說。

「你背的並不比我的少。」安念不肯叫姐姐幫她。

「至少將你的那本書給我背，你老這麼摔跤來摔跤去的，好些次，我都看到你的背包拉鏈都沒有扣好，東西都差點掉出來了。你總不想要你的書不小心從裏面掉出來吧？」

安念最鍾愛的就是她的這本書。她寧願將任何東西丟掉，也不願看到任何不好的事情發生在她的寶貝書上。雖然有些不情願，她還是將書遞給姐姐保管。

那天兩個人邊說邊走，一直在留意著路邊有沒有可以供她們歇息的地方。她們不能紮帳篷，因為這一帶的樹林實在太密了，有時候，連兩隻腳同時放下去的空間都沒有。夜幕快要降臨的時候，幸運地，她們找到了一棵特別的樹做她們的旅館。

這是一棵粗壯的樹，樹幹中間有個巨大的洞，足夠兩個人躺下來。安念去找了一些松枝樹葉做床墊和門簾。很快，一個溫暖而安全的臨時之家就這樣建好了。

夜色完全降落下來時，天空佈滿了繁星，將林子照得朦朦朧朧。兩姐妹坐在樹洞裡休息時，蚊蟲在她們臉上飛來飛去。安念最怕蚊蟲叮咬了，姐姐看她手忙腳亂地趕蚊子的樣子，也忍不住笑了。

「你等等，」安念爬了起來，悄悄溜到近處的一個地方了。

不久，安念回來了，她的手上拿著一片又大又厚的葉子。她將葉子稍微修剪了一番，立刻，一把完美的扇子就做好了。

「瞧，這個安念牌的扇子趕蚊子最好不過了，是不是？你先用吧。」

安靈拿著蚊扇給妹妹扇起來，安念在一邊愜意地閉上眼睛。安靈扇得手累了，將扇子遞給妹妹：「你也來扇扇吧。」

「剛才你扇了多少下？」

「唔，我沒有數。」

「有 100 下嗎？」

「當然有，至少 200 下。」

「沒有那麼多，最多 120 下。我就扇 120 下好了。」

安念一下子就扇完了，又將扇子遞給姐姐。

「奇怪，你的 120 下這麼快就完了嗎？」安靈說。

「我不過打得快些罷了。」

「真的嗎？」安靈不相信地斜眼看著她。兩個人倒在一起唧唧笑起來。

夜深了，兩個人才在黑暗裏躺下來。

「這個小屋子真舒服呀，而且有天然的窗戶。」安靈滿足地感歎道。

安念揭開窗簾一角，看著外面的漆黑一片：「噢，好黑呀，安靈，什麼都看不見呢。好在還可以聞到花和樹的味道。」

安靈疲倦地打著呵欠，「只要沒有什麼野獸半夜三更來訪問我們就得了。」

「野獸我倒不怕，我就怕黑。野獸來了也夠不著咱們。我們的房子離地面遠著呢。哎呀，這裏舒服得我都不想再上路了。」

「不到目的地，我們在哪裡都不過是臨時的過客罷了。」安靈輕輕地歎了口氣。

「安靈，你睡著了嗎？」安念睡意最濃的時候，又被妹妹叫醒了。「我睡不著，你可以陪我說說話嗎？」

「怎麼又睡不著了，我上次不是教你數數字了嗎？你那次一下子就睡著了。」

「沒有哪副藥次次吃都一定有效啊，上次數數字睡著了，今天又不行了。」

「太奇怪了。」

「很正常啊，數數字讓我聯想到數學，你想那麼令人頭疼的東西，還能讓我睡好覺嗎？」

「那就只有最後一個方法了，你再睡不著我就不管了。你聽著：你睡不著的時候，眼睛睜得大大的，盯著帳篷頂。盯了一會兒，你的眼睛累了，理所當然想睡了，你就再睜開眼睛，再盯著帳篷頂。這樣反複好幾次，你不睡著才怪呢。」

「這也是你的書告訴你的嗎？」

「那當然。」

＊　＊　＊　＊　＊　＊　＊

　　兩姐妹這天一大早就起來了。像往常一樣，她們第一件事就是梳頭洗臉。兩個人只有一面小鏡子，所以早上總是爭著看誰先搶到它好第一個收拾完畢。安念手腳快，絕大部分時候都是她首先搶到鏡子。

　　這一天，安念一面梳洗，一面在鏡子裏對正在一旁等著她的姐姐擠眉弄眼，「嗨，安靈，你昨天晚上講的那個催眠方法還真管用呢，看來你看的那些書也不都是白看浪費時間。」

「世界上還有白看的書嗎？」

「那當然，就像有些電視劇一樣，你從頭看到尾，還不知所云，如入五里霧中，那不是浪費時間是什麼？」

「我看你的百寶書就有這樣的感覺呀。」

「也許世界上本沒有閒書，只是不同的書吸引不同性情的人罷了。不過，如果一個人看不適合他的性情的書，就像一個有胃病的人偏偏要吃治療頭疼的藥一樣不會有任何效。」

「你這話倒說得挺有水準的。」

「我什麼時候說過沒有水準的話了？」

「什麼時候？」安靈裝成吃驚的樣子，「幾乎是任何時候！」

「你真討厭呀。」妹妹裝作生氣的樣子追過來捉拿她。

她們一路上笑笑鬧鬧，倒也並不覺得寂寞。那天太陽剛剛露臉不久，她們已經在小徑上走了好久了。頭不疼肚子也不餓的安念永遠是個快樂的女孩，她像花叢中的彩蝶一樣蹦蹦跳跳，眼睛跟花上的露珠一樣閃光。

「你聽，那是什麼聲音？」安念忽然靜下來，要姐姐注意聽。安靈馬上確定那是瀑布的嘩嘩啦的響聲。天和國是個多山、多水的國家，她們頭些天已經經過不少小瀑布了，不過它們似乎都沒有這一條這麼響。

路變得越來越窄，越來越濕漉漉的了。那不絕於耳的轟隆隆聲將她們帶到了一個深深的峽谷地帶，這條小徑就此走到盡頭了，山谷西邊的最上面，一道白亮的水從那裏怒吼著飛瀉下來，變成一條聲勢浩蕩的河流往山外的方向流去。河的對面除了河灘則是一排高高的佈滿了嶙峋岩石的重巒疊嶂的山脈。

「好傢伙，今天我們不僅要過河，還要爬山。」安念回頭看一眼姐姐，發現她的臉色有些蒼白。「你害怕嗎？」

「害怕又怎樣呢？」安靈皺著眉心歎一口氣，「除此以外還有別的路可走嗎？」

瀑布聲音震耳欲聾，河裏亮閃閃的浪花不停翻滾，水流迂回曲折，時高時低。兩個人為了保險起見，並沒有馬上下水。安念頗有經驗地用她的開路棍測了一下水深。

「看樣子並不太深，大概是齊膝的樣子，裏面的石頭和草都看得很清楚。我們從那邊過吧，那裏水顯得稍微淺一點。」

是的，河倒是不太深，但是，最近這些天來一直在下雨，河

裏水量很大，水流得很急。尤其是在最上游的地方，瀑布掉下來的水不斷在河裏激起巨大的浪花，好像是勢不可擋的樣子。

「哎呀，要是有一條船就好了。」安念遺憾地說，「篙一撐，颼的一聲就飄過去了。」

「又在癡人說夢了，我還巴不得像小鳥一樣長一對翅膀，連篙也不用，嚕一聲就飛過去了呢。」

兩個人赤了腳，挽了褲管，準備橫下心來淌水而過了。安靈先將腳在水裏點了一下，只覺得河床很軟，水也是冰冷冰冷的，她忍不住驚叫了一下。

「上面水急一些，我走上面，你扶著我的身子就可以了。」安念大聲說。瀑布從高空嘩嘩落下來，像一個暴怒的動物一樣咆哮著，兩個人都不得不大聲嚷嚷才可以讓對方勉強聽見。

水真的急得可以，河床好像並不是穩定的且在徐徐下滑著。她們剛走下去，那個下滑的力就差點把她們沖倒了。好在兩個人及時用棍子撐住了身體。

安念心急，只想快點渡過去。「慢一點，不要那麼快！」安靈牽著妹妹的衣服在後面喊著。河裏有不少橫七豎八的石頭，但好像都不是固定的，一踩上去，就紛紛往下面滑。裏面的青苔似乎也是動來動去的，滑溜得很。安靈緊緊抓著妹妹，在滔滔的河水裏深一腳淺一腳戰戰兢兢走著。高高濺下來的水花很快將她們的衣服淋透了，連頭上和臉上都是水。她們時不時得停下腳步擦乾臉上的水，否則連腳放在水裏的哪個地方都看不清楚了。

「哇，這裏有一條蛇！」安靈驚恐萬分地尖叫起來，身子一側，差點掉進水裏了。

「不是蛇，不過是浮起來的長青苔罷了。」安念說。

過一會兒，輪到安念驚叫了。「哎呀，不好！」原來她沒有

看清楚腳下的一塊大卵石，腳一滑，整個人馬上掉進了水中。安靈說是遲那是快，條件反射般地飛快地將棍子伸過去，使出吃奶的力氣拼命擋住了妹妹正在激流中隨波逐流的身體。她也不知道她突然哪來那麼大的力氣，她在那短短一秒鐘內，竟然用棍子將妹妹的身子阻擋住了，這個短短的機會給安念提供了一個寶貴的機會。她一個鯉魚打挺跳了起來緊抱住了姐姐。不然的話，安念轉瞬間很可能要被沖到不知什麼地方去了。

「啊，好險！」安念狠狠甩掉臉上的水，大聲喘著氣。兩個人這下不敢大意了，緊緊擁抱著，小心翼翼地一步步往前移。終於到了岸邊了，兩個人一屁股癱坐在岸邊上。安靈注意到自己的左腳不知道什麼時候被河裏的尖石頭給劃傷了，正在流著血。安念趕緊打開急救包給她找藥粉塗上。背包一打開她就尖叫了一聲。這個時候，兩人才發現她們的背包已經被河水打濕了。背包本來是防水的，安靈的還好，只是表面有些水。可是安念剛才掉在水中的時候，背包的拉鏈不巧拉開了，幾乎裏面所有東西都泡在水裏了。

「啊呀，天！吃的東西、毯子、睡袋、藥……全部濕透了，怪不得我覺得這麼重呢。噢，不，我的種子也打濕了。安靈，完蛋了！我的種子全都泡在水裏了，怎麼辦，怎麼辦？那是爺爺奶奶家所有的草藥種子啊，還有我一路上收集的天和國的種子！」

不等姐姐開口，安念捂住臉像個孩子一樣嚎啕痛哭起來。

安靈一籌莫展地看著妹妹，深深歎了口氣，「不要哭了，安念。你看，我背的東西還是乾的。如果那些火柴被打濕了，我們才真的有麻煩呢。」

「別哭了，安念，你一哭我也想哭了。」安靈同情地看著她，「再說，咕嚕國帶來的那些種子，總可以再回去買的。」

「我要早聽你的話，不把它們帶來就好了！」安念仍然傷心哭泣著，彷彿世界上沒有比這更傷心的了。

「你路上收集的種子，我們也還可以再收集，沒有什麼大不了的。再說，這些打濕了的種子不見得都不能用了。只有那些可能發芽的才需要扔掉是不是？」

「我才不會將它們扔掉呢，」安念漸漸止住了哭泣，「我會將它們種在地上，走到哪裡就種到哪裡。」她忽然又想起什麼，「噢，天！我的百寶書呢，我的書沒有被打濕吧？」她緊張地在姐姐的背包裏摸索起來。「哎呀，感謝上帝！我的書沒有被打濕！那天你要背我的書，我還不肯，怕你不放心弄丟了。」她大大地鬆了一口氣，「現在我知道了，有時候你也是有直覺的。」

「下次我們最好將重要的東西一分為二。比如你的種子，你背一點，我背一點，萬一其中一方有什麼意外，另外一個還多少剩下一些。」

「你說得有道理，」安念說，「另外，我也知道這裏有一種樹的大葉子上面有臘，可以防水的。它們應該是可以用來包書的。」

「又是那個少年告訴你的了。」安靈沒好氣地說。

「有什麼辦法呢，他的確教了我好多東西呀。明天我一有機會就要將我的書好好包起來，萬一下次再過河……」

「噢，希望下次再也不要過這樣的河了，我嚇都嚇死了。」

＊　＊　＊　＊　＊　＊　＊

安靈膽戰心驚地盯著那絕壁深崖上凹凸不平的大岩石，問妹妹，「你肯定這山沒有通往頂峰的小徑嗎？要赤手空拳爬上去幾乎是不可能的。」

「小徑河這邊是沒有的，對岸也許有，這些山反正都是連在

一起的，怎麼樣也總可以走到山上去。不過，那就意味著我們又要過河，回到原來的那一邊再慢慢找，也許要再走好幾百公里，甚至更久……」

安靈的心中翻騰著。她當然不想再去過那條可怕的河。可是，一想到要背著重重的行李爬上那陡峭的石山，她就不由得要吸一口冷氣。

「至少今天是個好天氣，要是像頭些天下大雨，才真的夠嗆呢。而且石頭上還有不少樹，累的時候可以抓住歇一歇。」安念總是看到積極的一面。

安靈看到岩石上雖然有些樹木，但都是稀稀落落的，生長得並不結實的樣子。而且那些岩石看上去個個齜牙咧嘴的，不友好極了。

「我先上，你踩著我的腳印好了。」不等姐姐拉住她，安念就縱身跳上了面前的大岩石。

安靈沒有辦法，只好跟著她在後面爬。可是，對於安念來說看上去那麼輕鬆容易的一躍，對安靈來說卻難極了。她儘管小心翼翼，還是很難找到固定身體的地方。安念說踩著她的腳印爬，問題是岩石上哪裡有什麼腳印呢？

安念本來就爬慣了樹，她的手臂也比較強壯，她的手撐在岩石上似乎並不怎麼費勁。只見她三下兩下就爬出好遠了。

「小心，安靈，這邊有些土比較鬆，手不要抓土，緊緊抓住岩石就好了。」她不時提醒姐姐。

「慢一點，安靈，眼睛看著前面，不要往下面看喲，一看心裏就發虛了。」

「身體稍微放鬆一點，不要太緊張用死力。你看，像我這樣慢慢地先將自己固定好，然後，肩膀稍微用點力就將身體撐起來

了。」

「不要慌張呀，安靈，慢慢上，儘量讓腳踩到有摩擦的石頭上。你的鞋子是防滑的，你不要害怕踩下去。掌握平衡是最主要的。」

安靈滿身都是汗。妹妹叫她不要朝下面看，她偏偏忍不住要看一眼。結果一看眼前一暈差點掉下去了。幸好她亂蹬亂踢的腳落在了一大把還算堅固的灌木叢上。可是，她面對的岩石是朝裏凹進去的，要想不掉下去，她的面只能緊貼著山面，她緊咬的牙似乎都碰到石頭了。她的身體顫抖著，她覺得肩上的背包帶子好像深深勒進了她的皮膚裏，她的腿肚子也在微微抽搐起來。

她休息了一下，再抬眼看妹妹，只見她已經爬到山坡上，穩穩地坐在那裏朝她招手了：「噢，加油啊，安靈，爬上這個險坡就好了，不用爬到頂，這上面有一條通往山頂的小路呢。」

安靈卻不怎麼被那個聲音所動。她現在腦子都有些暈乎乎的，她現在在哪裡？在半山腰上嗎？她怎麼上到這裏來的？啊，誰還管什麼山坡、山頂呢，她只要能夠對付頭上的這塊岩石就夠了。明明岩石就在眼前，怎麼就是夠不著呢？

她著急起來，雙手在空中亂抓一氣，汗水劈劈啪啪掉下來。

「千萬不要慌張啊，安靈，你一著急，就容易出亂子了。注意自己的呼吸，儘量將身體的三個部分固定下來再慢慢上。」

「爬石頭身體要有節奏的，不要總是亂蹬亂踢啊，慢慢地，冷靜一點，不要著急上去。腳下去前，你先用腦子想一想，要把身子固定在哪裡。看準了再上啊。」

安靈的身子憑空掉在半空中，她有些絕望了。她彷彿看到在學校上體育課練習雙杠的時候，她害怕著不肯上去。最後不耐煩的體育老師強行將她抱了過去，將她舉起來放到雙杠的最上面，

迫使她做規定的動作。她兩腿緊緊夾著那冰冷的鐵杆，慘白著臉，生怕掉下來，無論如何不肯動。別人都在旁邊慫恿她，鼓勵她，要她勇敢一點。她又羞又惱，懷著厭惡的神色白著臉不去看他們。她兩手將鐵杆抱得緊緊的，她的本意是怕掉下來，但是，在那一片喧囂聲中，她變得越來越恐懼惶惑，她頭暈目眩，耳朵也嗡嗡響個不停。好像一個臨死的已經放棄生存希望的人，閉上眼睛聽天由命。然後，在大庭廣眾之下，在女生們的尖叫聲中，大家看到她從雙杠上直楞楞掉了下來，她沒有掙扎，甚至沒有做任何微弱的表示，她只是像塊石頭或者其他任何不具生命力的東西那樣完全受重力支配著，硬生生掉下來，把圍觀的人都嚇呆了。

那次她掉在沙地上，並沒有受傷，可是，自從那次她已經知道了，她的思想並不總是可以指揮她的肉體的。她要她的身體放鬆，但它偏偏對這個指揮充耳不聞，拒絕執行，而且故意變得僵硬。好像她的身體天生就比她的精神強大，它游離於精神之外，不僅不執行她的命令，還對她嗤之以鼻。

現在，在這高高的峭壁之上，她又有那種無助的感覺了。她覺得她很有可能也要像那次一樣掉下去了。只是這次下面不是軟軟的沙地或者海綿墊了，而是萬丈懸崖。她不知道要怎麼辦才好，既不能上，也不能下，她覺得她快要死了。因為她的手臂已經在酸疼了，它們似乎已經在給她發出危險的信號：它們已經堅持了很久，很快就要不行了。她的在河裏受傷的腳雖然貼了一張膏藥，可是她還是感到腳在隱隱作痛。她的心倒跳得不快，她懷疑它是否已經停止跳動了。

「你看，安靈，你頭上那個突出來的地方就可以踩上去啊。不要錯過它了。再說，你腳下的那塊岩石很大的，你就算掉下去，也不會掉疼的呀。」妹妹使勁幫她出主意。

「安靈，我猜測你是不是沒有力氣了？」妹妹勾腰站在哪裡大喊，「你還記得我們上次跟那個母子倆一起爬山嗎？她不是教我們累了的時候就停下來，調整一下呼吸，然後想像太陽的光線照在身體裏嗎？你這樣試驗一下，安靈！」

她別無去路，只好閉上眼睛照著妹妹說的去做了。那個時候的太陽正在頭頂上，它在那裏閃著耀眼的金光，它的晶瑩四射的光線似乎正好朝她射過來。她感到皮膚上有溫暖的感覺了。剛才冰冷的手腳正在變得暖和起來。

她忽然覺得那太陽是有眼睛的，它正在熱切地看著她，幫助著她。既然它可以給她能量，爲什麼不可以幫助她平安達到她要去的地方呢？

她覺得自己忽然有了些勇氣，彷彿有人在上面看著她，告訴她如果她落下去了，它也會托起她的身體。她的眼睛睜得大大的，她深深呼吸一下，再看了一下陽光。陽光讓她的眼睛眯縫起來了，她仔細審查了一下她接下來要讓自己固定的地方。再一次深呼吸，然後，她一咬牙，猛然支撐起幾乎要跌落下去的身體，她敏捷一躍，手腳同時並用，就轉眼爬過好幾塊高高突出來的不規則大岩石，最後輕輕落到安念的身邊了。

「哇，太美了！你真了不起！」妹妹歡呼起來。

安靈的屁股一著地，仰面躺下，她幾乎連站起來的力氣都沒有了。

「我說得對吧，並沒有什麼可怕？爬石頭山的時候，只要身體的三點固定就好用力了，三點成面，是不是？」安念拍著手爲她鼓掌。

安靈搖搖頭，她的妹妹雖然數學學得不好，但關鍵的時候，她往往可以將它派上用場。真奇怪！

「我不相信自己真的是爬上來的，而且毫髮無損！」她瞥一眼黑幽幽深不可測的山谷，驚魂未定，趕緊又坐下來。「那崖底真深啊，我現在看著都覺得頭暈，那黑乎乎的洞好像要把我給吞下去似的。你剛才就一點都不怕嗎？」她問妹妹。

「我怎麼不怕呢？」妹妹帶著促狹的樣子笑起來，「不過，我的視力太差了，我剛才爬山的時候，根本就沒有看清楚崖底在哪裡。你看，眼睛不好也有不好的好處。」

「那倒是，」安靈說，「世上有些事情真的蹊蹺。」

兩個人在坡上對著陽光仰面休息了好一會兒。都覺得身上沒有哪塊肉不是又酸又疼的。

她們將濕潤的行李放在石頭上曬乾了，又好好美餐了一頓。有些食物濕了不能久擱，她們乾脆用這個藉口把它們統統吃掉了。兩個人早就餓得不行了。至於下一頓在哪里，她們也難得管了。沿途經歷了這麼多艱難，每次她們似乎都能夠化險為夷，食物的缺乏倒不顯得那麼重要了。

「謝謝你！」安靈看了一眼那依然璀璨的太陽，忍不住在心裏輕輕說了一句。她知道有些什麼東西在她的心裏已經改變了，到底是什麼，她還弄不太清楚。她有時間的時候，需要好好想一想。

經過這麼些天的長途跋涉，兩個女孩的鞋子都有些面目全非了。安靈的一隻鞋帶斷了，已經接了好幾次，現在短得不能再用了。加上她的腳過河時劃傷了，她走起路來顯得有些跛。

這一天她們在半山腰看見一個戴斗笠的人落在她們身後，他的身邊還跟著一隻大白犬。白犬看上去還很年輕，走起路來一蹦一跳活潑得很。

男人和狗很快就追上她們了。那只狗顯得很好奇，經過她們

身邊時，它伸出粉紅的舌頭，在兩個女孩的腳踝邊舔了一下。

「它肯定是要我們給它讓路呢！」安念說。女孩們笑著讓開了。男人身上背著一個褡褳，褡褳上面掛著兩根褐色的笛子，笛口上有一根青草結成的辮子在輕風中招搖。

「你好！」她們跟他打招呼。

可是，他一聲不吭就輕飄飄跟她們擦身而過，轉眼就將她們遠遠甩在後面。

「那個人我好像以前見過。」安念看著那個戴斗笠的人遠逝的背影若有所思地說。

「咦，奇怪，我也有這樣的感覺呢。也許是在農莊上，也許在別的什麼地方見過他，看上去有些面熟吧。」安靈說。

「我猜他是個隱士。」

「你怎麼知道？」安靈看著妹妹，「你不是說隱士們都不穿衣服嗎？」

「我沒有說他們都什麼都不穿，有的隱士也許是穿衣服的。」安念裝作神秘兮兮的樣子。「你瞧瞧，他剛才沒有跟我們打招呼，走路敏捷得像風一樣。你不記得了嗎，農莊太太說過，有些隱士終年在山中打坐修行，練出無人能及的精湛功夫？」

「他整天待在山中，不會寂寞嗎？」

「我想不會的。整座山都是他的朋友，不是嗎？何況他還有一隻那麼可愛的狗。」安念肯定地說。

「噢，你等等！」姐姐還沒有回過神來，就看到安念飛奔進林中，在那裏擺弄了一下，然後抱了一大把又長又細的樹葉出來。

「你看，」安念得意地笑著，「剛才那個人的笛子給我啟示了。這些樹葉很結實呀，不正可以編成一根小小的辮子代替你的鞋帶嗎？」

「你很聰明啊。」姐姐也禁不住讚揚她的發明創造。

「那還用說，」做妹妹的毫不謙虛，「看，比你以前的那根鞋帶還漂亮多了。」

姐姐在擺弄著她的新鞋帶的時候，安念又眉頭一縱，計上心來。她用那結實的葉子，編織了兩條細長辮子，然後將它們穿在兩個人的背包拉鏈上。這樣這條小辮子就像一把鎖，鎖住了拉鏈，背包再也不會無緣無故悄悄滑開了。

＊　＊　＊　＊　＊　＊　＊

這一天，她們在山上的一個三道分叉路口停住了，路邊又沒有任何路標。是往左邊，還是中間，還是右邊呢？兩個人一下子有些猶豫不決。

「爲什麼要有岔路呢？麻煩死了。」安念抱怨說。

「也許不同的路給不同的人走吧，就像分支的河流一樣，不同的河流灌漑不同的地方。」

「你越來越哲學了。」

「也許是吧，」安靈笑起來，「怎麼樣，走哪條路，你決定吧。」

「你決定，我可不想走錯了你來怪我。」

「你決定。你知道，要我選，我肯定選中間的那一條。」

「爲什麼中間的？」

「走錯了也不會錯得太遠啊。」

「你說得有道理，那就走中間那條。剛才我看到一隻鳥朝那邊飛去了。」

「鳥並不會帶路。」

「你怎麼知道？」

沒多久，她們到達一個山頂上。她們看到幽幽的雲好像就在腳下飄著，一股好聞的幽香撲鼻而來。女孩們正要下山的時候，突然聽到狗叫。她們這才注意到了山頂的背部有一個不易察覺的山洞，山洞邊上還懸掛著好多曬乾的草藥。其中有些草藥安念還認得呢。她們看到山洞附近還有好多大岩石。有個地方用比較小的石頭圍了起來，旁邊有一隻木桶，那一定是一口井了。

兩個女孩在井裏汲水的時候，一隻白狗從洞裏蹦了出來，後面跟著一個身材頎長的中年男人。狗看到她們，就像看到老朋友似地，伸著粉紅的舌頭歡快地跑過來舔她們。它張開的嘴顯得那樣憨憨的，就像在笑一樣。

男人手裏抱著一捆青藤一樣的東西，那大概也是什麼草藥。他看了她們一眼，卻並沒有打招呼。他蹲下去，將那捆青藤麻利地整理好，然後，一把把放在岩石上攤開曬著。

「噢，花兒，別胡鬧了。」男人看那狗在兩個女孩身邊竄來竄去，命令道，「過來幫幫我的忙吧。」

那只大白狗馬上乖乖地過去了，用爪子將那些疊在一起的草藥扒開來。

「多麼有靈性的狗啊！」兩個女孩驚歎起來。尤其是安念，本來特別喜歡小動物，她在狗的身邊蹲了下來，充滿憐惜地撫摸著它。

男人就是她們頭一天看到的那個隱士。只見他臉容黝黑，鬍鬚和眉毛都很濃密，眼神是深邃而銳利的，好像要把人看穿一樣。突然間，安靈也覺得這個人好面熟，她目不轉晴地看著面前的他，喃喃問了一句，好像在問自己，又好像在問他，「你是誰？」萬籟俱寂，她的聲音聽起來又幽長又慌亂。

男人欠起身來看著她，「我知道我是誰，可是你知道你是誰

嗎？」

　　他的話倏的一聲從她耳邊掠過去了，安靈愣愣地站在他面前，一時不知道說什麼才好。

　　「你身上掛著的笛子是你自己做的嗎？」安念抱著花兒，大眼睛撲閃著看著他。

　　「當然，你想試一試嗎？」

　　「你先吹給我們聽聽。」安念說。

　　隱士隨便地拿了一根笛，不經意地吹起來。立刻，一串動聽的樂聲就從他的大鬍鬚裏面跑出來。

　　安靈拿了笛子試一試，吹了好一會兒吹不響。

　　「你太緊張了，吹笛子的時候身體一定要放鬆才是。」男人看了一眼安靈，這樣說。

　　安靈覺得有什麼心思被他看穿了，臉微微一紅。她不想再試了。

　　安念拿著笛子擺弄了好一會，怎麼也吹不響，她不耐煩起來。她又試了另外一根笛。除了發出一些難聽的噪音，什麼也沒有。

　　「你肯定這些笛子是好的嗎？」她抬起眉毛，滿臉懷疑地看著他。

　　「不會吹笛子的人才會怪笛子不好。」隱者淡淡地答，低下頭去工作不理她們。

　　微風輕輕吹過來，曬在岩石上的有些比較輕一點的草藥被吹到較遠一點的地方去了，那只狗輕吠了一聲，趕緊去將它們用嘴銜過來。

　　安念走過去幫狗的忙。她將它銜回來的草藥一根根過目，先檢查一下它們的根和鬚，看有沒有斷掉的地方，然後將它們很細

心地放在稍微重一點的藥草上面，將根和鬚都一點點攤開來。

「你看，花兒，這樣它們就不會被風吹走了。」她坐到岩石上撫摸著花兒，花兒瞪著大大的眼睛饒有興趣地看著她。

「去把我剛才用過的那根笛子拿過來吧。」安念命令它。

花兒睜著烏亮的眼睛，好像在思考她的吩咐是什麼，然後，一顛一顛地，真的去銜了一根笛子過來。

「你是我見到的最最聰明的小狗！」安念抱著它親了一下。

所有的人都笑了起來。連隱者那不苟言笑的臉也綻開了不易察覺的笑容。他眯著眼睛，看著安念，喃喃自語：「她應該可以做個很好的草藥師。」

安靈不知為什麼，忽然感到一陣隱隱約約的嫉妒從哪裡冒出來，她不想讓面前的這個陌生人看到她的表情，就轉過身去看著遠方的天淡淡地說：「是的，妹妹在家就常幫爺爺奶奶種草藥。」

男人沉默著，若有所思地盯著天邊出神。安靈覺得空氣有些沉重，她正準備張開嘴叫妹妹過來，她們歇息夠了該啟程了。可是，就在這時，突然，從安念的方向傳出來一串動聽的音符。花兒也繞著她蹦起來，好像為安念突然的進步而雀躍振奮。

安念朝他們的方向得意地看一眼，推一推掉到鼻樑上的眼鏡，然後輕輕吹起她熟悉的曲子：

大海大海流呀流，
流到西流到東
流入母親的懷抱中。

小鳥小鳥飛呀飛，
飛到西飛到東
飛入自由的天空中。

雪花雪花飄呀飄，

飄到西飄到東

飄入永恆的宇宙中。

隱士好像中了魔法一樣，靜靜站著那裏聽著。他側著頭，大鬍鬚下藏著快慰的笑意，眼睛裏閃著熠熠的明亮的光。

* * * * * * *

兩姐妹繼續踏上征途。隱者送給了安念那根被她吹響了的笛子。自從有了那根笛，安念如獲至寶，一有空暇的時候，就拿出來吹一會兒。

不巧的是，離開隱者的山洞不久，兩姐妹在山谷裏紮營的時候，安靈不幸受傷了。她在拾柴的時候，被荊棘刺了一下手指，流了血，當時沒有在意，第二天這只手指越來越痛，漸漸地連整個手臂都腫脹起來，不但疼痛難忍無法移動，而且她發起了高燒。

安念知道必須儘快給姐姐找個醫生了。可是茫茫森林，杳無人煙，一下子到那裏去找呢？除非再回到隱者的山洞裏，請他來幫忙。安念可以肯定隱者應該有辦法救安靈的。可是要回到他的住處，安念得獨自爬上那座大山，至少也得花大半天時間啊。

安念滿心憂慮地看著躺在地上的姐姐，只見她的左臂腫得很高，且呈現一種奇怪的暗紫色。她不僅發高燒，而且開始囈語了。

安念決心不再等待奇蹟出現了。她要刻不容緩去找隱者。

「噢，安靈，你要堅強一點，我這下就去給你找醫生來。」

姐姐靜靜地面帶痛苦地躺著，一動不動。

安念急急忙忙跑出帳篷上了山。經過一堆荊棘邊，她也沒有注意到，臉都被劃破了。她連跑帶爬攀登了很久，終於在太陽升

到頭頂的時候登上了頂峰。

她在洞外逡巡了一會兒，卻到處看不到一個人影，周圍靜寂得可以聽見岩石下面昆蟲的叫聲。

「這裏有人嗎？」她站在外面大聲喊，「花兒你在哪？」她又開始呼喚那只狗。

沒有人應聲，也沒有白犬的身影。

她跑到洞裏面找。只見裏面除了一床草席、一瓶水，和一些草藥，什麼都沒有。

既然有東西在這裏，應該不會走得太遠吧？安念想。她決定呆在洞外面等。外面淅淅瀝瀝下起雨來，她很冷，有些害怕，想回家，可是一想到姐姐的痛苦表情，又決定還是等下去。她無聊地不停地取下眼鏡擦試著，讓鏡片不至於模糊。後來，她冷不防摸到了貼身口袋裏的那根笛，她情不自禁吹起來。

真奇妙，她剛剛吹笛子不到一會兒，「你找我嗎？」濕潤的空氣中忽然一個渾厚的聲音嗡嗡響起來，同時一隻毛茸茸的動物躥到了她身上，讓她冷不防嚇了一跳。

「花兒！」她驚喜不已地抱住它，不過，她現在沒有心思跟它玩耍了，她揚起眉毛看著面前這個滿臉鬍鬚的中年男人，「你不是可以治病嗎？我的姐姐手受傷了，她現在正發燒得厲害。」

那人用那雙碩大的眼睛默默看了她一眼，然後貓著腰進了洞的隔壁拿了些什麼東西出來。安念這才注意到，這個山洞其實是個連環洞，怪不得她剛剛進去的時候覺得空空如也，原來旁邊還有個房間！

「走吧，你在前面帶路。」隱士簡潔地說。

「不帶花兒去嗎？」安念問。

「它有它的事，我們走吧。」

　　安念看隱士像是沒有商量的餘地，也就不堅持了。不過她真的有些捨不得那只狗，一邊下山一邊還時不時回頭看它。花兒顯然聽慣了主人的話，很老實地待在懸崖邊看著他們下山，眼裏也充滿了戀戀不捨，輕輕搖著耷拉下來的圓圓的耳朵，似乎在向她說再見。

　　「剛才我等了很久，你都沒有來。可是我一吹笛，你就來了。是你聽到我的笛聲才來的嗎？」安念問。她試著跟陌生人搭腔，可他似乎是不太愛講話的人，對她的好奇的提問只簡單地唔一聲。

　　安念注意到，隱者走路比她所見到的任何人都敏捷矯健。他走路的方式很奇怪，似乎腳並沒有踏到地面上，如果有，那也不過是腳尖稍微觸碰了一下地面，因爲凡是他通過的地方，就像風一樣，沒有一點聲音。他走路的速度也相當快，她稍微不注意，就被遠遠拉在後頭了。

　　「很奇怪呀，你走路的技術，是從哪裡學來的？可以教我嗎，這樣我去天鶴峰就省事多了！」安念邊追邊氣喘吁吁地喊。

　　隱者不理她，仍然自顧自走他的。

　　他肯定是不想教我，多麼小氣！安念失望地想。

　　下山幾乎沒費什麼時間，很快，他們就來到了那個白色的帳篷旁。

　　「安靈，有人可以幫你了。」妹妹輕輕搖醒她。

　　安靈兩隻手臂軟軟地搭在身上。她聽到妹妹的輕喚聲，她的眼睛勉強睜開了一條縫，一絲不易察覺的苦笑在那裏閃現了一下。她覺得好熱！實在是一種忍無可忍令人瘋狂的的熱！胳膊也像塗了生辣椒汁般地又麻又疼。而喉嚨像著了火似的燒得痛。她的臉上肌肉僵硬而且掛滿了汗珠。隱士在她身邊蹲下去，朝她耳語了幾句。立刻，安靈的臉色平靜了一些。

　　隱士將安靈的感染了的手臂抬高了，擱在一個枕頭上。他又吩咐安念去燒火，火苗高起來時，他就將隨身帶著的那把小刀放在上面烤著消毒。隨後，他又叫安念去煮一鍋熱鹽水端過來。

　　「要多熱？」安念大聲喊。水汽將她的眼鏡蒸得都看不見了。

　　「開了就好了。」隱者開始在一個小碟子裏塗抹著一些膏藥一樣的東西。他塗得很仔細，眼睛一眨不眨。

　　不一會兒，安念搖搖擺擺地將一盆霧氣騰騰的鹽水端了上來。

　　「我的姐姐不會有什麼事吧？她的手不會殘廢吧？我好害怕啊。」

　　隱者不吭聲，似乎不耐煩講任何不必要的話。

　　儘管隱士去握安靈的手臂時，動作是小心翼翼的，對方還是痛苦地大聲呻吟了一聲，隱士冷靜地握住了那只並不願意合作的手，將它浸泡在熱的鹽水裏。然後，他從隨身帶著的挎包裏拿出一把草一樣的東西，放在安靈的鼻子下。立刻，一股濃烈的草藥味在屋裏散發開來。那種草藥的濃馥氣味聞起來相當熟悉，安念記得曾經在森林的哪個地方好像聞見過。奇怪的是，姐姐一聞到草藥味，立刻沒有再呻吟，反而寧靜地入睡了。

　　安念看到隱士小心地在姐姐的手指旁切開一道小口子，將膿和壞血從那裏引流出來。然後，將傷口洗乾淨了，在上面塗上一些他剛才弄好的綠色軟膏，綁上紗布，很仔細地包紮好了。屋子裏熱氣騰騰，到處是水汽的味道。就在這一片朦朧之中，手術結束了。安念忍不住鬆了一口長氣。

　　「你剛才用的是什麼草藥，我將來要帶一些回咕嚕國種植。告訴我名字好嗎？」安念拿出紙和筆，表示要記筆記的樣子。

　　隱士還是不吭聲。他的抿著的嘴角顯得很嚴肅。

　　天一直在下雨。手術動完時，外面已經濕漉一片了。

　　隱士將臉轉向安念，「應該是沒有什麼問題了。如果到第二天一早燒完全退下去了，那就完全脫離危險了。明天一早我再來看看她。」

　　她送他到門口，他忽然又想起什麼：「你將這點藥粉帶在身上吧。」他將一個小布袋子遞給她，見她露出疑惑的神色，他就進一步解釋：「你姐的手並不需要換藥了。可是最近山裏老下雨，路上滑，萬一摔倒了，這個還多少可以幫你們一點忙。」

　　安念看到一絲溫柔從陌生人的眼裏一閃而過。她的心觸動了，她很想說些感謝的話，可又覺得那是多餘的。她懷著感動的心情將藥粉接了下來。「我看得出來，你有很高的本事。我想問你一個問題，我常常頭疼，眼睛也不好，你有什麼靈丹妙藥可以幫我嗎？」安念天真而期待地看著他。

　　他的聲音變得低沉了，「我很抱歉我不能幫助你。」

　　「爲什麼你可以幫助我姐姐？」

　　「因爲你們的病不一樣，你的是與生俱來的。」

　　「你怎麼知道？」她睜大了圓圓的眼睛。

　　「有些病別人可以幫你治，但有些完全只能靠自己。你姐姐有些方面，我也無能爲力。該來的都會來，該走的都會走。這是上天定的規則，我沒有辦法改變。」

　　「與生俱來的病，真的一點解決的辦法都沒有嗎？」

　　「也可能有。」

　　「什麼？」

　　「上天的奇蹟。」

　　「可是，怎樣才會有奇蹟呢？」她目不轉睛地熱切地看著他。

　　「祈禱。不停地祈禱，奇蹟會出現的。」隱士的聲音變得柔

和起來。

　　那天晚上妹妹陪了姐姐半個晚上。半夜的時候，天邊投過來幾道刺眼的閃電，緊接著有很響的雷聲傳過來。不一會兒，瓢盆大雨狂然勃發地傾瀉下來。

　　「啊，又是閃電又是雷又是雨，安靈最討厭的天氣了。幸虧她現在睡著了，不然又要心焦得睡不著了。」安念這樣想著，一邊在嘈雜的雨聲中仔細地辨別著姐姐的呼吸聲。起先，安靈的呼吸還有些粗重，但到了半夜以後，她已經睡得很平靜，燒也全部退了下去。安念這才抱著姐姐沉沉睡去。

　　　　　　＊　＊　＊　＊　＊　＊　＊

　　第二天天還沒有完全亮，安靈和安念幾乎都同時醒來了。

　　「你好了嗎，安靈？你受傷的手看上去一點都不腫了。」安念雀躍起來，「那個隱士真行，你大概不大記得他來過了，昨天一整天你都迷迷糊糊的。」

　　「我並不迷糊，因為隱士給我治病的時候我很清楚。我還在想他真是個奇怪得不得了的人呢。」

　　「哦，是嗎？」

　　「因為他一直在跟我說，『上帝協助堅忍者』，願力，拿出你的願力來！想像它像一個勇猛無比的戰士，毫不留情地去攻擊、戰勝你的弱點。一個有強大願力的人，可以攻無不勝，沒有什麼可以打得倒他。」

　　「他這樣說了嗎？」安念驚訝地看著她，「我一直站在他的旁邊，我並沒有聽到他在說話呀。」

　　「也許他就是人們所說的那種不通過嘴巴也可以表達思想的那種吧。毫無疑問，他治好了我的手臂。可是，我似乎覺得，除

了手臂之外，他還曾試圖治療我心靈裏的某些弱點。拿出你的願力來，整個手術中，他就不停地這樣開導我。我想，他反覆講那句話，是什麼意思呢？難道他知道我從小到大，最缺乏的就是自信心，我害怕各種各樣的東西，儘管它們表明看上去對我並不會構成什麼危險，我卻沒來由地害怕它們，不敢去嘗試任何冒險的機會麼？」

「他真有這樣的本事嗎？」安念揚起眉毛，表示懷疑。

「我不知道他是不是有這樣的本事，我只是猜測。拿出你的願力來。戰勝它，戰勝它！他一直這樣命令我，我也就不停地這樣命令我自己。我很痛，可是我一直咬牙堅持著，慢慢地，我覺得身體裏的那種灼熱感消失了，疼痛也慢慢消失了，我突然覺得身體好輕鬆。」

「的確很奇怪，你這次真的恢復得好快喲。」安念欣慰地說。

「是的，很奇怪。不過天和國奇怪的事太多了。最近我們經歷的，哪一樣不是奇奇怪怪的呢？」

「你說得也有道理。」

「哎呀，好妹妹，別嘮叨了。你先去外面弄些乾淨的水來給我洗洗臉吧，我覺得自己都已經蓬頭垢面慘不忍睹了。」

安念愉快地拿了水盆子去汲水。剛一走出帳篷，一個人的身影嚇了她一跳。

那個人正在一塊大青岩上盤腿靜坐，安念站在他身旁時，他連眼簾都沒有動一下。她注意到，他的長長的亂髮和蓬大的鬍鬚都在濕淋淋的滴著水；他的寬大的青色衣服緊緊貼在身體上，顯然他被雨淋透了。可是，今天早上並沒有下雨，難道他昨天晚上整晚都坐在這裏嗎？

她看到他默默念了一句什麼，仰望藍天頃刻，然後低頭凝視

了一下鼻尖，才雙手合掌慢慢睜開了眼睛。

「你因爲擔心我姐姐所以才沒有回山洞睡覺嗎？」安念感動地看著他。「你真好，謝謝你。可是，花兒不會掛念你嗎？」

安靈大概聽到聲音了，也慢慢踱出帳篷來。

「謝謝你幫我。」安靈看著隱士，由衷地說。

隱士點點頭，卻什麼也沒說。

「你剛才在這裏做什麼？是靜坐嗎？靜坐到底是什麼，你也可以教我們嗎？」安念依然故我打破砂鍋問到底。

隱士不易察覺地笑了笑。他又輕手輕腳坐回到剛才的那塊岩石上，臉容向著東邊。

兩個女孩有些困惑地在他身邊的岩石邊坐下來。

安靈小心地將負傷的手放在膝蓋上，她的心因爲興奮，有些不規則地怦怦跳著。這已經成了她的習慣了：只要周圍的情況發生任何改變，她總要花相當的時間才能讓心寧靜下來。

「你們注意看著天邊，將整個的意念集中在那裏，什麼也不要想，讓腦子空下來。」隱士輕聲說。

那時天色仍是淡青色，不過在正東方，在雲與雲的縫隙邊，開始有了一絲細細的紅暈兒。漸漸地，那紅暈變成了一片朦朧的橘紅色的雲彩，一個嬌嫩得像小孩一樣的圓圓的光碟就從那橘紅色上面冒出來。兩個女孩目不轉睛觀察著那一個光碟。

他們感到密密麻麻的暖意將她們的身體覆蓋起來。光線太耀眼了，她們閉上了眼睛。她們雖沒有去看太陽，卻可以明顯地體驗到它的位置、強度和光線伸展的方向。她們彷彿看到一道光線筆直地射進她們的身體裏面了，那金色的雨點一樣的光輝滲透進她們的靈魂深處。她們感到靈魂在逐漸擴展，它在變大，變寬，變軟，變得鬆鬆散散，漸漸地，它像氣體一樣騰空起來，它升了

上去，完全跟她們的肉體分開了來。它跟那些光芒，那宇宙，融合到了一起，到一個她們無法看到，也無法感覺到的世界中去了。靈魂不見了。她們也似乎不存在了。宇宙也不存在了。

「哇，這就是靜坐嗎，安靈，好奇妙好怪怪的感覺喲！」妹妹睜開眼睛，朝著一邊的姐姐說。姐姐沒有回答，而是悵然若失地看著她們身邊的那塊大岩石，上面的那個人不知道什麼時候已經不見了。

「哎呀我的媽，他什麼時候走的，我們都不知道！」安念嘭的一聲跳起來，四處查看著。哪裡都沒有隱者的蹤跡。顯然，他已經上山了。

「一個這麼大的人就在眼皮底下溜走了，我們怎麼沒有注意到呢？」安念還是百思不得其解。

「也許這就是靜坐吧。我們已經學到我們該學的東西了。」安靈若有所失地歎了一口氣。

「哎呀，我的天，快過來，安靈！」安念突然又大驚小怪地喊起來，「你摸一摸他剛才坐過的石頭，到現在還是滾燙滾燙的。這個人要不是巫師，要不就是一個武林高手，功夫了不得啊！」

兩個女孩默默看著隱者消逝的地方，心裏都不禁升起深深的惆悵。

「再會！」她們輕輕在心裏說。

「再會！」她們彷彿聽到隱者在用無聲的思想回答她們。

　　　＊　　＊　　＊　　＊　　＊　　＊

山道顯得越來越窄，越來越陡。而且往往很滑。旅程剛剛開始時，一般總是急性子的妹妹走在前面。可是，後來安靈發現妹妹總是因為沒有看清路而摔跤。有一次，她跌得鼻青臉腫的，她

們不得已在路上多休息了一天。從那以後，總是姐姐在前邊探路，妹妹在後面跟隨。因爲長期行走，兩個人的腳後跟都有些發炎了。好在上次隱者還留下了一些藥粉，讓她們可以勉強對付一下飽受煎熬的腳。

「走平路的時候巴不得越平越好。走山路則正好相反，你不希望路太平了，太平就容易滑。」安靈有感而發。

「你說得有道理。我們現在真巴不得山坡上有些障礙物或者一些溝溝坎坎什麼的才好，這樣手和腳總有個寄託的地方。」安念說。

「人都不喜歡障礙物，所以人喜歡走平路，不樂意爬山。」

這天她們在一個山脊上的時候，天突然又下起了傾盆大雨，雷轟隆隆響著，狂風像鞭子一樣狠狠地抽打著樹枝。樹上的好多枝條都被吹斷了，兩個女孩忙躲到一塊大岩石下面去避雨，可是身上的衣服還是淋濕了。

安念擦著眼鏡上的水，「啊，這下總算能看清楚了。」她的腳跟蹭了一下，她靠著的灌木叢下面的泥土突然鬆了，安念不由自主一隻腳順著泥流的方向滑下去。下面是萬丈深的懸崖峭壁！

就在千鈞一髮的時候，她的衣服被姐姐扯住了，她使出全身的力氣，將她拖到安全的地方，安靈的衣服被雨澆得透濕，身體渾身發抖，安念自己也冒出一身冷汗，如果不是姐姐及時抓住她，她早就掉下去粉身碎骨了。

雨很快停了，太陽出來了，天邊還出現了一道絢麗的彩虹。

「啊，多麼美的彩虹啊，可惜只是曇花一現！」安念像詩人般地感歎。

「要是彩虹時時都有，你還會認爲它漂亮嗎？」安靈笑著說，忽然她回憶到往事，「哎，安念，你還記得嗎，有一次上課，老

師問什麼是曇花一現，你還答不出來呢。現在你倒無師自通了。」

　　安念也吃吃笑起來：「那些日子好像好遠好遠了。我們出來都有好幾個月了吧？說實在的，一路上辛苦倒是辛苦，但是這種苦吃一吃還是值得的，比死記呆背那些單詞和數學公式有意思多了。」

　　路越來越窄。那天下午她們經過的山徑，就夾在兩個高高的峭壁之間，中間只有巴掌大的空隙。根本不可能背著行李正常通過。加上剛下過雨，岩石上很滑，一不小心就可能踩空或者滑倒。她們躊躇了一下，最後還是妹妹先將行李卸下來，一個人先側著身子緊貼著懸崖爬過去，然後再讓姐姐將行李丟到岩石上，一點一點讓它從上面滾過去，妹妹在那邊接著，最後安靈才像她一樣空手側身爬過來。

　　天色暗淡下來的時候，她們才在一座峭壁上找到一個看上去勉強可以棲身的山洞，洞前因為長年的潮濕，長著很深的吸滿了水的青苔。安念沒有看清楚，在洞門口先摔了一跤，安靈去扶她，自己也差點滑倒了。

　　她們遲疑地進了洞。只見裏面黑乎乎的，剛一走近，一股濕漉漉的涼氣撲面襲來。她們開了手電筒，才將裏面朦朦朧朧照出個輪廓來。

　　這是個不一般的山洞。山洞的頂上濕漉漉的，不斷有水滴下來。山頂上倒掛著奇怪的乳白色的石頭，地上也一樣，潮濕得可以，上面石頭也不少，有的還跟頂上面的石頭連在一起變成一根根的石柱子了。有的石頭形似筍子，有的像花朵，有的像一頭懶懶躺著的狗熊。

　　「呀，安念，好傢伙，這是個古洞，我們發現新大陸了。你看，這邊的石柱後面還刻著字和畫呢。」姐姐大聲喊妹妹過去看。

　　果然，牆上有不少石頭雕的畫像。從畫像上面的人的穿著來看，似乎是遠古的人。他們臉上的表情和動作，刻得栩栩如生，幾乎每一條紋路都刻得恰到好處。畫的底下面有兩行矯健的古體字：「萬念一念，了緣安緣。」右下面是：「識本心，見本性，安本靈」。」

　　「哇，這兩句話是什麼意思？爲什麼咱們的名字都包含在裏面，太蹊蹺了，不是嗎？」安念將戴著眼鏡的眼睛湊到山壁上，仔細地考究著。

　　「的確很奇怪。」

　　兩個女孩趁著火還沒有燒得很大煙霧正迷蒙的時候，出了山洞坐在懸崖上眺望。兩個人盯著遠處沉默著。

　　過了好久，安念聽到姐姐打破沉寂，輕聲誦念著：「萬念一念，了緣安緣；識本心，見本性，安本靈。」

　　「哎呀，安靈，你行行好，不要再爲那些話傷透腦筋了。」

　　「我是誰，安念？」

　　「你是我姐姐安靈。」

　　「可是，那只是針對你來說的。一個人，除了別人對她的名字所下的定義以外，還有什麼別的意義嗎？」

　　「我不知道。可是，我知道我現在餓了。」安念站起來，笑著。

　　兩個人回了洞吃飯。飯很簡單，一些煮土豆和一點炒麥。

　　「噢，怎麼，沒有飯後甜點了嗎？」安念似乎還餘興未盡，舔舔嘴唇問姐姐。在上次訪問的農莊上，農莊太太給她們烤了一些果醬夾心小餅乾，好吃極了。

　　「只剩下最後一塊了，饞嘴的小貓。」安靈微笑著打開袋子給她看，「你吃好了。」

「那不公平，憑什麼我吃？」

「你喜歡吃就給你吃好了。」

「你不喜歡吃嗎？說不喜歡吃是騙人的。」安念知道她們的胃早就有些膩煩起這些天的風餐露宿了。大多數時候，她們吃的是褐皮麵和豆仔之類的天然食物，儘管這些東西可以拿來充饑，但她們還是懷念以前那些吃慣了的東西。安念做夢都想吃奶奶以前燒的那美味無比的土豆牛肉，那香噴噴的紫米飯，那醋溜黃瓜和甜菜濃湯，那冒著泡沫的鮮奶茶……啊，這一切都讓她饞涎欲滴。

「那我們一人一半好了。」安靈將最後一塊餅乾掰成兩半。她的手中握著兩片小餅乾，一片塗了果醬的，一片沒有。安靈悄悄地將有果醬的那一半遞給了妹妹。

* * * * * * *

她們經過一個修道院，看到它的前面有一個很大的花園，那裏面有各種各樣的花在爭奇鬥豔，蜜蜂和彩蝶也在上面飛來飛去。

「那大概又是個會報時的花園了。」安念說。

「你看那些樹，多漂亮啊。」安靈指給妹妹看。

果然，修道院的圍牆外有好些高大的花樹，它們看上去像是咕嚕國的櫻花樹，但比一般的櫻花要大很多，那時滿樹的花正開得豔麗，幾乎將整個院子的屋頂都蓋住了，粉紅色的花瓣撒得到處都是。

修道院的側面有一個小小的教堂，裏面除了幾排簡陋的木椅子和一個栗色的十字架，幾乎是空蕩蕩的沒有任何陳設。它的窗花格是淺藍色的，窗戶並沒有開多少，但屋內光線卻並不幽暗。

女孩們悄無聲息地步進教堂，她們看到一個穿淡綠色長袍的

修女在聖壇的十字架上吻了一下，然後，她跪了下來。很長時間過去了，她的姿勢仍保持不變，她們看不見她的臉，她們相信她流淚了，從背部看去，她的細薄的肩膀有些抽動。

　　然後，她們看到那個修女在用溫柔而低沉的聲音祈禱：「親愛的上帝，謝謝你時時刻刻跟我在一起，謝謝你讓我為你工作，謝謝讓我的心充滿喜悅，謝謝你給我帶來智慧、希望、和諧和充實。我希望我的每一個思想，每一句話語，每一個眼神，我所做的每一件事，都是為了你的意願。就算我在異鄉遠行，迷失了方向，我也將毫無懼心，因為我知道，你永遠不會，讓我獨自面對任何苦難。阿門。」

　　不知什麼時候，有人在附近的哪裡輕輕奏起了管風琴。那柔和深情的音樂鑽進女孩們的耳裏、心裏，讓她們聽得如癡如醉。她們的心彷彿被牽引到了一個不屬於她們的地方。

　　以前在咕嚕國的時候，女孩們的爺爺奶奶雖然並非虔誠的教徒，但也會在復活節和耶誕節的時候帶她們去教堂。兩個女孩本來對宗教沒有什麼太多感覺，她們那時只覺得彌撒的儀式夠繁瑣的了，一會兒站起來，一會兒坐下去，一會兒跪下去，一會兒念經文，一會兒答唱詠，大家低語的低語，打呵欠的打呵欠。神父在聖壇上有氣無力地講道，台下的人也聽得漫不經心。

　　那個時候她們倒是更情願觀察教堂裏形形色色的人。只見有些人穿得一本正經，男的西裝領帶女的長裙、高跟鞋，也有的毫不拘謹，大大咧咧穿著牛仔衣、短褲和拖鞋。她們記得教堂裏有個人在說禱文時總比其他的人要快一拍。也許是因為他是個急性的人，也許因為他對經文背得滾瓜爛熟了，往往還不等神父語畢，他就搶先接上了眾人應該附和的頌詞。而他也總是在別人還沒有完全站起來或者跪下去的時候，第一個站起來或者跪下去。

　　女孩們偷偷笑他的時候，奶奶就在她們身邊竊竊私語：「我認識這個人，聽說他幾乎天天要來教堂領彌撒的。我猜他是想在天堂訂個頭排座位呢。」

　　「真的有天堂嗎，奶奶？」安靈還記得自己曾經這樣問奶奶。

　　「如果有，小孩子最少不必做應用題。」安念搶著答。

　　「哎呀，只要你們乖乖的，奶奶又幸運地去了那裏，就給你們寄張名信片來，好不好？」奶奶笑著答。

　　「記得要寫上回信地址噢。」安念強調道。

　　往事如煙，那彷彿已經是很久很久以前的事了。三個人當時都吃吃笑著，誰也沒有將這個玩笑當真。如今，爺爺奶奶已經去世將近一年了，他們現在在哪裡呢？他們是跟爸爸媽媽他們在一個地方嗎？

　　「喂，安靈，你說，真的有上帝嗎？」安念壓低聲音神秘兮兮地問姐姐。

　　「應該是有的，不是嗎？」安靈有些猶豫地答道。

　　「那怎麼沒有看見奶奶寄來名信片？難道天堂到底還是不存在的？」

　　「這……」安靈也有些發愣了。到底有沒有上帝呢，到底有沒有天堂？誰可以告訴她們肯定的答案？她想了一下，臉上露出了捉弄妹妹的表情，「哦，也許你還不夠乖吧，奶奶不是說過嗎，如果你是一個乖女孩的話，她才會給你寄名信片的嘞。」

　　「呵，好奇怪，」安念抬起眉毛毫不含糊地辯駁，「那你呢，怎麼最近也沒有看見你收到什麼信？」

　　「你怎麼知道她沒寄呢，也許信現在正在路上呢，不過還沒到而已。天堂太遠了，到這裏可不是一天兩天的事。」

　　兩個人你看我我看你唧唧笑起來。

可是不管有沒有上帝和天堂，這一天，在異鄉的一個小小教堂裏，也許是因為那個修女虔誠的背影，也許是因為教堂優美的琴聲，女孩們的心情有些不一樣。好像空氣中有些什麼東西觸摸了她們的靈魂，讓她們覺得感動極了。兩姐妹站在那裏癡迷地聽著音樂，好像在聽著天使唱歌一樣。她們的思想，像空氣一樣飄浮起來，她們的眼裏有什麼流了出來，又被悄悄地拭去了。

兩人出了教堂，經過圍繞院牆的幽靜通道，她們看見一個身著淡色裙子的修女在赤著腳掃地。她的頭髮很自然地披在肩膀上，顯得又從容又嬌美。她們從來沒有看見有人這樣投入地掃地，她的手和腳都輕飄飄的，但又很有力，好像在跳優美的芭蕾舞一樣。一下、兩下，她的動作充滿了活力和樂感，每一拍都充滿了和諧的韻律和寧靜，似乎她在一邊掃，一邊在默默數著地上一片片的花瓣一樣。

「你好！」

「你們好！」修女只停了片刻，笑著打了聲招呼，又低下頭去工作了。

「別掃了，休息一下吧，這些花瓣等下又要落下來，你永遠掃不完的。」安念體貼地說。

「噢，現在乾淨就好了，等下落下來，等下再掃。」修女扶著掃帚抬起頭，臉上帶著溫存的表情。兩個女孩這才注意到修女幾乎跟她們一樣年輕，她姣好的臉上掛著柔美的笑意，大眼睛裏有動人的光彩在閃爍。

「再會！」女孩們說。

「再會！主保佑你們一路旅途愉快！」修女在胸前劃了一個十字，然後，她又低下頭去掃地了。新鮮的花瓣照樣落到地上、她的頭上、衣服上，悄無聲息地。她輕輕拂了拂花瓣，低下頭又

接著掃，照樣掃得那麼用心、一絲不苟、充滿樂感和快樂。

　　兩個女孩臉上露出淡淡的疑惑，慢慢地從花樹下面的陰影中走過去了。

＊　＊　＊　＊　＊　＊　＊

　　那對老夫婦坐在堂屋裏，腳邊堆滿了乾稻草、麻繩、棕葉之類的東西。兩個人看上去都很老了，頭髮都是銀色的。女的頭髮盤成一個髮髻，男的則讓髮絲隨意地垂到胸前。女孩們路過他們身邊的時候，他們兩個腰間都綁著一根草繩，正埋頭整理著那一大堆亂草，大顆的汗珠從額頭上流出來。

　　「你們好！」兩個女孩停下腳步打招呼。

　　兩個老人抬起頭微笑著看著她們。

　　「你們在做什麼？」

　　「噢，我們是做鞋人，我們做過沙漠的人要穿的草靴。」

　　「過沙漠穿的草靴？」兩個女孩感起興趣來，「我們腳上穿的這些靴子不行嗎？」

　　「噢，那是爬山越嶺穿的鞋。過沙漠有過沙漠穿的鞋。山有山的性格；水有水的性格；沙漠有沙漠的性格；不同的路得有不同性格的鞋，不是嗎？」那個女人用溫厚的表情說。

　　「我們可以買一雙嗎，如果它們可以幫助我們在沙漠裏走得更快的話？」安念乾脆地問。

　　「它們不會讓你們走得更快，但讓你們的腳板少受些罪倒是有可能的。」

　　兩個女孩坐下來，看著兩個老人給她們量腳、描樣、做鞋子。

　　「非得要重新做，沒有做好的我們可以買了就走的嗎？」安念看著表有些不耐煩地問。

「這麼匆忙你要去哪？」女人笑眯眯地問。

「過沙漠呀。」

「過沙漠如果沒有合適的鞋……」女人滿臉疑惑地低叫起來，「你們是哪兒來的，姑娘們？你們那裏真的有做好了的鞋子等人買的嗎？」

「是呀，在我們咕嚕國，鞋子都是買了就走的呀。」安念一副理所當然的樣子。

兩個老人面面相覷，互相嘖嘖嘴。「那鞋子怎麼會合腳呢？」

「每種鞋子都有好多品種，任你挑，總可以挑到合腳的呀。不過，話說回來，有時候也有新鞋子不大合腳的，要穿好些天才會舒服。」安念說。

「我們在船上認識一個時髦的女人，她就帶了好幾十雙鞋子來天和國。」安靈說。

兩個老人又嘖嘖起來。女人搖搖頭：「天！好在我們沒在你們國家賣鞋，要事先做好那麼多鞋子放在那裏任人挑，得花多少功夫啊。」

「不但鞋子，任何商品都是這樣的呀。」

兩個老人又你看我我看你嘖嘖起來，女人咧嘴笑了：「要是什麼都做好了，不用等待，那到哪裡去磨練耐心呢？要知道，闖沙漠的人可都是有耐心的人喲。」

這下輪到兩個如坐針氈的女孩面面相覷了。闖沙漠的人都是有耐心的人，看樣子，她們不得不耐著性子等鞋穿了。她們坐在門檻上，百無聊賴地看著他們做鞋。

「這是稻草的草嗎？」安靈問。

「噢，不，這不是稻草。它是山谷裏很特別的兩種草混合在一起的，一種叫陰草，一種叫陽草。」女人耐心地解釋道。「它

們小的時候，還是分開長的，到了大了，就絞到一起變成一根了，就像夫妻一樣。」

老太婆邊說邊無意地瞥了老頭一眼。老頭摸摸長長的銀髮幸福地笑了。

「凡事都講究陰陽相合。陰陽相合了，就強大無比了。你們看，這兩種草交織在一起就堅韌得很，有時候用剪刀都很難剪斷呢。做草靴當然是最好的材料了。」

兩個女孩看見這對老夫婦一唱一和不緊不慢就像陰陽草一樣配合得很好。男的將草搓成小指粗細的草繩，女的則將草繩折轉來搓成長長的大耳朵，然後又搓了一些小耳朵；之後男的用事先捶好了的草繩編織鞋底狀的板子，女的就開始編織鞋幫。最後兩個人將鞋底和鞋幫都釘到了一起，又將那些「大耳朵」和「小耳朵」們這裏穿一下，那裏繞一下，所有該固定的都固定了，再紮了後跟加上去。然後，他們將差不多成型的鞋子放在一塊石板上，叮叮噹噹不停地用錘子一下一下敲著。

「看來做什麼東西都不是那麼容易的啊。」兩個女孩這樣想著。就在這時，她們看到兩個小男孩，一溜煙從堂屋旁邊的小屋裏跑出來，跳到草地上天真爛漫地咯咯笑著。

「你準備好了嗎？」其中一個問。

「我準備好了，一、二、三，開始！」

原來兩個人在做什麼遊戲比賽。兩個女孩坐在門檻上饒有興趣地觀望著。只見兩個男孩像嬰兒學走路一樣，非常慢地在堂屋外的草地上無聲無息地走著。

「你們在做什麼？」她們奇怪極了。

「我們在比賽走路呀。」

「走路？」安念揚起眉頭，「走路為什麼這麼慢？」

「我們在比賽誰走得更慢。」

「應該是相反才對呀。在我們咕嚕國，從來都是比賽看誰跑步跑得快，走路走得快，游泳游得快，從來沒有聽說過看誰會更慢這樣的比賽。太奇怪了。」

兩個女孩漸漸地對這個遊戲有興趣了。

「我們也可以參加你們的競賽嗎？」安念提議道，因爲她覺得等鞋子實在等得無聊了。

兩個女孩於是加入了他們的比賽。四個人在草坪上一字排開，比賽開始了。兩個男孩慢慢地邁開了腳步，他們走出好幾步遠了，兩個女孩卻還是你看我我看你遲遲不肯動身。

「嗨，你們站在那裏幹什麼？」那個小一點的男孩詫異地問。

「你們不是說看誰更慢嗎？」

「這個比賽可不是這樣比的呀。再慢你也不可能待在原地不動。你們看，要這樣，慢慢地，慢慢地提起腳掌，聚精會神去感覺腳掌的份量才對，對，腳不要那麼快放下去，慢一點再慢一點，放下去，你可以感覺到腳踩下去稍微有點輕輕的風，是不是？然後踏在草上是很舒服很柔軟的感覺，是不是？」

兩個女孩按照他說的去做了，但很快就因爲太緊張而失去了平衡倒在草地上，兩個人唧唧笑成了一團，「沒有想到要慢慢走路還有這麼難！」

「其實一點都不難。爺爺奶奶說，有的朋友練習走路時手裏還端著滿滿的一碗水，慢慢走到最後還能夠不灑一滴水的人才算是功夫到家呢。」那個年紀大一點的男孩自豪地說。

兩個女孩不服氣輸給兩個小男孩，決心又試一次。這次她們雖然走得稍微遠一點了，但還是搖搖晃晃跟跟蹌蹌幾乎要倒了。尤其是安念，一會兒看看兩個男孩在哪裡，一會兒看看姐姐在哪

裡，一會兒看看看離終點還有多遠，心裏不耐煩，但腳又得故意慢，真是難受死了。

「你要專心在腳上，」大一點的男孩告訴她，「不要東張西望呀。另外手也不要擺來擺去的，要跟腳的速度和呼吸配合才好。」

「哎呀！」兩個女孩不幹了，擦了一把汗，一屁股在草地上坐下來，覺得比剛剛跑了馬拉松還累。「怪不得天和國的人沒有車，因為他們都喜歡慢！」安念恍然大悟。

「你們還有什麼別的遊戲好玩？」安念氣喘吁吁地問。

「你們想玩捉迷藏的遊戲嗎？」

捉迷藏？兩個女孩眼前一亮。說到底，兩個國家還是有相同的遊戲啊？

「我先藏，你們來找我吧！」安念先自告奮勇。

兩個男孩你看我看你笑得彎了腰：「你們連捉迷藏的遊戲都不會玩嗎？」

兩個女孩迷惑不解地看著他們。

「是這樣的，」那個大一點的男孩說，「捉迷藏的遊戲，就是比賽看誰能夠在限定的時間內悄悄幫人做好事。做得最多的就是贏家啊。」

「被人發現是你做的可不算噢。」那個小的鄭重強調。

原來這就是捉迷藏啊。兩個女孩覺得太不可思議了。

「還有什麼別的好玩的？」安念決定換一個別的方法玩，「比如，你們有什麼有趣的玩具……」

「呀，玩具？」那個小男孩天真地拍著手跳起來，「我們有的是啊，你們等等！」兩個孩子一溜煙跑進屋裏了。看來他們不僅會慢走，要跑起來也照樣是很快的。

不一會兒，他們每個人搬著滿懷的玩具出來了。

　　兩個女孩一看，不禁啞然失笑，這都是什麼玩具啊！只見有笨笨的手縫的小熊貓，那上面的針線歪歪扭扭的，一看就是孩子們自己縫製的；也有木頭雕刻的小船；有闊樹葉和皮筋纏繞成的皮球；有樹皮和碎布做的風箏；小石頭做的積木等等。

　　「你們的玩具都是自己做的嗎？」安靈詫異地問。

　　「不自己做，還會有玩具玩嗎？」大男孩顯得比女孩們更驚訝。

　　「你們的玩具是誰給你們做的呢？」小男孩反問。

　　「都是商店買的呀。」安念理所當然地聳聳肩膀。

　　「商店買的？你們那裏還有賣玩具的商店？」兩個男孩開始噴噴起來。

　　兩個女孩還想說什麼，就在這時，堂屋裏傳來婦人的聲音：她們的草靴子已經做好了。

　　這也許並非一雙名副其實的靴子，樣子有些難看，笨笨的，厚厚的，鞋幫都快到膝蓋下面了，但兩個女孩將它們穿到腳上，卻覺得正好合腳而且又輕又軟，舒服極了。

　　「這麼將腳捂得嚴嚴密密的，走路不會熱嗎？」安靈忍不住問。

　　「你們進了沙漠就知道了，」婦人笑著說，「一雙實用的鞋子，就是一個好的開始。有了一個好的開始，再難的路也容易走了。」婦人站起來，充滿自豪地看著他們的絕作，一面依偎到那很少發言的老伴身上，他的銀色的髮拂到她蒼老而快樂的臉上。

　　「謝謝，再見！」

　　「再見，祝你們好運！」

＊　＊　＊　＊　＊　＊　＊　＊

　　現在，女孩們將南邊的那片山脈丟在身後了。橫在她們面前的是茫茫沙漠。女孩們以前在電視上和畫報上看見過沙漠，對它的景象並不陌生。但眼前的這個沙漠還是讓她們吃了一驚。只見沙漠並不完全只有茫茫沙塵，沙漠中間，也有不少被強風吹成的山丘，它們這裏一堆那裏一群，有些形狀奇怪得很。

　　除此以外，舉目極望，可見一些不明動物的白色屍骨孤零零散佈在沙地上；遠處還可看到一些巨大的高高聳立的岩石，也有些低低的灌木和高大的樹，在大面積的單調黃色中加了點零零星星的綠色，讓沙漠看上去稍微熱鬧一點罷了。其實，也許那並不是什麼樹，而是碩大的類似仙人掌一類的旱生植物。它們遠遠看上去，就像一個人張開了雙臂在向天祈禱一樣。

　　兩個女孩進入沙漠的時候，天很快就黑了。她們搭好了帳篷，坐在一個沙丘邊上凝望著夜空。沙漠的晚上不但不炎熱，還相當的冷，冷得她們將所有的毯子都披在了身上，抱著手臂還覺得冷得哆嗦。

　　沙漠的夜空卻是出奇地明亮、美麗。夜並非深沉，但卻靜得的可以，什麼聲音都沒有。天空顯得比往常低，是一種不同尋常的寶藍色，質地乾淨得像嬰兒的瞳孔一樣。而且上面佈滿了星星。那些璀璨的星星顯得比任何時候都要大、亮，近，彷彿就在沙漠邊緣上面一點點，只要站在那裏一伸手，就可以將它們摘下來一樣。

　　「快看，那是什麼？」姐姐捅捅妹妹的胳膊。只見沙漠的夜空中，好像突然有什麼無數金色的星星帶著閃閃發亮的長長的尾巴向著地面直衝下來，將黑色的夜空劃破。遠遠看去，就像天邊突然下了一場晶瑩璀璨的驟雨，又像一條直立的會發光的河突然將裏面所有的水都一傾而盡，也像一大片瀑布裊裊婷婷滑落下

來，只不過裏面的每顆水珠都是一顆閃閃發光的寶石。

「哦，我的天，那就是難得看到的流星雨啊，想不到讓我們給碰上了。」安念趕緊站起來，手舞足蹈興奮不已。安靈也屏住了呼吸。

「安靈，趕快，趕快閉上眼睛許一個願，聽說流星劃過的時候許下的願，在不久的將來都會實現的！」

兩姐妹虔誠地閉上眼睛，在心裏默念著自己的願望。再睜開眼時，那條會發光的河就已經消失了。

「現在你知道什麼是曇花一現了。」安靈惋惜地歎了口氣，「凡是美麗的，都是稍縱即逝。」

「可是我們很幸運，不是嗎？到沙漠的第一個晚上就看到流星雨了。聽說有的人等了好多年都沒有看見過呢。也有的人通宵達旦不睡覺，就爲了看一顆流星飛過。」

「很多東西就是這麼奇怪，如果刻意去等，反而等不到。」安靈點點頭。

兩姐妹若有所失地默默盯著天空，安念忽然咧開嘴笑了。

「你知道嗎，安靈，有的人說每落下去一顆流星，就表明我們這個星球上有一個人死了？」

「噢，是這樣嗎？那剛才那麼大的流星雨不是說明這個星球上一下子死了許多人？」

「那也不是沒有可能，如果從全星球的範圍來看的話。」

「是嗎？」安靈顯得有些憂愁起來，「告訴我，你剛才許了什麼願？」

「不能告訴你，這是我的秘密。你的呢？」

「我也不告訴你，那是我的秘密。」

「你以牙還牙很小氣噢，不告訴我也沒關係，稍微透露一點

總可以吧？」

「不，你先透露一點，比如說，是哪方面的。」

「我不說，一說你就全明白了。我不想讓你操空心，因為你太喜歡操心了。你的呢？你的是哪方面的？」

「我也不講，一講出來你就會趁虛而入占我便宜。」安靈輕輕搖搖頭，笑起來，「再說，你真的相信你許的願能夠實現嗎？如果人人都有我們這樣的想法，那些可憐的流星們也該重得不行了。你想想，這個星球上如果每個人都向它禱告，祈求美夢實現，它該背負著多麼重的責任呢？」

「怪不得它們那麼快地掉下來，」安念也笑起來，不過，她簪簪眉頭，又想起什麼，「可是，你別忘了喲，並不是每個人都會這麼幸運地看到它們的。」

「唔，你說的也有道理。」

兩個人沉默了一會兒，都覺得冷得不行，決定趕緊鑽到睡袋裏去藏起來。

安念去喝水的時候，驚訝地發現瓶中的水裏面有些冰渣，原來水都冷得結冰了。

「多麼奇怪的沙漠！」她搖搖頭。

＊　＊　＊　＊　＊　＊

第二天兩個女孩一早就起來了。清晨還好，還不是特別熱，她們面向東方看了一會兒日出，可是，沒多久，太陽的熱量就將她們烤得坐立不安了。她們有些茫然地站起來，只見成片的砂石暴露在烈日炎炎之下，不遠處還可看到一條完全乾涸了的小河痕跡，那裏早就乾得裂開一道道的口子了。依稀可見河床上還散落著灰灰白白的東西。那大概是這條河裏面曾經滯留的鹽分吧？兩

隻像是野羚羊一樣的動物正在那灰白的東西上面舐著。它們的褐色的皮膚似乎也幹得要裂開來。

「哎呀，要是那條河不乾就好了。我真想痛痛快快喝個夠，遊個夠。」安念惋惜地歎氣。

「不要白日做夢了。」

「唉，你說這條河乾了多久了？」

「不知道。」安靈不感興趣地答，一邊費力地咽了一下乾燥的喉嚨。她們包裹背的除了一些必不可少的日常用物，其他的都是水。可是，儘管如此，安靈也不能確定，是否這些水可以讓她們持續到走完這一大片沙漠。這個沙漠比她想像的大多了。她要讓她們帶的這些水盡可能持續到她們需要的最後一刻。

她們胡亂吞了些東西就上路了。其實肚子並沒有吃飽，但總覺得唇乾舌燥，她們對水的渴望遠遠超過了食物。

太陽一到了空中就突然變得酷熱難當。陽光將她們的臉映得紅通通的，瀏海緊貼在額頭上，密密的汗珠不時從那裏掉下來。安念記得在哪裡看到過，說是越是熱的地方越要將自己包裹起來。所以她們儘管熱得受不了，還是全副武裝：頭上戴著遮陽帽，臉上戴著防風眼鏡，身上穿著長衣長褲，腳上是厚厚的草靴子。她們真慶倖臨進沙漠前買了這樣的靴子了，否則要是穿著她們的平底涼鞋，在這麼滾燙無比的沙裏走不會將腳燙傷才怪。

她們跋涉不一會兒，臉上就佈滿了沙塵。她們首先用手在臉上擦來擦去，想把沙土去掉，後來才發現臉上一旦沒有了這種粉末狀的塵土其實更熱，因爲它多多少少可以反射一點陽光，起點屏障的作用。

暴日下的黃沙路又像一個惡夢一樣漫長，走了好久了，兩個女孩回頭看看沙上面留下的清晰的腳步痕還是顯得那麼短。時間

慢得讓人難以忍受。幾乎每隔幾秒鐘，她們都要抬腕看看手錶。可是，手錶總是走得那麼慢，彷彿時間在這裏凝固了。

　　兩個女孩累了，渴了，她們的步伐越來越慢，越來越沉重。幾乎是每走一步，她們就聽到自己乾渴的喉嚨裏發出低低的一聲呻吟。從她們灰褐色的嘴唇外面，可以看見裏面的一排水泡。她們的皮膚早已曬成醬色了，有的地方還裂開了口子，白色的皮屑不斷從那裏掉下來。她們的脖子後面，大概是被烈焰烤紅了的皮膚跟衣服摩擦的緣故，那裏像塗了生薑似的，火辣辣痛得厲害。安念想了個辦法，將一張薄紙貼在帽子的後沿，讓陽光照不到身體的那一部分。

　　難耐的天氣熱得好像要把人蒸成水。她們邊走邊呼哧呼哧像拉風箱一樣地喘氣。最後連昆蟲都叫得聲嘶力竭了，自動閉上了嘴巴。兩個女孩漸漸地覺得意識都有些模糊起來。安念痛苦地看了那烈日一眼，咬著牙，覺得它似乎是在嘲笑她似的。

　　「唉，要是有一把扇子就好了，安靈，我上次給你做的天然蚊扇你沒有留下來嗎？它又可以遮蔭又可以趕蒼蠅，你不會傻到將它扔掉吧？」

　　「我當然扔掉了。你以為我的袋子裏還可以再多放任何東西嗎？你希望我背著扇子還是水瓶子呢？」

　　「哎呀，不行了，我走不動了，壓根兒不能動了。我的頭也疼起來了。我要喝水。立即休息吧，安靈！」安念一頭倒在沙地上，抱著水瓶子咕嘟咕嘟狂飲起來，說什麼也不肯起來了。

　　安靈也精疲力竭地倒在地上，不想再走一步了。那時還不過是上午，太陽還沒有升到正上空，她們就已經熱得忍無可忍了。

　　「安靈，我們搞錯了，」安念愁眉苦臉看著姐姐，「我們跟沙漠這樣對著幹是不行的。我們不應該在白天走路的。你看這裏

一隻動物都沒有，它們都躲起來了。剛才我們看到的那兩隻羚羊，也不知道藏到哪裡去了。它們比我們聰明，知道在太陽大的時候要躲起來。動物比人聰明多了，它們更善於利用自己求生的本能。」

「你是說我們應該晚上才行路嗎？」安靈猶豫不定地看著她。

「是的，晚上可以，清晨太陽還沒有出來的時候也還可以走走，但無論如何不是現在，太陽一出來，我們得絕對休息。否則的話，我們會被曬成橡皮筋的。」

兩個人意見達成一致，就在烈日下面的一塊大石頭後面紮了營下來。

「哎呀，要是有個電風扇就好了，」安念嚮往地說，「否則我下巴下面流的汗都要把我的頭和脖子沾到一塊分不開來了。」

「有電扇當然好，空調則更好了。問題是插座在哪裡呢？要是還有個飲水機，我都願意天天待在沙漠裏面了。」

「你就喜歡說風涼話，」安念不滿地嘟噥著，「我做做夢還不行麼？」

「我也想吃草莓霜淇淋呢，不過我並不做夢得到它。」

「那想一想也不過分啊。聽說古時候有一個軍隊在沙漠裏行軍，每個士兵都乾渴得要死了，可是那個統帥很聰明，他叫士兵們想念酸黃瓜的味道，結果大家都想著酸黃瓜，口水分泌出來就不渴了。他們最後打了一個大勝仗。」

「這個故事我也聽說過，但好像他們想的不是酸黃瓜，是酸梅子吧？」

「不，是黃瓜。」

「是梅子。」

「我懶得跟你說了，我還是去想念我的霜淇淋好了，嗯，我

不喜歡吃草莓味道的，我寧願巧克力味。」安念依然在那裏自顧自癡人說夢。

　　過了一會兒，一點動靜都沒有，安靈以爲妹妹快睡著了，她支起身子，看著外面，說：「咦，多麼奇怪呀，太陽可以幫人照明、做飯、給人溫暖，還可以有好多別的用途。隱士不是說了嗎，看日出是最好的靜坐方法？可是，在沙漠裏，卻是那麼讓人懼怕的東西，一不小心就把你給毀滅了。」

　　「萬事萬物都講個天時地利吧，就像曬草藥一樣？」安念淡淡答，嗓音低低的。

　　安靈突然注意到安念的臉色蒼白，而且她的呼吸聽起來又粗又重，不一會兒，她看到妹妹皺著眉頭在地上打了個滾。

　　「你怎麼了？」安靈憂慮地看著她，抓住她的手。雖然是烈火一樣的氣溫，安念的手卻是冰冷的。

　　安念的眼睛緊閉著，似乎沒有意識了。

　　「安念，你怎麼了，醒一醒！醒一醒！」她搖著她，看到妹妹的臉色蒼白得可怕，雙目依然緊閉著。她悲哀地哭泣起來，如果安念就此死了，她也不願意活著走出這沙漠了。

　　謝天謝地，安念卻慢慢睜開了眼睛，她看到姐姐哭泣的眼睛，咧開嘴有些艱難地笑了。「不要擔心，安靈，沒事的。給我一杯水，裏面放點鹽好了。不過是老毛病罷了。我的頭有些疼，天氣太熱，我的腦袋就好像不是自己的了。」

　　安靈趕緊將鹽水遞給她。

　　「把我的頭墊高一點。」

　　安靈將她挪到附近的一個矮沙丘邊上，讓她將頭靠在上面。

　　「要吃點止痛藥嗎？」

　　「我不想吃，那東西根本不管用，還有副作用。還不如我自

己想辦法。」

「拜託，安靈，我沒有力氣，你幫我在地上挖個洞吧。」

安靈有些疑惑，但還是照著她說的去做了。

「再深一點，再大一點。」

洞挖好了，安念顫巍巍爬了進去，將自己除了頭部，整個身體都深深埋在沙土裏，一面閉上眼睛唧唧噥噥念念有詞。

她這樣弄了一會兒，安念的臉色似乎好多了。

「你沒關係嗎？」

「我好多了。」

「你剛才做了什麼？」

「我不過在跟沙土說話罷了。我請它們通融一下，幫助我將頭疼去掉。」

「沙土聽了你的話？」

「我想是的。這些沙土是有生命和能量的，你不信嗎？剛才我就覺得它的能量在將我的頭疼一點點拉下來，從上面一直拉到我身體的最下面。慢慢地，彷彿頭疼被扯進沙土中去了，我就不疼了。」

「你都快變成一個巫女了。你從哪裡學到這些的？」

「沒有人教我，我自己揣摩出來的。大地既然可以給花、草藥、樹、仙人掌能量，爲什麼不可以給人能量呢？」

「以後我不再擔心你頭疼了，你既然都可以給自己治病了。」

「並不是每次都會成功的，只有在心特別靜的時候才可以。何況……」

「何況什麼？」

「何況有些病並不是那麼容易治好的，隱士說過了，病有兩種，有一種是可以用辦法解決的。還有一種是與生俱來的，要去

掉它很難。」

安念的聲音彷彿被一種淡淡的悲哀壓著，顯得比以往任何時候低沉了。

* * * * * * *

兩個女孩就此決定跟以前相反：晚上行走白天紮營休息。這樣走路的時候倒是涼爽了，甚至有時還冷得不行，往往要披了毛毯才不會凍著。

顯然，沙漠裏其他的動物跟她們一樣，到了晚上和拂曉時分活躍起來，白天一到就躲得無影無蹤了。

「那些鹿、老鼠、野驢、羚羊們肯定都有自己的洞，白天都躲到洞裏去了，所以我們才會看不到它們。我要是看到它們的洞了，白天也要進去乘乘涼。我猜它們洞中說不定還藏著水呢。」安念喃喃說，一邊期待地舔舔嘴唇，彷彿她真的就要瓜分到動物們的水了。

「我們就算去了它們也不會歡迎我們。所有的動物都是自私的。」

「我才不怕，它們都是素食動物，不能把我怎麼樣。」

「它們可以踢我們，把我們踢得遠遠的，甚至骨頭都踢斷了。我曾經就看過一個有關動物的電視，很多長頸鹿聚合在一起，把一隻獅子都踢死了。」

「長頸鹿不可能踢死獅子。獅子可以咬死長頸鹿。」

「不，是長頸鹿踢死了獅子，我可以肯定。」

「安靈，你總是看到最悲觀的一面，另外沙漠裏也沒有長頸鹿。」

兩個人話不投機，乾脆靜默下來，一邊走，一邊看著沙漠裏

的夜空。夜空藍得像黑色一樣，上面佈滿的亮晶晶的白色星星輝映成一片。一條亮色的星群斜斜地穿過蒼穹，好像一條熠熠閃亮的綴了晶光石的橋。橋的兩端分別有一顆星星，顯得格外明亮耀眼。

「看到那兩顆星星了嗎？據說他們是兩個情人，每年才可以在橋上見一次面呢。」安靈邊走邊說。

「他們真可憐，」安念說，「還是我們的父母好，儘管不在這個世上了，至少他們還在一起，用不著一個天上，一個地上。」

「可是他們生前的時候，外公也不准他們見面。」

「是的，這個老頭子糟透了。」

「你恨他嗎？」

「我想是的，如果他不這樣惡意地對待爸爸媽媽，也許他們不會去得那麼早。」

「我也這樣想。」

「你有時候會想念爸爸媽媽嗎？」

「那當然。你呢？」

「我也會。我還常常夢見他們呢。唉，安靈，要是他們都還在就好了。我們也不會在這荒漠裏這樣辛苦地趕路。」

「是的，我們一定還在咕嚕國上學、背單詞、寫字、做數學題。」

「世界上沒有十全十美的事，」安念歎一口氣，「有時候，我在想，死去的人是不是都變成了星星呢？」

「你為什麼這麼想？」

「我總覺得我們不論走到哪裡，總有一、兩顆星在看著我們。那會是爸爸媽媽的眼睛嗎？」

「任何事都有可能。」安靈心不在焉地聽著，腦子裏在考慮

著還要多少天才可以走出沙漠，因為背包裏的水已經所剩不多了。

「你看，」安念仰起頭，指著天空給她看，「那銀河裏有好多密密麻麻的星群呀，可是，不論有多少，總有幾顆是最亮的。我們怎知道那不是爸爸媽媽在看著我們，甚至保護我們呢？我說過的，要證明沒有是幾乎不可能的，所以你不要說『不』。」

「我沒有說不。」

「你的眼神漫不經心的，似乎是想說不的。」

「那你的眼睛將我的眼神看錯了。」

安念不知在哪裡撿到一根長長的棍子。她閉著眼睛在星光下走著，一邊推著棍子，好似棍子在給她帶路一樣。

「行行好，安念，你好好走路，待會兒摔破了膝蓋又夠你受的了。」安靈不滿地咕嘟著。

「這裏一坦平洋，閉著眼睛走也不會撞到什麼，怎麼可能摔跤呢？我不過在學盲人走路罷了。你看我像不像？」

「不要這樣，安念，你的棍子將沙子戳得到處都是，都跑進我的眼睛裏了。丟掉棍子好好走路吧。」

「不，為什麼要丟掉它呢？你看，我一邊走一邊留下記號，萬一後面有人來接應我們，也可以看見我們留下的痕跡。」

「這是不可能的，安念，」安靈冷酷地打破她幼稚的幻想，「我們在天和國走了這麼多個月了，你一共碰上過幾個人呢？何況現在是在沙漠裏。如果有人的蹤跡，他們的腳印我們應該看得清清楚楚。」

「那不一定，你沒看沙漠中只要輕輕一颭風，我們的腳印就完全消失了嗎？」

「這裏絕對沒有人，哪會有人像我們這麼傻，大熱的天還在這裏跑？」

「永遠不要說『絕對』啊。」

「難道你還指望人家開著直升飛機來救我們嗎？要知道，這裏這麼貧窮，連車都沒有一輛。」

「這裏並不窮。缺乏現代化的科技並不代表貧窮。」

「就算你對。但我也不明白那跟你擺弄這根討厭的棍子有什麼關係。」

「我的棍子不討厭，我要留著它，因為以後也許可以派上用場。」

「你真頑固。」

「我就喜歡頑固。」

兩個女孩賭氣似地互不搭理，各走各的。忽然，安念的探路棍一滑，腳下一踉蹌，她倒在了地上。她看到姐姐急忙跑過來攙扶她。

「安念，你累了，我們到那個沙丘後面休息一會兒再走吧。」安靈慌張地說。她真擔心妹妹又像上次那樣突然昏厥了。

「我真有些累了。咱們乾脆休息一個晚上好了。我怎麼都走不動了，喉嚨像是著火了。」

「那就在這個沙丘後面紮營好了。」

「不可以在背風的山丘後紮營。沙漠裏的沙丘是流動的，萬一有什麼大風、沙暴之類的，我們都會被卷走了。越是低凹的地方越安全。」

兩個女孩在河床邊上的一個低窪處暫時安頓下來。

安靈不停忙碌著，一邊歎氣。

「你又在歎氣了，安靈，是不是你覺得我這個人很麻煩，總是在扯後腿？」

「我沒有這樣說。你不要胡思亂想。」

「你沒有說，卻總時不時歎氣。歎氣其實也是一種語言。」

「我沒有辦法，我常常莫名其妙歎氣。」

「我沒有怪你，安靈。我只怪我自己為什麼這麼弱呢？記得以前你總是身體較弱的一個，你怕體育課，怕運動，凡是帶點技能性的東西你學好久都學不會。」

「是的，還記得我學著打網球嗎，我學了那麼久，連發球都還沒有學好？」安靈不好意思地說。

「可是，現在總是你照顧我。」

「不見得吧，你是我們兩個人中間的醫生，我哪裡又照顧了你？再說，我比你大，照顧你也是我的責任。」

「你不過比我大兩分鐘而已。」

「就像你說過的，大兩分鐘也多兩分鐘的人生經驗。」安靈的聲音在夜空裏變得柔和起來，「況且，我們在咕嚕國的時候，我就做過夢，夢見母親說要我好好照顧你。」

「她真的這樣說了嗎？」安念有點迷惑，盯著她的臉看了一會兒。

「是的。」

「可是我的體力本來比你強。你看我的胳膊，都比你的大。」

「通過這幾個月來的訓練，我也意識到了，其實我的體力也是很好的。為什麼以前我要那麼害怕體育運動呢？現在我們經歷過的一切，比以前老師規定我們要做的運動複雜艱難多了。很明顯，」安靈自嘲地輕笑。「關鍵不是體力的問題，而是心理的問題。」

「應該是這樣的。」

「可是，人為什麼會有這樣的懼怕心理呢？你看，無論我們事先如何擔心、憂慮，每次的阻礙最後不都被克服了嗎？既然如

此，爲什麼還要害怕可能的困難呢？」

「人並不是理性的動物。」

兩個人再一次安靜下來。閃爍的星光照在她們深思的臉上。

*　*　*　*　*　*　*

她們在沙漠中夜行曉宿好些天了。沙漠裏雖然總是永恆地沉寂著，但單看看那些壯觀的景色倒還是值得的。別說那無與倫比的夜幕下的璀璨星空，那些從來聞所未聞的植物和動物也讓女孩們大開眼界了。

譬如，她們有一次遠遠看到一堆小石頭，非常普通的石頭，等到走近了，才發現它其實是一種植物，而且上面還開滿了小小的花！也許這些植物爲了保護自己不受動物侵犯，而特意僞裝成石頭的樣子吧。看來，植物也有智力啊。

她們還常常在夜晚看到沙地裏一種會跳躍的動物，它的行動敏捷極了，猛一跳起來可以跳好遠。她們並不知道它叫什麼，只是喜歡跟在它後面看它一跳一跳的往前走，在夜空的沙地上留下很奇怪的足印。只見這些小動物前肢短短的，後肢、耳朵和尾巴卻很長，眼睛也圓圓的、大大的，有點像兔子的模樣。她們有一次用手電筒照在它身上，它就一動不動，用天真的幾乎帶著笑意的眼睛看著她們，可愛極了。

「這些小動物蹦蹦跳跳的，卻似乎很有把握它們要去什麼地方啊。」安念說。

「它們要去的地方不過是有食物的地方罷了。這麼小小的動物，應該不會要喝多少水的。」安靈說。

「是的，它們本來就是沙漠裏的動物，早就適應這裏了，不像我們是外鄉人。我的百寶書上說，有些沙漠動物根本就不喝水，

它們躲在洞穴裏一動不動睡大覺，就像夏眠一樣。」

「我們什麼時候也變得跟這些動物一樣不需要喝水就好了，」安靈歎氣說。「奇怪的是，我越是想節省水，就越想喝水，其他什麼都不想吃，一心想的都是水。」

「不喝水？」安念揚起眉毛，「那是不可能的。不過，夏眠倒有可能。在沙漠的這些天，我總是一點精神都沒有，困得眼睛都睜不開了。也許我們已經在夏眠了，不過是邊走邊睡，沒有洞穴給我們睡覺罷了。」

「我也常常想睡，晚上走路的時候都迷迷糊糊的，可是到了白天休息的時候，實在太熱了，反而想睡都睡不著了。」安靈遺憾地說。

這一天晚上，她們還在沙漠裏看到一種非常奇特的植物。只見它的頂部，有點像裂開縫的木頭的樣子，巨大的葉子則是彎彎的，懶洋洋落在沙地上；它的莖又矮又粗，就像埋在沙地中的一個大蘿蔔躺在那裏，一副與世無爭但又不修邊幅的樣子。她們都從來沒有看見過這樣龐大而古怪的植物。安念趕緊查看她的百寶書，得知這種植物叫千年蘭。

「它真的可以活一千年嗎？」安靈將信將疑。

「還不止呢。據說有的還可以活 2000 年呢。要是人也可以活這麼久就好了。」

「數量並不代表品質，你看，它孤零零躺在這裏，也沒有誰來看看它，多沒意思啊。」

「美麗的花並不見得都得開在路邊供人觀賞啊。」

「它真可以活那麼久啊。可是，並不是什麼東西都是越多越好。」

「比如什麼？」

「比如說我們讀的書。只要有意思就好了，不必在乎數量多少。」

「那倒是，」安念也附和道，「我們學校裏好多書都沒意思極了，尤其是那些數學書。本來，這個世界上只要有一本書就可以了，那就是我的百寶書。其餘的統統都是多餘的。」

「你不是說回了咕嚕國要寫一本有關這邊自然界的書嗎？」

「我當然有這個打算。」

「可是剛才你又說只要你的百寶書就夠了，其他的書都是多餘的。」

「啊，這……」

「很明顯，你的邏輯不太好，還要多讀讀這方面的書才好。」

「我有我自己的邏輯：世界上只有兩本最重要的書 —— 我正在讀的書，和我將要寫的書。其他的都不重要。」安念滿不在乎地大聲宣佈。

走歸走，吵歸吵，兩個女孩邊走邊東張西望，一直在尋找任何水的跡象。無論如何，要在滴水未有的沙漠裏找到水源，真的是一件傷腦筋的事。兩個女孩所路過的地方，偶然會看到一些或高或矮的仙人掌類植物。她們每經過一株，都會儘量去品嘗一番這些天然的飲水機。

只是這些仙人掌植物似乎並不心甘情願被她們利用，它上面的或粗或細的刺往往弄得她們心煩意亂。儘管她們很小心，安念因爲視力太差，往往看不清楚上面的刺，有一次還將她的手掌給弄傷了。安靈幫她將刺拔出來了，又給她塗了一些隱士給的藥粉，可是安念還是時時喊痛。

「安靈，我懷疑這些小刺是可以再生的，你剛剛拔掉不久，它們又長出來了。我的手上有，舌頭上也有，嘴巴上也有，弄得

我煩透了！」

「舌頭上嘴巴上的刺大概是讓你少講些話吧？」安靈開玩笑式地說。可是妹妹情緒不好的時候，覺得姐姐的玩笑無聊透了。

「你不是很有同情心啊。」

「對不起，不要生氣啦。刺會再生，應該不可能吧？是不是它們還在肉裏邊？唉，這些刺毛茸茸的實在太小了，要是我們帶了一個放大鏡出來就好了。」

對於受傷的手掌，還是安念後來自己想出了辦法。她注意到沙地上有些非常矮小的淡紅色的花，上面總有昆蟲在爬來爬去。昆蟲們在花瓣上吸吮了一點汁液，就又溜得遠遠的了。對草藥有著特別直感的安念，突然得到靈感，她試著將一些花瓣摘下來塗抹在手上，手上那灼熱的感覺就奇蹟般地漸漸消失了。

「也許這種沙漠玫瑰的花汁含有抗生素的成分呢。」安念將這種花不但取了一個美麗的名字，她也在她的筆記本上將這個無意中的發現記下來。自從從家裏出來，安念的厚厚的筆記本上已經密密麻麻記滿了她認為重要的東西。

不過，女孩們吸取了經驗，以後儘量少去糾纏那些也許味道比較鮮嫩但有太多毛茸茸細刺的仙人掌了，她們有意選擇那些刺粗大一點水分更多的植物。尤其有一種瓶狀的仙人掌，似乎只要稍微用刀劃一下，就可以接不少水出來。這種仙人掌好是好，就是她們不能常常看到。而且那擠壓出來的液汁，總是又酸又澀又濃，甚至還有些辣辣的味道，並不能夠解除她們想暢飲的欲望。

乞討的人沒有太多選擇的權利。她們有時候就乾脆像嚼口香糖一樣地胡亂嚼著那些植物的木髓，盡可能把裏面的水利用掉再將渣末吐出來。

安念點子比較多，按照她的百寶書上的方法，自己製造了幾

個小小的露水收集器。她在沙地上先挖了一些淺淺的小坑，然後
在上面放了幾個塑膠袋子，袋子上面再放一些圓圓的小石頭。到
第二天清晨，小石子上凝結的水汽果然都滴到了塑膠袋上，拿起
來倒進嘴裏就是了。不過，這樣的方法雖然有效，但對於乾渴無
比的女孩們來說，也等於是杯水車薪，何況這些採集的水總是有
些鹹鹹的、怪怪的味道。

　　那天她們在紮營等待日落的時候，也許因為閒得無聊，安念
盯著沙地上一些比螞蟻稍大一些的昆蟲。

　　「這種蟲子應該可以吃的，我的百寶書上說它們是無毒的。
我想試一試它們是什麼味道。這些天天天吃那些乾棗子我都吃膩
了。要是這些蟲子不錯，正好可以給我們提供一點蛋白質。另外，
它的血也多少可以提供一點水。」

　　「不要隨便試，小心中毒。再說那小小的蟲子，又能給你多
少水呢，不要得不償失。」安靈謹慎地提醒她。

　　「它們沒有毒。」

　　「那它們也不見得容易消化。我是不會吃的。」

　　「你總是那麼小心怕事。」

　　安念捉了一隻蟲子，將它翻過來在它的尾部掐了一下，立刻，
一種褐色的蜂蜜一樣的東西從它體內滑了出來。她不假思索，將
那點汁液丟進口中啜吮著。安靈在一邊狐疑地看著她。

　　「嗯，真甜，跟真的蜂蜜一樣。你肯定你不要嘗一嘗嗎？這
裏這麼多蟲子不加以利用，太可惜了。」安念一邊說一邊又吃了
好幾隻。

　　安靈看見妹妹吃得那麼開心，也心有所動。畢竟，自從離家
以後，她們都沒有嘗過蜂蜜的味道。她學著妹妹的樣子，掐了一
隻黑黑的蟲子，閉上眼睛將那粘粘的分泌物吞了下去。

「怎麼樣，味道美極了吧？」

「唔，跟活吞蒼蠅的味道差不多，哪裡是什麼蜂蜜的味道？我再也不想吃它了。」安靈皺著眉頭噁心地說。

「聽起來，好像你吃過活蒼蠅似的。」

「活蒼蠅沒有吃過，但蜂蜜倒是吃過的。這蟲子難吃極了，不會比蒼蠅的味道好多少。」

第二天還沒有天亮，安念就被姐姐痛苦的呻吟聲給吵醒了。

「不得了，安念，我的肚子痛得難受極了。肯定是吃蟲子裏的東西吃壞了！」

「不可能，我吃了好多隻，一點事情都沒有，怎麼你吃一隻就有問題了呢？」

「你找找看，我們的急救箱裏還有沒有治腹瀉或者痢疾的藥？」

安念翻箱倒櫃找了一陣，什麼都沒有找到。

「沒有了，幾乎沒剩下什麼藥了。下次到了山裏我要好好採集一番才行。」

「我早知道，應該相信自己的直覺不該吃那只蟲子的。」

「是的，貪心往往沒有好結果。」安念顯得很同情的樣子。

「那誘惑別人貪心的人呢？」安靈皺著眉頭嘟囔著，抱著肚子衝到外面方便去了。

安靈在外面待了很久，還沒有進來。安念才覺得事態有些嚴重了。在缺水的地方，最怕的就是脫水。如果安靈這樣長時間拉肚子……安念有些焦急起來。她想了想，忽然有了個主意。

她將呻吟不止的姐姐帶到一片蔭涼的仙人掌下面，一邊蹲下去掘那些植物的根。

「你要做什麼？今天隨便你給我吃什麼，我都不會吃的。」

安靈在一邊抱著肚子呻吟著。

「放心好了，不會要你吃東西的。我已經挖了一個坑，裏面本來埋的是植物的根，所以土有些濕潤潤的。你把褲子脫掉，將自己的屁股埋進去，我再用沙土蓋住你，應該可以將你體內的不乾淨的東西弄出來的。」

安靈有些不相信，但在妹妹的慫恿下，又有些動心了。無論如何，她的肚子痛得讓她全身冒汗了，試一試總不會有什麼壞處吧。「可是萬一有人來……」

「你有沒有搞錯，我們現在是在什麼地方？你還怕人家看到不該看到的地方嗎？快一點吧，不然太陽一出來這些土馬上要幹了。」

安靈遲疑地照著妹妹說的去做了。安念將她裸露的下半身完全塞進了坑裏，然後將一大堆土推過來蓋在她身上。「你最好不要說話，集中心念想像那些不乾淨的東西從你的毛孔裏散發出來排進土壤中。」

「可是，如果我要上廁所……」

「我給你準備的就是廁所。你順路還可以給植物施肥，簡直是世界上最環保的廁所了。」

安靈坐在這個世界上最環保的廁所裏，卻一點都不感到榮幸和舒服。下面濕濕的，上面焦乾的，而且面前還有蚊蟲飛來飛去。但沒辦法，現在只能聽憑霸道的妹妹的吩咐了。她閉緊眼睛，儘量去想像那病氣像灰色的煙霧一樣從她體內分泌出來，一點點，一絲絲，就像植物的細細的根一樣，慢慢滲入到下面的沙土中……

也不知道這樣過了多久，她覺得肚子舒服多了，她本來還想待一待，可是太陽曬得她受不了了。她睜開眼，發現妹妹已經打道回府了。她掙扎著爬出坑，將那些植物的根部重新碼好，就像

山裏的那個男孩教她們所作的一樣。然後，她赤裸著半個身子，滿身灰塵跟跟蹌蹌跑回帳篷。

「好些了嗎？」安念本來正在吹笛子的，突然看到姐姐的滑稽樣，忍不住咯咯笑起來，笑得前仰後俯眼淚都出來了。

「你好討厭哦，」安靈顧不得滿身沙塵趕緊套上褲子，「你剛才也不等等我，讓我一個人孤零零待在那裏！」

「這樣你才可以心靜啊，不然你會老想跟我說話。再說，我上廁所的時候，你也不見得總坐在一邊陪著我呀。」安念擦著模糊了的眼鏡，好不容易才忍住了笑。

　　　＊　＊　＊　＊　＊　＊　＊

她們白天龜縮在自己的帳篷裏睡幾個小時的覺，其他時間就是眼睜睜等著天黑了。通過帳篷裏那小小的窗戶窺視著外面，天空永遠看上去那麼低低的觸手可及。時間過得慢極了。

「原來什麼都不做，比忙得不得了的時候更痛苦。」安念長籲短歎，不停地看錶。

「看錶也沒有用，太陽如果不落下去，我們就休想動身。」

「可是，我悶都要悶死了。」安念在帳篷裏煩躁地徘徊起來。

「那我出個謎語給你猜猜。」

「那太費腦筋了。任何費腦筋的事都會浪費水分子。」

「那我出個數學題？」

「那倒不需要費腦筋，因為我答的題從來是隨心所欲不需要腦筋演算的。可是，我就算悶死了，也不會悶到要靠做數學題來打發時間。」

「唉，如果我帶了解悶的藥出來，可以給你吃一點。可惜我沒有。」安靈沒好氣地答。

她們看到太陽那個時候還沒有完全出來，乾涸的河床邊有幾隻野驢在吃那裏瘦得可憐的幾根刺蓬草。驢是淡褐色，跟沙子差不多，身上幾乎沒有毛。

安念羨慕地看著它們，「呵，我要是有野驢那樣的嘴巴就好了，什麼荊棘和刺都不用怕了。我的嘴巴最近吃那些有刺的東西都吃腫了。」

安靈說：「你想變成驢嗎？除非你變成毛驢，才會有驢子的嘴巴。」

「我不想變成驢，我只要有驢的嘴巴。」

「又要吃雞蛋，又想雞蛋不碎，這是不可能的。」

「以後科學發達了，什麼不可能的都可能了。」

「科學家也不會無聊得沒事可做，將人嘴發明成驢嘴。」

「有可能。」

「沒可能。」

「我們為什麼要吵呢，應該省點口水才對啊。」

「是啊，一個巴掌也拍不響啊。」

「嘿，你的脾氣越來越大了，安靈，我都怕惹你。」妹妹低聲嚷起來。

安靈不吱聲轉過身去。跨越沙漠的這些天，也許是因為烈焰熏得人頭昏腦脹，她自己也覺得很不耐煩，好像妹妹做的事說的話沒有一樣是順眼或順耳的。她自己雖然認識到了這一點，卻有些惱火妹妹當面指出來。說實在的，安念的脾氣也好不到哪裡去。

風突然吹過來，天色好像猛然黑了，她們馬上警覺起來：有風暴了。剛才她們還嫌待在帳篷裏悶，現在倒慶倖待在帳篷裏了。她們聽到沙沙的聲音從很遠的地方傳來，而且速度相當迅猛。帳篷開始搖搖晃晃起來，彷彿狂風下決心要將它捲走一樣。好在安

念養成了將帳篷的四隻腳處壓上一塊大石頭的習慣，大風並沒有將它捲走，它不過咆哮而過，將沙礫高高捲起又大把大把地撒到帳篷上，發出砰砰的讓人心悸的聲音。沙塵從帳篷裏那個本來半關著的小窗戶裏飛進來，落在兩個女孩身上，像被石頭擊中了一樣痛。

「哎呀！」安靈尖叫起來。

「快趴下來！」安念急促地命令著。兩個女孩就緊緊趴在地上，手抱著頭，屏住呼吸，等著風暴過去。她們聽到外面有呼呼的什麼東西在移動的聲音，也許那就是所謂滑動的沙丘了。不一會兒，一切又都沉寂了。

她們從窗戶那裏往外看，那裏什麼都看不見，因為都被沙土給堵住了。

她們去開帳篷的門，可是門也被堵得死死的，根本沒有辦法打開。

「天哪，我們大約被堵在兩個大沙丘之間了！」安靈害怕地叫起來。

「也許這正是我們沒有被風暴刮跑的原因呢！」妹妹說，「什麼事情都有它的兩面性，不是嗎？」

兩個人每人拿了一隻鋁製的飯盒，跪在地上，一點點挖帳篷邊緣的泥土，然後，將挖出的土堆在帳篷裏。她們挖得滿頭大汗，手和膝蓋都磨出血泡了，嘴裏眼裏鼻子裏都是塵土，她們還是咬牙堅持挖。到黃昏的時候，帳篷裏已經堆起了一堆高高的沙堆，都快高到帳篷頂上了。

好不容易，帳篷的門可以勉強打開了。兩個女孩往外面一看，我的天！本來已經變得熟悉的沙漠突然變得面目全非起來，溝溝壑壑的沙地彷彿被巨大的機器給鏟平了，到處是一片漫漫無邊的

昏黃平坦。一些本來就在附近的植物也不見了，白天她們看到的那個乾河床不見了，大概早就被沙子填平了。那些就在不遠處的沙丘也消失得無影無蹤。天地渾然相接，別說東南西北，就是哪裡是天，哪裡是地，都有些難以確定了。

「你看，安念，」安靈久久地凝神看著天空，「也許天和地本來就是連在一起的？」

「那人的位置在哪裡呢？」

「人在宇宙裏渺小得可憐，就像一顆沙塵一樣。」

「那人既然這麼渺小，它生存的意義是什麼呢？」

「也許就是為了發動一場沙暴吧。至少，沙暴過後還留下點痕跡。」

兩個人默默盯著遠方看著。不一會兒，安靈看到妹妹痛苦地皺了皺眉頭蹲在了地上，看樣子她的頭疼又發作了。

「你沒有關係吧，安念？是不是挖沙挖得太累了？」她憂戚地看著她。

安念掙扎著坐起來。「我一點問題都沒有，出了沙漠，找點草藥吃吃就會好多了。哦，安靈，拜託，你到我背包裏將我的水瓶拿出來吧，我好想喝一點。」

安靈進了帳篷，小心地拿出妹妹的水瓶，她嚇了一跳，裏面除了半瓶水以外，其餘都是空空的塑膠瓶！她猶豫了一下，將自己好不容易省下來的兩瓶水悄悄放了一瓶在妹妹的包裹。

儘管沙漠上面的夜空讓安靈感到冷，但她額上豆大的汗水不由自主掉了下來。她低頭瞥一眼頸子上的水晶吊墜，不禁輕聲祈禱起來：「噢，母親，請給我們一點力量，幫助我們快快走出這可怕的荒漠吧。」

＊　＊　＊　＊　＊　＊　＊

那天下午，天照樣熱得難受極了，不過好在有些輕風。兩個女孩那時每人都只剩下了半瓶水。這些天來，她們儘量減少水的消耗，可是，無論如何省著喝，水還是一滴滴在減少。這省下來的半瓶水，只要一分鐘，乾渴的她們就可以將它一飲而盡。

兩個人為了省力，都儘量閉眼養神不說話，其實各人都在想著心思。尤其是安靈。盯著那茫茫的看不到邊際的沙漠，彷彿看到死神的陰影在一步步逼近了。喜歡嘮叨不休的安念也難得地沉默起來，連心愛的笛子都不想吹了。她從哪裡聽說口裏含著一顆小石頭可以讓人增加唾液，她就白天黑夜不停地吸吮著那小石頭。

突然間，妹妹坐起來，豎起耳朵，示意姐姐注意聽。「我好像聽到一聲狗叫。」

「不會是鬣狗吧？」安靈立即緊張起來。

「好像沒有聽說過沙漠裏有鬣狗。」

「如果沒有，那肯定就是你的幻覺在作祟了。」

「那也不一定，沙漠裏有商隊通過並不是稀奇的事，他們一般都騎著駱駝，帶著足夠的水。我們可以找他們買一點。」

兩人爬出帳篷看個究竟。那時已經差不多是太陽西下的時候了，只是空氣還是很熱。她們極目四望，只見風吹過後的沙漠使遠方顯得更加模糊起來。除了參差不齊的一些灌木叢和毫無生機的沙土和低矮的山丘，眼前一無所有。

天黑了，溫度驟然降下來，她們又背著行囊動身了。可是，這一次，兩個人的意見又不統一了，安念堅持要往東邊走，她說狗的叫聲似乎就是從那邊傳來的。有狗就有人，她們應該去試試運氣。

安靈卻堅持要往北邊走，原因很簡單，她們要去的國都在正北邊。兩點之間直線最短。

「可是到達目的地的路並不見得都是一條筆直的路。有時候彎一下路也是有必要的。」安念橫蠻地堅持著她的意見。

「除非有絕對的必要我們才會繞路走。你知道，我們幾乎沒有什麼水了，沒有必要地浪費時間可能導致什麼結果？」

「只要有一絲希望，我們就應該試試。這樣毫無希望地走下去，結果也不會太好。」

「你肯定嗎？」

「我不肯定，可是，我覺得我們應該試一試。」

於是兩個人就朝東走。天上依然是一條橫貫夜空的長河。她們默默走著，誰也不說話，兩個人都因為乾渴和疲倦變得懶洋洋的，在銀色的夜空下拖著沉重機械的腳步。

「你看，安念，那是什麼東西？」安靈突然停住腳步，指著前面不遠處的一堆石頭給妹妹看。

安念鼓起大大的眼睛，橫豎看不清楚。

「哎呀，那裏有好多好多堆起來的大石頭，看上去就像是一個城堡一樣。你還看不見嗎？」

「噢，我現在可以看到一個隱隱約約的輪廓了，真的很像一個城堡的樣子呢。」

「沙漠裏可能有城堡嗎？不會是海市蜃樓吧。」安靈迷惑地看著她。

「是海市蜃樓也不會晚上出現吧？管它呢，我們去看個究竟好了，無論如何，沙漠裏不會有無緣無故的城堡。」安念果敢地說。

「真的還要往前走嗎？」安靈臉上帶著緊張的神色。

「既然來了，不進去看看才傻呢。」

兩個人站到了那堆高高的石頭前。那是一堆巨大的棱角分明

的岩石，堆得像山一樣高，它們不聲不響冷冷清清立在那裏，上面佈滿沙塵。有些大石頭已經裂開了縫隙，那些縫隙在黑夜裏就像無數怪物的眼睛盯著她們，充滿了森嚴詭密的氣氛。其實說這堆大石頭是城堡也不過分，因為石碓本身就像房子一樣架空，它的正中間還有一個小小的入口，人可以貓腰爬進去。

「進去看看吧。」安念說。

安靈在門口左右張望了一下，然後遲疑著跟著她爬進去了。

裏面陰森森的，相當冷而黑。兩人打亮了手電筒躡手躡腳往前走。石洞也許並非嚴實，風從縫隙裏面擠進來，「嘘嘶……嘘嘶……」它發出一個奇怪而令人畏懼的聲音。安靈看到妹妹的長髮被風揚了起來，在黑暗中形成一個古怪的形狀。她的眉毛緊皺著，心噗噗跳個不停。

安念定住不動，不停地吸鼻子，好像試圖在用鼻子判別什麼。安靈戰戰兢兢跟在她後面，她臉上畏縮的表情好像是隨時做好了要轉身逃跑的準備。

哐鐺！周圍好像有什麼響聲，安靈的心猛然跳了一下，手按住喉嚨，她覺得連氣都不會喘了。安念卻很冷靜。她的眼睛在黑暗裏像貓一樣閃著光。她用手電筒照視了一下周圍。周遭寂寂，一個人都沒有，連一隻夜蟲的聲音都沒有聽見。

突然，安念的眉毛高高挑了起來，她停住腳步，轉過身，示意姐姐也停下來。

「安靈，這裏好像有個什麼東西？」

「什麼？」安靈含糊地問，她一心只想快點逃離。

安念在黑暗中眨眨眼睛，然後，她蹲了下去，在面前的一個什麼東西上面輕輕敲了敲。那聲音像是金屬或者瓷器發出來的，清脆極了。

「哎呀，安靈，不得了，我們這裏有一個大水罐！」

「裏面有水嗎？」安靈趕緊將手電筒捻得更大一點兒。

滿滿一罐子水在她們的手電筒下發著誘人的光芒。

「啊！」安靈轉過身，怔怔地看著妹妹，「你是女巫嗎，你怎麼知道這裏有一罐子水在等著我們？」

安念拿了她的空瓶子，舀了一瓶水，一仰脖子就要咕嘟都喝下去。安靈及時抓住了她的手。

「等等。這水來得太蹊蹺了，別忘了，我們現在是在沙漠裏。你肯定這水是可以喝的嗎？」

安念手一抖，水差點撒了出來。

「我讀過一個故事，說古時候有個國王，城堡裏專門放了一罐子毒水，誰不聽話就給誰喝一勺子。」

安念聽了姐姐的話，猶豫了一下，然後舔舔乾渴的嘴唇，露出橫下一條心的樣子，「咳，我喉嚨都乾得裂開了。管他三七二十一，毒藥也好不是毒藥也好，總比渴死強。」

安靈仍然拉住她，堅決地說：「那麼我先喝。」

「爲什麼要你先喝？」妹妹瞪著不解的眼睛看著她。

「萬一有什麼問題……」

「噢，萬一你有什麼問題，跟我有什麼問題，還不是一樣嗎？」

「我先喝。」

「不，我先。」

「我們不要爭了。我們倆一起喊一、二、三，到三的時候兩人同時開始喝，好不好？」安念最後妥協道。

「如果我們都死了呢？」安靈憂心忡忡看著妹妹。

「那我們也不會孤單單，至少還可以見到爸爸媽媽和爺爺奶

奶。」

　　於是，兩個女孩每人咕嘟嘟一口氣將一瓶子水一飲而盡。然後，兩個人你看我，我看你，似乎在等著看對方有沒有什麼特別的變化。很久過去了，黑暗中，除了她們比平常更響的心跳聲，什麼也沒有。肚子倒是沉甸甸，時不時咕隆一聲，因爲裏面裝滿了水。除此以外，倒並沒有什麼異常的反應。

　　「我現在真的開始相信上帝了。」安靈一邊灌滿所有的水壺，一邊快樂地說。她將兩個人帶的大部分水瓶子都灌滿了，罐底還剩下一些水。她拿著剩下的兩個空水瓶，說：「算了，還是留點給別人吧，萬一有人跟我們一樣也渴得快死了呢？」

　　「你說的對，還記得那個少年說過的嗎，凡是享受好運氣的時候，都要留一點給後面來的人，否則好運氣就不會常常有了？」

　　「噢，你總是記得那個少年。」

　　安念不做聲了，安靈猜妹妹的臉紅了，不過她現在不想去取笑她。兩個人在黑暗中坐了一會兒，安念首先開口了，「可是，安靈，真的有上帝嗎？難道他還會管我們有沒有水喝嗎？」

　　「那當然，你不記得那個修女的祈禱了嗎？就算我在異鄉遠行，迷失了方向，我也將毫無懼心，因爲我知道，你永遠不會，讓我獨自面對任何苦難？」

　　「我也記得她說的 —— 我希望我的每一個思想，每一句話語，每一個眼神，我所做的每一件事，都是爲了你的意願。安靈，你覺得我們這樣做了嗎？」

　　「唔，」安靈的臉在黑暗中燒起來，「我們沒有。至少不是每一句話語，因爲我們常常拌嘴吵架。」

　　「我們以後再也不要吵架了，好不好。」

　　兩姐妹眼中噙著淚花擁抱在一起。不一會兒，安念又驚叫起

來：「可是，安靈，這些水清澈得很，不像是沙地裏來的。一定是誰帶來的。你看這裏還有個很大的腳印呢。」

「是人的還是動物的？」

「很大，也有些模糊，應該是人的。」

「上帝不見得就沒有腳印。」

兩人走出城堡，想看看外面的沙地上有沒有別的腳印。可是，也許因爲今天的大風，將本該落下的痕跡都覆蓋住了。夜空的閃閃繁星下，除了她們剛才留下的兩排腳印外，什麼都沒有。兩個人幾乎是同時刻朝那璀璨的星群看了一眼，似乎在說謝謝。

＊　＊　＊　＊　＊　＊　＊

她們在沙漠裏跋涉而行，已經數日數夜了。如果不是那古堡裏那一罐子奇怪的水讓她們絕處逢生，兩個女孩應該早就倒下去了。

終於，這一、兩天，她們所經過的地方，沙子看上去也沒有那麼乾燥了，空氣漸漸變得濕潤起來。用安念的話來說，可以聞到水的味道了。

這天中午她們坐在帳篷裏等候天黑的時候，她們看到遠處有什麼東西正慢悠悠地朝她們的帳篷移過來。等它走近了，她們才看清是一輛有遮蓬的驢車。兩姐妹不由得興奮地抱著跳了起來。「啊，人！終於有人來了！」兩個人又叫又笑。

「看樣子，我們很快就要接近有人的地方了。我現在終於知道什麼叫死裏逃生了。」安靈感慨不已。

「人大概是沙漠裏最美麗的風景了，如果人也算風景的話。」安念笑著說。

那驢車非常醒目，驢脖子上戴著黃白色的漂亮大頸圈，它的

後面還掛了一面黃白兩面旗，旗子正因為風而像陀螺一樣地轉著，上面飄著幾個巨大的字：史無前例扁球賽！

　　驢車在她們面前停了下來。只見騎車的是一個中年女人，車廂裏則坐了一群活潑天真的小孩子，其中一個還是一個穿著粉紅色肚兜的小不點。孩子們無論大小每個人都戴著一頂黃白兩色紙做的高帽子，帽子上也寫著不同的加油比賽的標語。孩子們全都睜著大大的眼睛好奇地看著兩個女孩。尤其是那個小女孩，粉嘟嘟的小手在兩個女孩的身上摸來摸去，好像要證明她們是不是真的一樣。

　　騎馬的人嘴裏還悠閒地含著一棵草。陽光照在她的驢上，就像童話裏提到的過的火驢一樣。驢車人朝女孩們愉快地笑了。

　　「天和國的國都還有多遠？」她們問。

　　「哦，不遠了，不遠了，很快就到了。」

　　這似乎是這個國家的人的習慣，他們對於數字沒有太多概念。每次問他們距離，休想得到一個具體的數字。

　　「今天傍晚可以到嗎？」安靈堅持要知道一個大概。

　　「唔，明天早上大概可以到了。你們要搭便車嗎？」她熱心地問。

　　「你們也要去國都嗎？」

　　「是的，凡是往這邊走的人，都是去同一個方向的呀。你們看樣子是外地來的，不知道我們這裏即將舉行每年一次的大型扁球比賽嗎？」趕驢車的人驚訝起來。

　　兩個女孩跳上驢車。孩子們都自動擠在一起，給她們和行李讓出位置來。

　　「這都是你的孩子嗎？」安念問。

　　「噢，不，他們大多數是我們村裏的孩子，只有那個戴著粉

紅肚兜的是我的。我們一起走比較省力。其他孩子的爸爸媽媽們早已經在前面開路了。」

「可是我們並沒有看到有人通過啊。」安念驚奇地說。

「噢，他們走的是另外一條平路，比這快多了。孩子們想看看沙漠，我才帶他們繞道經過這裏。」

「啊，到國都還可以抄另外一條近路？」

「嗯。」

兩個女孩後悔死了。早知道有更容易的路可走，爲什麼還要到這裏來冒險呢？「真是白費勁啊，原來我們根本就不用穿越沙漠！」兩個女孩禁不住長吁短歎。

「世界上沒有任何事情是白費勁的。走平地有走平地的理由；走沙漠的有走沙漠的理由。」婦人用有些神秘的語氣說。

兩個女孩子有些聽不懂女人的意思，只見幾個孩子卻在一旁目不轉睛地看著她們，似乎在好容易忍著才不笑出聲來。兩個女孩這才注意到，他們一定在笑她們又髒又臭，因爲她們從上都下都佈滿了灰塵，看上去實在可笑極了。

「不要擔心，咱們傍晚就要進入國都郊區了，那裏有個小湖，我們待會兒從湖邊經過，你們進去洗一洗就好了。」女人體貼地建議道。

那天傍晚，他們果然到了一個小樹林邊的湖邊了。幾個孩子帽子一扔紛紛跳下了水。儘管是個小湖，兩個女孩好久沒有看見這麼大面積的水了，她們有些不相信似地，呆呆站在樹林邊眺望湖水。她們看到，輕輕的一陣細風吹過來，立即湖面上便有好多細細的波紋在閃。湖上面的雲也彷彿被這溫柔的風給吹散了，絲絲縷縷地，像一把大扇子一樣地散著。黃昏時周遭寂寂，鳥兒也許都回巢了，從國都方向那邊偶然有幾束漏過來的光線，淡淡地

傾瀉在湖面上。啊，這平靜的湖，跟她們這些天來苦苦搏鬥的沙漠是多麼不一樣的面貌啊，她們忽然有一種恍然的不真切的感覺。

　　兩個女孩在湖邊先狠狠地將久渴的肚子灌飽了。真是久旱逢甘露，她們覺得從來沒有喝過這麼甘美的水了。暢快無比地喝飽了水，她們才跳進去盡情地洗起來，跟那群孩子們玩著水裏的遊戲。孩子們上岸好久了，她們還不肯上去。婦人趁她們不注意的時候，將她們拋在湖灘上的衣服偷偷洗了拿到樹梢上晾起來了。

＊　＊　＊　＊　＊　＊　＊

　　第二天，兩個女孩跟著驢車進城了。從郊區通往城中心的路上，她們看到不少路人，他們都穿得乾乾淨淨整整齊齊，好像去趕一個什麼重要的集會。有的徒步而行，有的騎馬，有的騎車。車好像是咕嚕國的自行車，不過是木頭制的罷了。自行車上都裝著一串響鈴，車沒到，老遠就聽到叮叮噹噹的鈴聲了。無論是走路的、騎車的，身上、車上都多多少少有一些醒目的為比賽加油的標誌。

　　兩個女孩第一次在天和國看到這麼多人，她們忍不住瞪大了好奇的眼睛看著從身邊經過的每一個人。只見一個母親抱著一個嬰孩，孩子的頭上纏著黃白色的花環，小手在母親的臉上摩挲著。旁邊是一個小女孩拉著她父親。他們一家四口從他們的驢車身邊安靜地走過。女孩的頭髮很長，似乎都快拖到地上了。她的耳朵上吊著兩個碩大的用黃色和白色草和珠子編成的耳環，走起路來，耳環比人還動得厲害。

　　不久，又有一個中年婦女走過來。等她走近了，她們才看到她的身上斜斜地背著一把看上去像是小提琴一樣的樂器，只是琴好像只有兩根弦，而且上面還飄著一面黃白色的小旗。她走得氣

宇宣昂旁若無人，一面走，還一面輕輕撥弄著她的琴。她的琴聲是柔和而低沉的，她的眼睛看著鼻尖，臉上是沉醉在音樂中的樣子。她走到驢車跟前，露出被嚇了一跳的樣子。車上的人做了一個抱歉的手勢，笑著看著她走過去了。

　　然後，又有一群笑笑鬧鬧的少男少女們嘰嘰喳喳快步走過來。他們每個人腰間都繫著一條長長的用黃色和白色的樹葉做成的腰帶。他們蹦蹦跳跳走的時候，那腰帶就在後面優美地飄著。中間有一個人是敲鼓的，他背對著同伴，時而擊鼓，時而舉著他的黃白手套，指揮隊友們唱歌。他們唱的歌很像咕嚕國慣有的那個「Ole」曲調，不過詞卻是不同的：

　　嘿，

　　加油，加油

　　我們全加油，

　　你加油，我也加油

　　我們天天加油。

　　嘿！

　　有一個男孩的嗓子有些尖細，而且唱的時候總比其他的人要慢一拍。大家唱完了，他還在尖聲唱著「嘿」這個字，大家都善意地笑了。兩個坐在驢車上的女孩也笑了。

　　接下來，小道變得寬敞了，路邊不知什麼時候突然冒出了不少五光十色的店鋪，變成一條欣欣向榮的街道了。

　　城市位於一個低谷上，一條白帶似的河流就在城的正中央，將它一分為二。站在城市的每一個角落裏抬頭眺望，都可以看到那條蜿蜒的河。城市裏面的街道左一條，右一條，由彎彎曲曲鋪著青石板的小胡同連起來。

　　兩個女孩一進城門，就被那熱烈的氣氛給吸引住了。到處是

歡聲笑語人聲鼎沸，一串串彩色的氣球在客棧、餐館、商店、房屋上高高飄揚。兩個女孩乾脆跳下驢車，跟在它後面走，左邊看一下，右邊看一下，只覺得脖子都看歪了，眼睛都看花了。

　　街邊住戶的窗戶裏面不斷傳出來唱歌聲、歡笑聲。兩個女孩注意到這裏的房子看上去都是木製的，既小巧玲瓏又典雅莊重，就像她們曾在童話裏讀過的一樣。幾乎每家房頂上都有一個風車，看樣子這裏是用風力發電的。房前屋後是璀璨迷人的花朵與陽光照耀著的青翠的草地。有一種淡藍色的樹是屋籬笆前最常見的植物，也不知叫什麼名字，顏色溫和、形態雅緻，聞起來有一股幽幽的清香。

　　天氣還是有些熱，安靈將自己的遮陽帽從包裹取出來戴上。妹妹則不肯戴帽子，她有一把小巧的遮陽傘。天和國的人大概不大習慣用傘，尤其很少用傘來遮陽。當他們看見一個遠途來的女孩砰的一聲將傘撐出來，宛如她頭頂上的天空綻開了一朵彩色的雲，他們忍不住睜大了羨慕的眼睛。有的小孩子躲在自家的門檻旁，向兩個異鄉來的女孩探頭探腦地張望。有一個小女孩歪著腦袋，手裏高高舉著一塊餅，嘴微微張開著，她對路過的她們充滿了毫不掩飾的好奇，連那餅都忘記咬下去了。

　　安念高高地撐著她的傘，頭髮鬆鬆垮垮地拖在露著背脊的上衣後，儀態大方自然，根本不在乎有多少人注視她。她常常放慢了腳步，瞪大眼睛去追尋街邊有趣的場景和人物。她的視力不好，看東西時的表情總是有些誇張，別人覺得好笑，但她毫不在意，時不時以爽朗的笑聲去回應別人給她的招呼和熱情，有時還停下來摸一摸婦女懷中小孩子的軟軟的頭髮。對安念來說，被人重視比被人忽視，要有意思得多了。安靈則不大適應陌生的環境，一下子面對這麼多陌生的面孔，她覺得有些惶惶然。她走路的時候，

低著頭，儘量不去看別人的眼睛，像風一樣走得悄然無聲。

　　她們經過一個公園，看到在公園的盡頭，有兩個小男孩正在草地上的秋千邊上玩耍，每人各披了一塊長長的被單作爲披風，一會兒翻筋斗一會兒嬉戲追逐，似乎在很認真地扮演什麼角色。他們的笑聲傳到女孩們的耳裏，顯得格外的無憂無慮。

　　她們緊跟著的驢車突然停下來。原來趕驢車的人遇見熟人了。那是一對正在自己漂亮的花園裏勞動的年輕夫婦。

　　「去看球賽嗎？」

　　「噢，是的，」驢車主人說，「你們不去看嗎？」

　　「我們將這些花料理完了就去，球賽不是要今天下午才開始嗎？」年輕女人抬眼看了一下天，「現在還早呢。這裏有些剛摘下來的紅莓和綠莓，孩子們要不要下來吃一點？」

　　「唔，這些莓子真好吃啊，想不到這麼小小的果子還這麼甜。」安靈禁不住讚美道。

　　「你們是遠方來的嗎？」年輕的夫婦感興趣地看著兩個女孩，那個年輕女人的臉上掛著跟花一樣可愛的笑容。

　　「我們是咕嚕國來的，你們在做什麼？種花嗎？」安念大口大口地吃著香甜的果子，一邊問。

　　「啊，是的，」年輕男人說，「我們在種花。」

　　「可是夏天都快過了。」

　　「夏天有夏天要種的花。不同的季節種不同的花。」

　　「我們在咕嚕國的家也有一個花園，裏面有花也有好多草藥。我們將草藥賣給別人，花卻只是用來觀賞的。」

　　「是的，種花是最好的修身養性，」那個男的說，「它們總是那樣靜靜地開。」

　　「你們見過太陽草嗎？」安念冷不防問。

　　「太陽草？」驚訝的表情從年輕夫婦臉上掠過。那個男的說，「哦，那倒是沒有見過，只知道它長在高山雪峰上，我認識的一些朋友好像是見過它的。」

　　「他們看到它沒有吃掉它嗎，要是在咕嚕國，早就被人吃掉了！」安念禁不住輕輕舒一口氣。

　　「為什麼要吃它呢？」女的微笑著看著她。

　　「它的珠子不是可以讓人長生不老嗎？」

　　「為什麼要吃草的種子才可以長生不老呢？人本來就是長生不老的呀！」年輕婦人大概覺得好笑，她指著頭頂上的太陽給她們看，「你說傍晚時分那太陽落下去後，第二天又升起來了，那它今天是死了還是明天活了呢？」

　　「應該都沒有。書上不是說太陽永遠就是同一個太陽嗎？」安靈看見妹妹在思考，就幫她作答。

　　「人不也一樣嗎？你們看，這裏的種子，有的現在已經開花結果了，有的還要等到秋天、甚至明年。成熟了的果子，掉到地上腐爛了，明年還會再長出來，你說，它現在是死了嗎？」

　　「它當然沒有死。爺爺說過的，只要種子還在，植物就沒有死。」安念說。

　　「人不是一樣嗎？」女人安靜地看著兩個女孩。

　　「人不一樣，人沒有種子。」安念表情有些矛盾地囁嚅著。

　　「你怎麼知道沒有呢？」女人帶著促狹的眼光饒有興趣地看著她。

　　就在這時，孩子們已經吃飽了莓子紛紛跳上驢車準備上路了。

　　「謝謝，再見！」兩個女孩朝年輕夫婦揮手。

　　「再見！」他們也揮著手，目送著驢車離去的方向。

＊　＊　＊　＊　＊　＊　＊　＊

　　比賽在巨大的露天草坪上展開。而且任何人可以免費觀看。兩個女孩跟著趕驢車的人和孩子們一踏入賽場的附近，就被那熱烈奔放震撼人心的氣氛給吸引住了。只見大多數人已經比他們先到了，草地上到處都是人席地而坐。有的面前擺著野營的食物。有的人則擎著巨大的表示歡迎的橫幅或旗幟。還有的年輕的男孩、女孩們站成了整齊的兩列，女的穿著白色的短衣裙，手裏都拿著鮮花，男的穿著黃色短衣短褲，每個人腰裏掛著一面小鼓。他們應該是這一天的啦啦隊了。

　　比賽開始之前，氣氛就已經相當高昂了。每一個人的臉上都充滿了欣喜和期待。尤其是小孩子們，幾乎每個人都帶著黃白兩色帽子，臉上是按捺不住的興奮，他們在那裏大聲笑著、跳著，好像在迫不及待地期盼著這一激動人心的一刻馬上到來。

　　兩個遠方來的女孩在天和國徒步旅行好幾個月，這還是第一次看到這樣激動人心規模壯大的場面。趕驢車的人帶著她們和孩子們加入了草地斜坡上的一圈人。那肯定是等候已久的孩子們的父母們了。

　　球賽眼看就要開始了，兩個啦啦隊之間開始進行拉歌比賽。所有的目光都投向了他們。啊，在那一片熱火朝天的氣氛中，這些年輕的男孩子女孩子們顯得多麼興高采烈意氣風發啊。滿場都是熱情奔放的笑聲。

　　「白隊白隊，來一個，來一個！一二三四五，我們等得好辛苦！」

　　「黃隊黃隊，一二三四五六七，我們等得好焦急！」他們一邊唱歌一邊跳舞、擊鼓，眾人合著鼓的節拍也唱的唱，跳的跳起來。

　　然後，喇叭裏開始放扣人心玄的比賽進行曲，所有觀眾全體

起立，跟著雄壯的曲調齊聲哼唱，肅穆的表情跟剛才瘋狂的熱情
有著明顯對比，令人忍俊不禁。樂曲一放完，只見一白一黃兩個
隊伍突然小跑著進了草地的最中央。他們當即成了眾人注目的焦
點。女孩們驚奇地發現，每個隊伍中既有男的也有女的，既有十
八、九歲模樣的青年人，也有看上去大約有五六十歲左右的年齡
偏大的人。雖然年齡大小差異明顯，但個個都磨掌擦拳、生龍活
虎的樣子。兩個女孩算了算，每個隊伍十一個人，加上一個守門
員，一共是十二個。她們找了很久，也沒有看到裁判。

　　黃隊的球員中有一個身材特別高大健壯的男孩，頭髮又長又
捲，亂蓬蓬拖在腦後。他進場的時候，先旋風般地一展身手表演
了一番武術。觀眾們熱烈歡呼起來。黃隊的啦啦隊們也抓住時機
鳴鼓奏樂。白隊的隊員也不甘示弱，只見一個身材嬌小脖子上戴
著一串白花的女運動員面對大家鞠了一躬，然後她跟著幾個同伴
信心十足地表演起雜技來，幾個人托著另外一個，紋絲不動站著，
上面的那個則在她們的頭上、肩上跳來跳去，翩翩起舞。觀眾再
次給她們瘋狂的掌聲，白隊的女孩們也奏起令人興奮的樂曲，將
鮮花在高空拋來拋去，看得人眼花撩亂。

　　「我支持黃隊。」安念這樣表明她的立場，因為她覺得那個
捲髮的男孩看上去酷極了。

　　安靈當然只好支持白隊了。

　　歡呼聲如雷貫耳，兩個女孩身臨其境，熱情就像火焰一樣高
漲起來。她們也像其他觀眾一樣，尖聲喊著加油。有些帶了樂器
來的人，開始撥弄著他們的樂器，其他觀眾則附和著音樂大聲唱
起「加油」的歌曲：

　　嘿，

　　加油，加油

我們全加油，

你加油，我也加油

我們天天加油。

嘿！

那最後的一聲「嘿」，簡直是驚天動地。然後，不知從哪裡傳來一聲哨響，球賽正式宣告開始了。女孩們看清楚了，這個球賽有點類似咕嚕國的橄欖球賽和足球賽合二為一，因為他們的球既可以用腳踢也可以用手接。而且球形有些扁扁的，怪不得他們稱它為「扁球」了。

黃隊頻頻進攻，白隊打得比較保守一點，很快黃隊就進了一個球了，就是那個捲髮男孩進的。但白隊毫不畏懼，步步逼上。歡呼聲震耳欲聾，啦啦隊也載歌載舞顯得熱情無比。到處是笑語喧嘩，歡呼聲、加油聲、鼓掌聲，轟轟隆隆，一浪高過一浪，如海浪，如鼓擊，如雷鳴，如千軍萬馬排山倒海。兩個女孩以前也是球迷。尤其是安念，對比賽的各種規則，可以說是瞭若指掌。可是，天和國的「扁球」比賽，她看了大半天，也沒有看出個所以然出來。雙方不斷在射門、進門，可是哪裡都沒有看到裁判，也沒有看到亮分牌。也沒有看到哪個隊員犯規被罰下場。到底哪個球隊領先或者落後都丈二和尚摸不著頭腦。那些熱情高漲的觀眾們似乎在為每一個隊加油，也不知道他們到底是哪個隊的球迷們。

又是一聲口哨。原來球賽到半場，要互換場地了。根據安念的計算，那時黃隊應該領先兩分。熱情高漲的觀眾們再一次彈的彈琴，唱歌的唱歌，跳舞的跳舞。安念也將自己的笛子拿出來，伴隨著大家的節奏，吹起「加油」的曲子。連文靜的安靈也忍不住跟著大家振臂狂呼：嘿！嘿！嘿！

　　哨聲再響，兩個球隊又準備繼續比賽。兩個女孩驚異地發現，兩個隊伍的人互換了一部分，那個黃隊的捲髮男孩現在卻穿上了白隊的球衣，而那個脖子上戴白花的女孩卻穿了黃隊的球衣。她們看看觀眾席上，大家都興奮依然，並沒有覺得有什麼不妥的地方。

　　比賽又開始了。兩個隊都力爭上游毫不退縮。現在輪到兩個女孩面面相覷，都不知道到底要支持哪個隊了。

　　安念為了表示對她的偶像堅貞不渝，說，「我現在得支持白隊了。」安靈只好又換成支持黃隊。

　　很快黃隊遙遙領先，輪到白隊奮起直追了。觀眾和啦啦隊們的氣勢越來越大，掌聲如雷，震耳欲聾。

　　又是一聲口哨。隊員們就地休息。比賽再開始的時候，兩個女孩再次驚異地發現，雙方的陣容又有些變化。又有幾個隊員臨時換了敵方的球衣，變成那個隊的球員了。那個捲髮的男孩又回到了黃隊中。兩個女孩搖著頭歎氣，現在她們真的不知道該支持哪方好了。

　　根據兩個女孩的計算，黃隊依然領先。白隊配合默契，決心要揚眉吐氣奪回勝利，黃隊則緊緊防衛，毫不放鬆警惕。兩個女孩看得津津有味，眼睛大大地睜著，生怕錯過了任何有趣的地方。安念依然偏向那個捲髮男孩的隊伍，她的手攥得緊緊的，裏面全是汗。安靈的心也彷彿在興奮中燃燒著。

　　白隊雖然略居下風，可是隊員們都臨陣不危。哨響後，捲髮男孩再次又回到了白隊中。白隊中幾個年紀大的人有條不紊地傳球，而那個捲髮男孩則在球門一側繞著圈，他一會兒跑，一會兒停下來堵住對方的進攻，然後，突然！他以迅雷不及的攻勢幫著白隊進了一個球。可是，黃隊越戰越勇，他們很快也進了一個球。

最後那個戴著白花的嬌小女孩，在黃隊隊員們的掩護下，也措手不及地進了一個球。所有的觀眾都站起來，瘋狂地歡呼起來。

　　哨聲再響，一場令人激動無比的比賽，就在數萬人鋪天蓋地的歡呼喝彩中結束了，所有的孩子都雀躍起來，將自己的帽子拋上空中，然後在空中隨便接起一個戴上。也有的人將花環、彩旗、氣球拋向空中。那一時刻，空中到處是一片喜氣洋洋的黃色和白色。

　　「啊，多麼好，我的球隊贏了！黃隊贏了！」安靈驚喜不已地跳起來。

　　「別忘了，是我首先支持黃隊的噢。」安念特意提醒她。

　　「那不算，後來你改成白隊了。」

　　「說來說去，還是白隊贏了，因為黃隊有幾個球本來就是白隊隊員幫忙進的。」

　　「那誰叫他們換的？當然最後誰贏了，誰算。黃隊最後贏了。」

　　「白隊贏了。」

　　「是黃隊。」

　　「不，是白隊。」

　　兩個女孩誰也無法說服誰。「多麼令人難忘的球賽啊！」她們餘興未盡準備起身的時候，聽到身邊有好多人在發著感慨。所有的人嘴上都掛著喜悅的笑，眼裏掛著晶瑩的淚珠，依依不捨地離開賽場。

　　「到底誰贏了？」女孩們問趕驢車的婦人。

　　「噢，我們都贏了。」她驕傲無比地答。

　　「那麼誰輸了？」

　　「他們誰也沒有輸。」

　　兩個女孩納悶地面面相覷。

　　「這個比賽沒有裁判嗎?」

　　「裁判?裁判是什麼」這一下輪到她們的同伴奇怪了。

　　「再也沒有比這奇怪的國家,更奇怪的比賽了。」兩個女孩搖著頭這樣想。那天等周圍的人一散而空的時候,天色就已經晚了。兩個女孩跟著趕驢車的一行就在剛才比賽的草地上紮營就宿。本來熱鬧無比的球場現在變得寂靜無聲了。女孩們帶著微笑,在天和國的國都度過讓人百思不得其解但又終生難忘的第一個傍晚。

　　　　　＊　　＊　　＊　　＊　　＊　　＊　　＊

　　第二天一早,兩個女孩就跟趕驢車的一家分手了。臨別的時候,那個穿著粉紅色肚兜的小女孩奶聲奶氣地問母親:「媽媽,媽媽,她們不跟我們去外婆家嗎?」

　　她的母親溫柔地笑了:「噢,孩子,我們有我們的去處,她們也有她們的去處啊。」

　　小女孩從驢車上側下身,緊緊抱了一下兩個女孩。

　　「再見!」

　　「再見,祝你們好運!」

　　兩個女孩現在又是孤獨的了。她們在這個古城裏信步閒逛著。走了不久,兩個人在一個掛著銀行招牌的矮小建築物前停下來。她們身上帶著一些現金。可是,她們一路上在天和國的開銷比她們預先估計的要小多了。到目前為止,她們幾乎還沒有花過什麼錢。既然不需要用那麼多錢就不必要將它們沉甸甸地帶在身上。她們決定到銀行去存掉一部分款。

　　這是一個外表看起來普通得不能再普通的建築物。女孩們帶

些納悶走進去，只見裏面有一個很普通的櫃檯，後面坐著一男一女兩個雇員。兩個女孩奇怪這裏的設施如此簡陋，這跟她們在咕嚕國看到的可不一樣。在咕嚕國，銀行總是最漂亮、豪華的建築。她們四處張望了一下，也沒有看見有保安的影子。難道這個銀行會這麼大意嗎？

她們進去的時候，他們都在看著書。其中那個女的一看到兩個女孩進來了，馬上客氣地站起來打招呼。「你們好。」

「你們這個銀行舒服是舒服，就像坐在家裏一樣，」安念忍不住發表她的高論。「可是似乎什麼安全系統都沒有，難道你們不怕搶劫犯嗎？」安靈在後面拉拉她的衣裳，想提醒她在銀行最好不要提那些讓人忌諱的詞，可是，安念不管她的暗示已經咕噥開了。

「搶劫犯？」那個男雇員臉上展開了明朗的笑容，「我們歡迎他們，越多越好。你們是銀行搶劫犯嗎？」

兩個女孩猜他在開玩笑，也跟著笑了。

安念不想讓人家認為她太年輕，故意裝出老練的樣子，帶著挑剔的神情看著兩個店員：「我想問問，你們的安全系數怎麼樣？我們的東西存在這裏有保障嗎？」

「當然有保障，」兩個人齊聲說，「我們可以保證，你們存的東西會百分之百安全，而且百分之百升值。」

這好像好得有些過分了。兩個女孩猶疑起來。安靈有些後悔進門來了，想拉了妹妹趕緊出去，可是好奇的妹妹卻不肯馬上走。

「你們今天是想存還是想取呢？」那個女雇員打開她的記錄簿。

「是存。」安靈從袋子裏小心翼翼翻出她的錢包。

「太好了，那麼今天想存點什麼？」男店員笑容可掬地問。

「想要存什麼？當然是錢了。」安念脫口而出，她覺得他們問得太傻了。在銀行，除了錢還會存什麼？」

她們將厚厚一遝子鈔票遞過去。

這下輪到兩個店員大眼瞪小眼了。「存錢？爲什麼要存錢？而且這麼多錢！」

「你們不收咕嚕國的鈔票嗎？」兩個女孩驚訝地問。

「噢，你們是咕嚕國來的，」兩個店員恍然大悟了，「怪不得你們不知道，在我們天和國，銀行並不是存錢的地方。」

「啊，」兩個女孩迷惑地看著他們，「這裏不存錢存什麼？」

「可以存的東西多得很啊。」一絲微笑從兩個店員臉上閃過。

「比如說？」兩個女孩的眼睛瞪得圓圓的。

「比如說愛、友誼、智慧、勇氣、公正、理解、耐心、信心、尊重、希望等等。」

「啊，你們有沒有搞錯，這些東西還可以存？」安念不可置信地高高挑起眉毛，她的眼睛瞪得都快讓眼鏡掉下來了。

「當然可以存，而且可以有利息的呀。」女職員和善地說。

兩個女孩傻傻地站在那裏，臉上一臉茫然。片刻的沉默過後，安靈怯生生地試探性地問：「你們剛才說我們還可以存勇氣？」

「是的。」兩個職員齊聲肯定地答。

「那我……存一點好了。」安靈帶些遲疑的表情說。

「好的，這是你的銀行卡。我現在請你面對這張磁卡，全神貫注想著勇氣、勇氣、勇氣。想完了嗎？」

「嗯，想完了。」

「那好，這張磁卡剛才已經存下來你要存的勇氣了。它的背後有一個密碼，你需要提取它的時候，只要輕輕念一下這個密碼就可以自動提取了。」

「不需要去銀行提取嗎？」

「不需要。很方便是不是？」

「給我看看你的密碼是什麼？」好奇的安念準備將姐姐的卡拿過去研究一下，卻被那個男的阻止了。「這是有關隱私的問題，最好不要讓外人知道。」

「外人？」安念不服氣地叫起來，「她是我姐姐，我是她外人嗎？我們倆本來就有一個共同存摺，她的就是我的，我的就是她的。」

那個女雇員笑了起來，「哎喲，在我們這個銀行裏可沒有這樣的共同戶頭，要不是你的，要不是她的。每個人都得存自己的東西。你想存什麼呢？」

「那好吧，」安念若有所思，眼睛珠子骨碌碌一轉，「我的耐心不多，我想存一點給以後用，如果我現在將它存下來一點，你會給我多少利息呢？」

「那要看你存多久，存幾天利息當然少，存好幾年，當然會高很多。存的時間越長越好。只有會等待的人才會得到最多的報酬啊。」

在一旁沒有做聲的安靈忽然又想起一個問題，「雖然沒有共同存摺，那可不可以幫別人存一點什麼呢？比如說，」她的腦海中忽然閃現出船上的那個憂傷的詩人，「我想幫一個朋友存一點靈感，可以嗎？」

「當然可以。你想存多少就可以存多少。」

於是安靈在他們的注視下，對著原來的那張磁卡意念靈感就完成了整個手續。

「存完了，我怎麼送給他呢？」

「你先想像他沐浴在陽光下，然後，就像現在一樣，你輕聲

默念著『靈感』『靈感』『靈感』，想像它像金色的陽光顆粒一樣撒進他身上就可以了。」

「就這樣簡單？」她狐疑地看著他們。

「是的，就這樣簡單。」

兩個女孩收拾了東西，準備出門的時候，安念忽然又有問題要問，「這個銀行，也可以存別的東西嗎，比如說恨……」

那個女雇員的臉上變得有些嚴肅了，不過仍然帶著微笑：「可以的。任何跟我們剛才說的相反的思想都可以存，譬如恨、敵意、愚癡、怯懦、歧視、誤解、不耐、自卑、蔑視、絕望等等。」

「它們也有利息？」

「是的，它們也有利息。尤其是恨，跟愛一樣，利息最大。存到一定的限度，就不需要再存別的什麼了。」

兩個女孩子表示不明白。那個男的接著補充：「愛如果存得很多很多了，其他的思想，比如友誼、智慧、勇氣、公正、理解、耐心、信心、尊重、希望等等，都像海綿一樣被它吸收了，所以存不存都無所謂了。你想想，一個千萬富翁已經有了足夠的錢，再存一點小錢對於他來說，有很多意義嗎？」

兩個女孩表示同意他說的話。

「同樣如此，恨跟愛的力量一樣強大，只不過它就像熊熊燃燒的火焰一樣，它所到之處，可以燒掉一切其他跟它相左的東西，比如友誼、智慧、勇氣、公正、理解、耐心、信心、尊重、希望等等，在恨的烈焰下就會變得蕩然無存了。那跟恨的特性相統一的東西，比如敵意、愚癡、怯懦、歧視、誤解、不耐、自卑、蔑視、絕望等等，則像乾柴一樣讓它燒得更旺。」

安念擰起眉頭看著他們：「如果實在很討厭一個人，怎麼辦呢？」

「你恨誰嗎？」銀行職員很用心地看著她。

「恨誰呢？」安念撐起眉頭想了想，想了好久都沒想到一個合適的人。她恨班上的一個女生嗎？她曾經罵過她臭美、驕傲。不過，我有時候的確是有些驕傲的，另外這個女孩有時候也對我很好……她恨班上的一個男孩嗎？她曾經暗暗喜歡過他的，可是他後來又對另外一個女孩去獻殷勤了。我不喜歡他，但也不見得恨他呀。何況我並不是那麼在乎他。她恨數學老師嗎？可是，這樣想是不是有些不公平呢，畢竟，數學老師只不過對本宣科，要恨應該恨編書的人，他們爲什麼將書編得這麼難呢？不過，好像恨他們也不大對，他們又不給她們考試……那麼，我恨誰呢？

安念的腦海裏突然想起將母親掃地出門的外公。

「是的，我恨一個人。」她斷然說道。

「可是，你要知道噢，恨只會禁錮你的心，讓你變得不自由，因爲你的腦子會時時刻刻被它牽制了。」那個男的神色變得有些憂傷起來，「如果你實在討厭一個人，最好的辦法就是去愛他，因爲只有愛才可以抵消恨。如果實在做不到這一點，那麼，就暫時不去理他好了。因爲恨一個人最後得到傷害的是你自己，不是別人。」

「真的嗎？」安念用審視的目光看著他。

「我建議你，無論如何不要將恨存下來，因爲它就像滾雪球一樣，只會越滾越大。」那個女的也微笑著說。

兩個女孩拿了她們的磁卡，默默地走出了銀行的門。

＊　＊　＊　＊　＊　＊　＊

「快樂，令人陶醉無比的快樂！」那是一個對疲憊的旅行者來說充滿了誘惑力的聲音。兩個女孩立即尋聲而去。只見那正在兜售生意的是一位戴著寬邊遮陽帽的婦女。她的商店門口貼著一

幅醒目的橫聯：快樂第一。

　　女孩們從外面探頭看了看，只見裏面的顧客相當多，而且店子前還有不少人在等著進去買東西，長如龍蛇的隊伍都已經排到街的對面了。兩個女孩湊熱鬧似地排在了最末的隊伍裏。

　　「請給我們一點快樂。」她們走進熱鬧非凡的店裏，不等對方開口招呼，安念就搶先說。

　　「唔，這⋯⋯我恐怕快樂是不能以『點』爲單位來賣的。」店主禮貌地看著她們，慢條斯理地文雅地說。

　　「爲什麼？」安念不服氣地看著她。

　　「爲什麼？」店主耐心地解釋給她聽，「因爲『點』是個不精確的度量衡，而快樂卻是很難用度量單位來計算的。你想，如果我抓一把快樂給你，一次可以抓很多，也可以抓很少，那麼，你覺得，哪一次是比較精確的呢？」

　　「當然是多一點的那次精確！」安念毫不含糊地回答，不顧姐姐在後面輕扯她的衣袖。

　　「呃，」婦女大概頭一次遇到這樣不講客氣的主顧，她微笑起來。「誰都知道，其實沒有什麼可以給你帶來真正的快樂，因爲真正的快樂是發源於內心的。誰可以買到真正的快樂呢？只是有些人忘記快樂出於自己的內心，而到處找尋它罷了。」

　　「那你爲什麼還開店賣它？」女孩們迷惑地看著她。

　　「我並不是賣快樂本身，」店主輕輕笑著，「我不過是賣一些紀念章，提醒它的買主要時時刻刻記得快樂罷了。」

　　店主將一大把亮晶晶的紀念章給她們看。其中一個是狗熊章子，非常可愛，上面寫著：請你對我笑一笑。兩個女孩看中了這一枚買了下來。

　　「噢，這個很好，」店主誠懇地說，「它會時時提醒你們要

多笑一笑，不管是在什麼煩惱的情況下。」

兩個女孩將章子佩戴好了，心滿意足地出了店子。

好笑的是，這個章子本來是提醒她們要快樂的，但她們路過的每一個人，都停下腳步，看著她們胸前別著的亮閃閃的像章而欣然笑起來。

兩個女孩看看自己的像章，然後你看我我看你，哈哈大笑起來。原來這給人快樂的像章還真管用啊。

* * * * * * *

兩個女孩一邊走一邊繼續好奇地打量著路邊那些五彩繽紛的商店。突然，她們看到前面不遠處有一個時裝店，店的屋頂上面飄著一面彩旗，上面寫著幾個大字：巧手縫巧衣；美心造美人。

兩人興趣大增，因為經過這麼多個月的風霜雨露，她們身上穿的衣服已經磨損得厲害了，早就需要換一換。另外，兩個女孩在這幾個月裏也發育、長高了不少，身上帶的有些衣服已經因為太小而不大合身了。她們決定進時裝店去買幾件新衣服。

她們進去一看，只見店裏不像她們所想像的到處掛滿了琳琅滿目的漂亮的做好了的衣服。正好相反，光光的一件成衣都沒有！店子裏除了店主，還有幾個裁縫正在忙碌地工作。店中大概有七、八個顧客，每人手裏都拿著一兩件舊衣服，其中一個高大的男人肩膀上背著一個眼睛滴溜溜轉的小男孩。她們聽到那個排在最前面的顧客在問店主：「你是行家。你看看我這件襯衫破的地方還可以補好嗎？如果能夠補我就補，如果實在不行的話，我就買一件新的。」

「這個人一定很窮。」安念向姐姐悄聲說。

接下來另外一個顧客問：「我一共有兩條褲子，這條新的去

年才買的，你覺得我下個月穿它去參加我妹妹的婚禮還能湊合嗎？」

「這又是個窮得叮噹響的。」安念又嘀咕著。

然後，她們看到那個男的帶著小男孩站到了櫃檯前。男孩最多不過五、六歲的樣子，她們聽到他用脆生生的聲音問店主：我這裏有哥哥穿小了的衣服，請你幫我改一改，好嗎？」

可是，令人費解的是，接下來的幾個人問的問題幾乎也是大同小異：我的衣服還能穿嗎？女孩們暗自奇怪：難道天和國的人都這麼窮嗎？

她們看到店主仔細地察看著每個人帶來的衣服，又問他們家裏還有什麼衣服。大多數情況下，她們聽到她回答：「這個還可以補一補的，一點都不費事。不需要買新的。」於是，那些人有的留下他們的衣服高高興興走了；也有的決定自己補的，一分錢諮詢費也沒有付，拿上他們的衣服，喜滋滋地離開了。

輪到兩個女孩了，她們不由得緊張起來。

「我們要買新衣服，我們有錢，不需要補。」安念急呼呼地說。

「唔，」店主注意地看了一下她們身上的衣服，平靜地問，「你們要去哪裡，是要長途旅行嗎？」

兩個女孩互相看了一眼：她的問題跟賣衣服有什麼關係？難道買不買衣服不是她們自己的意願嗎？

「噢，是這樣的，」店主看出她們的疑問，說，「如果你們是要長途旅行，你們身上穿的就應該換新的了。如果不是，還可以再穿一些天。」

「我們要徒步去天鶴峰。」安靈說。

「噢，那真是個美麗的地方，」店主的臉上帶著羨慕的表情。

「既然如此，你們每人都需要一件更加耐久、保暖一點的衣服。那邊有裁縫馬上給你們量尺寸，你們待會兒到外面去逛逛，大概半天左右就可以做好了。」

「還記得船上的那個時髦女人嗎？」安念咯咯笑著問安靈，「她要是來光顧這裏，我倒真想知道這個時裝店的店主會跟她說什麼。」

兩個女孩在河邊逛著，從下游一直逛到上游。只見那條河下游的水又清又靜，不少孩子光著身子在那裏戲水。上游顯然是從高山上流出來的，那裏的水則流得又急又快。上游這邊的河灘上有一棵濃蔭綠樹，長滿樹葉的樹枝就像女孩們結的長長鬆鬆的辮子一樣一條條垂下來，正好形成一把巨大的傘。傘下面坐著一些人，有的人在看書，有的人在聊天，有的人似乎在閉目養神，但每個人身邊都放著一隻裝有衣服的籃子。

「你們在幹什麼？」她們走到樹邊上，問一個正在看書的年輕姑娘。

「噢，洗衣服呀。」年輕姑娘告訴她們，一面抬抬下巴，讓她們看河的上游。原來在河流落差最大的地方，有兩台像水車一樣的東西在轉來轉去，河這邊一台河那邊一台，水車上面固定著很多籃子，裏面放著衣服。水急急地流著，衣服在籃子裏面撞來撞去卻並不掉下來。女孩們猜籃子裏肯定有個鉤子將衣服鉤住了。

「你們就是這樣洗衣服的？」兩個女孩驚訝地問。

「是呀，」那個姑娘輕笑起來，「大多數人都用這樣的天然洗衣機。上游水的衝力很大，不一會兒就洗得乾乾淨淨的了。」

「也不需要肥皂？」安念睜大了眼睛。

「要肥皂幹什麼，不是將水弄髒了嗎？反正就那麼兩件衣服，天天都要洗的，並不很髒啊。」姑娘理所當然地說。

　　兩個女孩現在明白了，不是天和國的人窮，他們就是這樣生活的啊。

　　她們回到時裝店時，正好，來得不早不晚，她們等的衣服已經做好了。兩個人興高采烈地在試衣間換上了新衣服，原來身上穿的那件舊衣服就留給了店主，她說她可以用它們來補綴別的衣服。

＊　＊　＊　＊　＊　＊　＊

　　兩個女孩經過一間白色小茅屋前，門上掛著的幾個字吸引了她們的注意：通靈者。這茅屋似乎是有些孤獨的，朝著外面的這面牆，粉在牆上的石灰早已脫落得斑斑駁駁了，但上面的幾個字還隱約可見：「君子知貧，達人知命」。

　　兩個女孩悄悄推開了門進去。開門的一聲「吱兒呀」，好像特別響，安靈的心撲通撲通跳起來，她站在門邊遲疑著是否還要往前走，她的妹妹卻已經搶先溜了進去，並在前面朝她不耐煩地招著手：「既來之則安之，快點進來吧。」

　　門後面是條小小的青石板小徑。幽靜的小徑盡頭又有一個亭子，亭子前面有個香爐還在青煙繚繞。兩個女孩脫了鞋，踩著那冰涼的小徑往亭子的方向走。一屢奇怪的香味從香爐那邊迎面而來。安念打了個噴嚏，那煙讓她的眼鏡模糊了，她就用衣袖胡亂擦著。

　　她們進了亭子，只見裏面黑黑的，安靜得像沒有人一樣。沒有椅子，沒有桌子，狹窄的空地上隨便丟著幾個草蒲團。有一個中年婦女，盤腿坐在香爐後面的蒲團上，好像睡著了，靜靜地一動不動。

　　安念清了清喉嚨，想引起她的注意。

「你還在兩公里以外的地方，我就聽到你劈劈啪啪的腳步聲了。」婦人站起來，用低沉的語氣說。這是一個穿長袍的女人，有些胖。她說話的聲音很粗，鼻音也很重。

安靈笑了，因為安念走路向來就是這樣劈劈啪啪的。

「兩公里以外？」安念斜著眼睛看著她，「太誇張了吧？」

婦人不理她，用傲慢的語氣說：「你們是來算命的，是不是？不過，我可不是來者不拒見錢眼開的人。我也有我的原則。跟我沒有緣分的人，都會被我統統拒之門外。說，父母的生辰八字是什麼？」

「這……」兩個女孩面面相覷，臉露難色。

「為什麼要父母的生辰八字？我們自己的不就好了嗎？」安念眨巴著眼睛翹著鼻子看著她。

「不為什麼，」通靈者癟癟嘴不理她的提問。「那麼，你們兩人中的一個，隨便說一個數字吧。我做事情可得有依有據，並不是隨心所欲信口開河的。」

安靈想好了一個數字，可是妹妹搶在她前面說出了她的：「我的數字是八。就憑一個隨便說出的數字，能知道有緣沒緣嗎？」安念懷疑地問。

「念主心，道主理。數由心生。世上一動一靜，都有它的自然理數。念動心動，一切皆由此可定。」通靈者說了一些莫名其妙的話。

「好吧，八。」通靈者開始在她們面前繞起圈子來，她繞得越來越急，然後，她猛然停下，從面前的碗裏抓了一把紫色的米，看上去很隨意地往上一拋，一邊口中念念有詞。

米一輕輕落下去，就像是下了一陣神秘的雨，兩個女孩都聽到自己的咚咚的心跳聲。通靈者用粉筆將米落下的地方圈了起來。安

靈注意到，那個被圈起來的圖形看上去就像一個五角星的形狀。

通靈者對著那五角星發了好一會兒呆，似乎對這個圖像入了迷，又好像睡著了。

「這五角星是什麼意思？這些米怎麼是紫色的？爲什麼要把它們圈起來？」安念按捺不住好奇心，忍不住要問。

「你是對我的米更感興趣，還是對你的前途更感興趣呢？」通靈者不高興地嘟噥著。安靈用手臂碰一碰妹妹，示意她不要再出聲。

「好了，我可爲你們算了，你們想算什麼？每個人只可以問一個問題，問多了就不靈了。」

「這……」兩個女孩面面相覷，因爲她們要問的問題實在太多了，到底哪一個才是最重要的呢？

「爲什麼只可以問一個問題呢？」安念憤憤不平地抗議起來，「要你這樣的通靈者有什麼用呢！」

婦人並不惱火，反而嘰嘰笑起來，「你說得對極了，世界上本來不需要通靈者，因爲每個人都是他命運的創造者。他如果時時刻刻在創造，他的命運就時時刻刻在變化，沒有任何通靈者可以算得準的。當然，對於那些毫無創造力的人，他們對生活已經完全放棄了追求，他們的命運任何傻子也可以算個八九不離十。」

「我們可並不是那樣的人……」安念毫不遲疑地宣佈。

「我知道。」通靈者臉上目無表情。

「那麼，你跟我們算有意義嗎？」

「對於那些還在創造生命的人，我看到的是過去，因爲過去已經定格了，我不過是通過他在過去所做的種種選擇來推斷他最有可能在將來做出的選擇罷了。」

兩個女孩決定姑且讓她算一算。她們嘀嘀咕咕商量了好一

陣，才好不容易決定了她們要問的問題。

安靈先上。「我想問，我們是否能夠如願以償最後找到天鶴峰？」

「當然能夠。每個人最後都會找到他們所要找的地方，只不過花的時間長短不一罷了。你們途中要經歷難以想像的磨難也是必然的，因為世上沒有免費的午餐。請做好心理準備。這是我的忠告。另外一個？」

安靈聽到「難以想像的磨難」這幾個字，嘴唇輕輕抖動了一下。她本來還想問其他好幾個至關重要的問題，但一看婦人那毫不通融的神色，也只好咽下去不說了。

「我只問一個問題，可是，這個問題有兩個部分。」安念眨著機靈的大眼睛說。

通靈者在喉嚨裏不高興地哼了一下，算是默認了。

「太陽草具體在哪個地方，我可以找到它嗎？」她仰著臉殷切地看著她。

「太陽草在雪山上，你如果認真去找，總有一天可以找得到它。」

「你這個回答太籠統了，你告訴我的，我自己早就知道了。我既然已經知道了，還需要你來告訴我幹什麼？」安念不滿地說。「我想要知道的是，它到底具體在哪個地理位置上，比如經度和緯度是什麼。我如果去找，應該怎麼找才是最有效的方法？」

「唔，那個要尋找一件寶物的人，如果已經知道它的確切位置了，還口口聲聲說什麼尋找呢？」通靈者不屑地扁嘴一笑。

兩個女孩臨出門前，通靈者聚精會神地審視了一下她們的臉，然後不動聲色地說：「你們都戴著一塊水晶墜子。」

「是的。」兩個女孩露出驚愕的表情。

「不久你們就可以找到另外一塊跟它一模一樣的墜子了。」

兩個女孩吃驚極了，她們急於還想知道得更多一點，可是通靈者無論如何不肯再吐露了。

「你只讓我們問一個問題，其實你完全可以讓我們問更多問題的，你知道所有的答案，只不過不想告訴我們罷了。」安念揚起眉頭，毫不掩飾她的失望。

「是的，沒有任何事是無緣無故的。」

「你的緣故是什麼？」安念不滿地看著她。

「因為我要讓你們捫心自問，到底什麼對於你們自己來說是最重要的。」

「如此而已？」兩個女孩瞪大了眼睛。

「是的，如此而已。」通靈者說完，就固執地閉上了眼睛，兩個女孩子默默走出那個神秘的小亭子，她們覺得現在比來的時候更加困惑了。

＊　＊　＊　＊　＊　＊　＊

女孩們走到一個廣場上的時候，看見那裏有一個樣子可笑的人。他歪歪斜斜地戴著一頂破舊的大高帽。儘管是大熱的天，身上卻穿著一身非常正式的燕尾服，不過燕尾服卻是又舊又過時，上面皺巴巴的，細看還有些破洞。這大概是個賣藝人，他靠著廣場的噴水池坐著，膝蓋上放著一把女孩們從來沒有見過的樣子奇特的三弦琴，琴鼓鼓囊囊的就像一個大南瓜一樣。

女孩們正準備從他身邊走過時，卻突然被賣藝人奇怪的舉動吸引住了。只見他嘴裏嘮叨不休著，時不時回頭向身後瞥一眼，好像在跟身後的什麼人講話。可是，他身後並沒有什麼人呀。女孩們納悶起來。

　　就在這時，她們才注意到賣藝人的腳後跟有兩隻可愛的小松鼠。它們看到有人走近了，則調皮地跳到賣藝人的肩膀上，一邊一隻，眼睛左顧右盼，饒有興趣地盯著行人們看。

　　兩個女孩的眼睛都瞪圓了，這是她們第一次看到這樣的松鼠：只見其中一只有著粉紅色的毛，另一隻卻是粉藍色。兩隻松鼠的尾巴都是白色的，而且又大又蓬鬆，就像一把撐開了的大扇子一樣，那把白色的扇子上還有一些亮閃閃的黑點。

　　女孩們仔細留意了一下，發現如果將那些黑色小點連起來，就是一個小勺子的形狀。松鼠蹦跳的時候，尾巴上的小勺一閃一閃的，就像流星劃過一樣。安念忽然想起來了——松鼠尾巴上的圖案正是北斗七星的形狀！啊，太有意思了！她爲這個發現而感到驕傲。

　　被這兩隻小松鼠所吸引，廣場上的人越聚越多了。好多小孩子們也像松鼠一樣坐在父母親的肩膀上看熱鬧。

　　賣藝人見時機成熟了，在自己的三弦琴上輕輕叩了兩下，立刻，這兩隻小松鼠從他身上滑落下來，屈著腿蹲在他的前面，彷彿在等待他的吩咐一樣。賣藝人開始拉琴了。大家的興趣起先都在松鼠身上，並沒有誰用心去聽他的琴聲。可是，漸漸地，悠揚的韻律在廣場上像溪水一樣滲出來，如涓涓甘泉般滋潤到聽眾的心中了。琴聲起先是低低的，有點悲涼的，像一個害羞的少女淡淡的傷感，又像情人之間溫柔的夢。但慢慢地節奏加快了，它變得開朗明快起來，就像一群駿馬在廣闊的原野上踢踢踏踏奔跑，它們的抑揚頓挫的腳步聲、呼吸聲、堅韌的生命力都可以被聽見被看見了。聽眾彷彿被帶到了無邊無際的蒼穹下，那裏有著美麗的草原，太陽將一切都染成了金色，大片大片的鮮花在陽光下吐納著芬芳的香味，閃耀著金色的光澤，而快樂的小蟲在花兒上面

嗡嗡飛舞著,安詳的大岩石遠遠地聳立,牧童的笛聲在藍天下蕩起微微的回聲⋯⋯

然後,那兩隻松鼠忽然伴隨著琴的旋律開始翩翩起舞。琴聲低沉的時候,它們的臉上就顯出哀傷的樣子;琴聲高昂起來時,它們則活潑地高高躍起來,好像在顯示自己堅強的生命力一樣;琴聲變得遙遠深邃時,它們舞動的肢體則更加灑脫了,大大的眼睛裏也露出一絲豁達的笑意⋯⋯

大家正聽得如癡如醉的時候,突然間音樂停了,松鼠們的舞姿停了。天地宇宙之間,只有令人感動的沉默。然後,猛然間,暴風雨般的掌聲響了起來。這掌聲,一半是給賣藝人,一半是給那兩隻小松鼠。

節目表演完了,賣藝人賞給松鼠們一些肥嫩的葉子吃。這兩隻松鼠的吃相也美極了。只見它們各自捧著一片厚厚的葉子在吃,這裏瞄瞄,那裏嗅嗅,不慌不忙地將可愛的尖尖的嘴巴貼上去,將它的美餐輕輕叼起來,然後,小小心心地,猶猶豫豫地,用雙手捧著,從左邊到右邊,從右邊到左邊,像一個優雅的女士吃西瓜一樣,一點一點,不出聲息地斯文地細細品味;又像一個人吹口琴一樣,鮮豔的腮幫一鼓一鼓的,而兩隻烏黑的大眼睛,則滴溜溜亂轉著。那兩隻松鼠好像也注意到它們現在是眾人注目的焦點了,它們朝眾人的方向燦爛地一笑。女孩們覺得那個時候世界上沒有誰比它們更天真可愛了。

松鼠用餐完畢。然後,賣藝人又在他的三弦琴上輕撥兩下,兩隻松鼠立刻又老老實實蹲在他的面前等候吩咐。只見粉紅色的松鼠跳上賣藝人的頭,取下了他的高帽子;緊接著,粉藍色的松鼠也跳了上去,取下另外一頂帽子。大家嘩的一下笑了:他們這才知道原來賣藝人重疊著戴了兩個帽子。

聽眾們紛紛慷慨地拿出錢幣，準備投到那大帽子裏。

「我們並不需要錢。」賣藝人忽然這樣清楚地告訴大家。

所有的人面面相覷。

一片陰影從賣藝人臉上掠過，「我這麼老了，再多的錢，對於一個垂暮的老人來說，又有什麼意義呢？」

大家由於同情老人，神情也變得有些暗淡了。「你不要錢，要什麼東西呢？」有人這樣直率地問。

賣藝人的眼睛裏閃爍著奇異的微笑。「我希望你們可以把你們浪費的時間施捨一點給我。」

「什麼？」每個人都露出錯愕的神色。

「我拉了一輩子的琴，我已經很老了，也許比你們想像的更老。我只希望還可以再在人世多待幾年，讓我可以再多陪伴一下我可愛的小松鼠們。」

很多人的眼圈紅了。大多數人的臉上都帶著沉思的表情。

「你們有浪費的時間給我嗎：比方說聊天啦；說人家壞話啦；睡懶覺啦；逛街啦；發呆啦；憂慮啦；胡思亂想啦；讀閒書啦；抱怨啦；爭論啦等等……」

「玩也是浪費時間嗎？」忽然一個怯生生的聲音在人群中響起來。原來是一個大約六、七歲的小男孩，正坐在他父親的肩膀上，對著賣藝人說話。

「噢，玩當然不算，任何讓你變得更健康、更聰明、更有知識、更有愛心、更有創造力的活動，都不能算是浪費時間，正好相反，那是最充分地利用時間。」賣藝人呵呵笑著答。

「冒冒失失也算浪費時間嗎？」一個戴著鵝黃色遮陽帽的十二、三歲的女孩舉手問。

「當然了。」不等賣藝人回答，女孩旁邊的一個皮膚黝黑的

男孩乾脆地答。男孩看上去大約是她的哥哥，他以爲他說話的聲音很低，但旁邊的人都清清楚楚聽到了。「你做事情從來心不在焉，總是冒冒失失打碎這個打碎那個，每次還要我來幫你清理現場。這不是浪費我的時間是什麼？」

眾人輕笑起來。在小孩們的帶動下，氣氛變得稍微活躍一點了。另外一個婦女問：「我們該怎麼捐浪費的時間呢？」

賣藝人從容地答：「因爲這牽涉到隱私的問題，你只要對其中一隻小松鼠耳語一下你什麼時候浪費了時間，怎麼浪費的，大概一共浪費了多少時間就可以了。小松鼠會將你浪費的時間收集起來交給我。」

「別人浪費的時間你還能用嗎？」一個瘦長個子的少年懷疑地問。

「可以。不過得要加工一下，所以我得先把它們帶回家。」藝術家毫不遲疑地答。

眾人紛紛行動起來。兩隻松鼠跑過來跑過去忙得不可開交起來。安念、安靈互相看了一眼，有些不知所措起來。

「我浪費過時間嗎，安靈？」

不等姐姐回答，她搶先回答，「應該沒有，對不對？」

「可是，你有時候會講人家壞話，你不記得了嗎，你以前常常罵那個數學老師的，你說他難看極了。」

「我這樣講了嗎，」安念摸摸臉，不好意思地笑了。「可是，你也浪費過時間啊。」

「我做了什麼？」

「你胡思亂想，常常發呆、擔心等等。」

「那倒是，」安靈表示承認，「不過你有時也拖拖拉拉、睡懶覺、逛街、冒冒失失、有時候跟朋友有事沒事聊天聊上好幾個

小時……」

「你有時候裝聾作啞。」安念又想到姐姐的一條罪狀。

「我沒有。」

「你當然有。你還不記得嗎，你在看書的時候，奶奶叫你做事，你裝作沒聽見？」

「這……」

「還有，你有時候也看閒書。」安念步步逼上。

「我什麼時候看閒書了？」

「那些文學書啊，什麼詩歌啊，小說啊，哲學啊，宗教啊，都是你喜歡看的。你在圖書館裏一待就是大半天，那不是浪費時間嗎？」

「噢，你以為除了你的百寶書，其他都是閒書嗎？」安靈不服氣地辯解道，「剛才那個賣藝人說了，任何讓我變得更健康、更聰明、更有知識、更有愛心、更有創造力的活動，都是最充分地利用時間，而不是浪費。要說裝聾作啞，你上數學課的時候……」

兩個女孩猛地住嘴了，因為她們這時注意到了：她們又在爭論了。根據賣藝人說的，爭論也是浪費時間啊。

那個時候，太陽西斜，廣場上剩下的人已經不太多了。兩個女孩留心地觀察起那兩隻松鼠來。只見有人對它們耳語的時候，它們就捂住嘴巴，吃吃笑；等對方「坦白」完了，它們就輕輕鞠一躬，好像真的從對方那裏得到了很大的饋贈一樣。

兩隻松鼠還來不及到兩個女孩身邊的時候，賣藝人將兩隻高帽子拿過去漫不經心地瞥了一眼，說：「噢，我的孩子們，幹得真好呀。這麼短短的時間帽子就已經滿滿的了。今天就到這裏為止，我們回家好好慶祝一番吧。」

站在一邊惴惴不安觀看的兩個女孩，大大鬆了一口氣：如果

那兩隻小松鼠今天要聽她們坦白，恐怕要聽得耳朵都起繭子了。而接她們的捐贈，恐怕不是兩個大帽子可以裝下的了。單是安念的抱怨、安靈的憂慮，就可以裝滿滿兩大箱子了。

＊　＊　＊　＊　＊　＊　＊

　　她們看到路邊有一個魔術店，立即撩開門簾鑽了進去。那裏已經有不少孩子坐在那裏，等待表演正式開始。他們看上去個個都很興奮，彼此竊竊私語著，似乎在討論今天有什麼振奮人心的神奇表演。

　　兩個女孩的好奇心也被煽動了。她們在後排坐下來。等了一會兒，魔術師姍姍出來。這是個青年魔術師，他風度翩翩笑容可掬，穿著傳統的燕尾服，帶著寬邊帽子，手中還拿著一根小棒子。他在孩子們面前鞠了躬，又行了一個屈膝禮。大家熱烈地鼓起掌來。

　　然後，他舉起小棒，表示節目馬上就要開始了。孩子們都瞪大了期待的眼睛。魔術師將自己的衣服從上到下，從裏到外都翻過來一次，抖了好幾抖，讓他們看清楚了：他的身上可什麼都沒有藏著。有一個光頭男孩不相信，還特意舉手問他可不可以上去親自檢查一下。魔術師毫不猶豫地同意了。

　　男孩檢查得很仔細，甚至將他的魔術棒敲了敲，肯定裏面不是空心的，檢查完畢才滿意地坐了下來。

　　只見魔術師端坐在一把小木凳上，微微閉上了眼睛，好像在念念有詞。不一會兒，他的懷裏陡然出現了一隻紅屁股的小猴子。猴子當然是真的，因為它立即從他的膝頭上跳下來，朝著雀躍不已的孩子們扔花生。滿場的孩子興奮得不知所措了。安念、安靈也接到了好幾顆花生，她們也高興得合不攏嘴巴。

　　小猴子扔完花生就在後臺消失了。魔術師又鞠一躬，隨後高高舉起小棒，喧鬧不已的房間裏立刻又變得鴉雀無聲。只見他雙眼微閉，長時間坐在那裏毫無聲息。兩個女孩身子前傾，眼睛一眨不眨地看著他，下決心不錯過任何破綻。

　　房裏安靜得可以聽到針落在地上的聲音。猛然間，魔術師的握著魔術棒的手在胸前靈活地劃動了幾下。嘭，大家豁然一驚：只見他的手掌上突然多了一顆金光閃閃的金幣！然後，他又劃動魔棒幾下，更多的金幣從他的指縫間掉了下來。

　　孩子們的嘴巴張大了。熱烈的掌聲經久不散。

　　「等一等，那些金幣是真的嗎？」突然一個清脆的聲音響起來。安靈一看，那正是她的愛多管閒事的妹妹。

　　「你要上來檢查一下這些金幣嗎？」魔術師意味深長地笑起來。

　　「是的，我可以嗎？」

　　「非常歡迎。」他屈了一下他的燕尾服，表示欣然同意。

　　安念風風火火跳上臺。孩子們的興趣更被激起來，他們按捺不住興奮地從椅子上站起來，看看這個女孩到底想做什麼。只見安念將金幣一顆顆捏在手裏，仔細掂量著。然後她眯著眼睛看清上面的標誌，甚至還用嘴吹了吹，是的，它們千真萬確是金幣。她再一次檢查了光頭男孩已經檢查過的魔術棒，那不過是一根普通的小棍子，什麼破綻都沒有。可是，這麼多金幣是從哪裡來的呢？如果一個人真的可以變金幣，還用得著做魔術師嗎？安念困惑極了。

　　安念正準備從臺上跳下來的時候，魔術師將魔術棒遞了過來，鞠了一躬，優雅地說：「好了，姑娘，現在該輪到你了。」

　　「輪到我？做什麼？」她疑惑不已地看著他。

「你表演魔術呀。」他理所當然地說。

「我？」安念失聲笑出來，「你以爲我也是魔術師嗎？我們不過是來湊熱鬧的觀眾罷了。」

魔術師哈哈大笑起來，他笑得那麼厲害，帽子都掉到地上了。

「你以爲你是誰？你不是魔術師，世界上有哪一個人不是魔術師呢？你是，我是，他們也是。」他用他的棒子指著那些躁動不已的孩子們，「所有的人都是天生的魔術師，難道你不知道嗎？」

安念覺得他莫名其妙極了。可是，魔術師並不想馬上放過她。「你說你不是魔術師嗎？現在請你過來這邊，你看這裏有一盆花，這種花的名字叫什麼，你知道嗎？」

「這是紅玫瑰花，我當然知道。」

「這花現在正是含苞欲放的時候，好看嗎？」

「很好看，也許全部都開了會更好看。」

孩子們紛紛翹起脖子，目不轉睛地關注著臺上的一切。安靈也不知道這個魔術師到底葫蘆裏賣的什麼藥，心裏暗暗爲妹妹捏一把汗。

魔術師叫安念拿起花缽子。安念仔細檢查過了，這是一棵欣欣向榮的玫瑰花，它長在一個普通的花缽裏。沒有任何異常的地方。

「好了，我現在請你閉上眼睛，靜靜意念所有最糟糕的意念。」

「比方說？」

「比方說，我恨你，我討厭你，你難看死了，你臭不可聞等等……」

孩子們在台下哄然笑起來。

魔術師眨巴著眼睛看著孩子們，說，「如果你們願意，你們

也可以跟她一樣意念。不過你們不需要閉上眼睛，省得我有機會搗鬼。」

大家又都笑了。接下來，安念和觀眾們都按照魔術師說的去做了。好像過了漫長的時間，其實才不過幾分鐘而已。

「現在可以睜開眼睛了。」魔術師說。

安念睜開眼睛，大大嚇了一跳，只見面前的那株本來還生意盎然的玫瑰花現在變得憔悴凋零，有些還沒有來得及盛開的花瓣都掉到了地上。這是剛才的意念造成的結果嗎？太不可思議了。台下的觀眾們也露出大驚失色的神情。

「現在，我要你們做跟剛才正好相反的意念，比如，你跟花說，我愛你，我喜歡你，你美極了，你芳香無比等等。」

安念和觀眾們又照著他所說的去做了。幾分鐘後，安念雖然有心理準備，但還是被眼前完全不同的景象嚇了一跳：那剛剛還衰敗不已的花此時此刻不但生機勃勃容光煥發，而且都全部綻開了，一朵朵亭亭玉立，彷彿在朝她微笑著。

熱烈的掌聲再次響起來，不過，這次掌聲可是沖著安念來的。儘管她看上去還是困惑不解的樣子，好像一個從來不好好學習的孩子突然考試打了 100 分得了獎狀一樣。

「你看，剛才一個非常簡單的事實證明了，我們每個人都是魔術師。」魔術師看到安念坐回到她的位子上，他輕輕動了動棒子，示意大家也都安靜地坐下來。他用低沉的聲音說：「我們是魔術師，事實上，我們一生下來，都在不知不覺中使用著我們的這個潛能。比如說，我們跟人相處的時候，我們看人的眼光、說話使用的語句、語氣、我們臉上的表情、身體的姿勢，甚至我們對對方的看法、態度等等，那都是我們在使用魔術。你們以為它不重要，其實沒有什麼比這更重要的了。因為我們所做的一切都

在不停地製造著結果。當然，這些結果有的是好的，有的是破壞性的，這完全取決於你們自己的意念。就像剛才那個上臺的女孩兩次時間用了兩次截然不同的意念而得到截然不同的結果一樣。」

他頓了頓，又繼續說下去：「有些結果可以很快就看到，有些也許要稍微久一點，有的甚至要好多年才會看到你的態度所帶來的成績或者破壞。但毫無疑問，每一個思想都會造成它的結果。這，就是爲什麼你們跟我一樣，都是魔術師的原因。」

台下一片沉寂，彷彿大家都在思考著什麼。魔術師繼續娓娓道來：「魔術有兩種，一種亮色一種暗色。凡是好的、善的意念，我們稱它爲亮魔術，壞的、惡的我們稱爲暗魔術。兩種魔術自古以來就你爭我鬥，互不示弱，可以說它們幾乎是勢均力敵的，但從總的趨勢來說，最後贏家一般還是亮魔術，因爲畢竟行亮魔術的人還是多一些。」

那個坐在前排的光頭男孩突然舉手提問：「做一個暗魔術師有什麼不好呢？」

「你的問題很好。是做一個亮魔術師還是做一個暗魔術師？當然，每個人都有他選擇的權利。不過，你們要知道，做一個暗魔術師的人從別人那裏得到的一般也是暗魔術。你希望有像剛才那盆凋謝的花一樣的結局嗎？」

那個提問的男孩不做聲了。魔術師笑一笑，彎腰揀起剛才掉在地上的幾片花瓣，「你們看，剛才那個女孩和你們一起，用暗魔術將這盆花幾乎弄死了，後來它又被亮魔術催活了。這就是說，凡是暗魔術造成的破壞，在一般情況下是可以得到緩和、恢復的，可是，也有的時候，因爲暗魔術當時造成的破壞性太大，有些損失幾乎是不可彌補的。比如，我揀起來的這一片花瓣，它們在暗魔術的作用下，已經完全喪失了生命。這樣的話，無論用什麼方

法也不能讓它起死回生了。」

　　魔術師的語氣有些傷感，安念覺得臉上不由得有些發燒。畢竟，她是個愛花的女孩，要是她早知道暗魔術的威力有這麼大，她用它的時候就會小心多了。

＊　　＊　　＊　　＊　　＊　　＊　　＊

　　兩個女孩到國都對面，得通過一條河。河面不算很寬，但河水很深也很輕澈。河上有一條陳舊的敞篷木船作為通行的工具，掌舵和撐篙划槳，都是乘客們自願做的事。

　　兩個女孩上了船。只見那時船上坐的除了一個青少年以外，幾乎都是女人。看上去好像是幾個婦女串通好了一起到對面去玩的。她們的胳膊上都挽著裝著野餐的竹籃。那個看上去有些沉默的少年自願做船尾的掌舵人。安念、安靈和另外幾個婦女則自告奮勇做划槳人。

　　船還沒啟動的時候，一個婦女向兩個女孩示範如何划槳。安念很快就心領神會了，可是，安靈照著她的樣子試了好久，還是不得要領。她有些窘，只好將槳交還給另外一個婦女。

　　船離了岸。幾個女人笑笑鬧鬧划著船，船起先在水裏團團轉著就是不肯往前。大家不但不煩惱，反而哈哈笑起來。過了好一會兒，划船的、掌舵的大概有些經驗了，船才慢吞吞往對面遊去。一路上，船上的人嘻嘻哈哈有說有笑，笑聲在山谷中回蕩。有個婦女特別愛笑，她聽到什麼好笑的事了，就摀著腰咯咯笑個不停，有一次都差點掉進水裏了，幸虧她的同伴及時拉住了她。

　　「你們要去哪裡呢？」那個最愛笑的婦女好容易止住了笑，好奇地問兩個女孩。

　　「天鶴峰。」

「哦，好大的勇氣呀，小小年紀就出來闖蕩，真了不起。」大家議論紛紛讚歎不已，說得兩個女孩都不好意思起來。

船悠悠前行，很快就要上岸了，河對岸的景色歷歷可見，船身也開始晃動起來。

那個不大做聲的少年及時提醒眾人，「大家注意了，船很快就靠岸了，站好了別跌倒。要知道，船靠岸的時候會撞一下，不小心可能會掉進水裏喲。」

划著槳的安念發現姐姐好像有些不舒服的樣子，因為她的臉色看上去有些蒼白。但這時船就要上岸了，她還沒有顧得上問她，船身就顛簸起來，船靠岸的慣性讓站著的安靈向前跟蹌了一下，幾乎跌倒了。

少年趕緊扶了她一把，「噢，對不起。靠岸的時候，船都得這樣撞一下。不然怎知道已經靠岸了呢？」

下船了，兩個女孩跳下船。安念在沙灘上蹦蹦跳跳地說：「呵，我真喜歡坐船，尤其是可以自己划的船。可惜我們一路上過的河不多。」

安靈表情複雜地看著她，「並不是所有的河都有船的，上次我們就得淌水過來。你忘了嗎？」

安念想到那狼狼過河的一幕，忍不住笑起來：那好像是好久好久以前的事了。日子過得真快啊。

「快下船的時候，你害怕嗎？」安靈帶些傷感凝視著她。

「害怕什麼？」安念揚起眉毛，不解地歪著頭。

安靈皺皺眉，「剛才快下船的時候，我的心裏一直是七上八下的。你真的一點都不怕嗎，船靠岸的時候，要狠狠地撞一下？」

「噢，我當然不怕，」妹妹扶一扶眼鏡，咯咯笑起來，「這樣輕輕撞一下算什麼？難道你怕撞嗎？」

「不，我不怕撞。這一撞也算不了什麼。」

「可是，你差點兒跌倒了。」

「是的，我常常跌倒，我並不怕突然的跌倒。」

「那你到底怕什麼呢？」妹妹探詢地看著姐姐。

安靈咬著唇低下頭，「當我猜到可能要跌倒的時候，我就害怕。剛才那個少年告訴我們馬上就要靠岸了，船身將會撞擊一下。他不告訴我還好，他一告訴我，我的心就一直怦怦跳著，什麼也不能想，什麼也不願意去看，只擔心著船撞岸的那一刻。但等到船到了岸邊，該撞的也撞了，我的心就踏實了。」

安念看到姐姐的大眼睛裏有淚水滾落下來。「哦，我還以為經過這麼多艱難困苦之後，我變得勇敢了。可是……」

「你已經取得很大進步了呀，安靈！」

「進步在哪裡？」安靈擦了一把淚，自嘲地冷笑一聲，「連船靠岸時，這樣小小的一撞，都弄得我心裏七上八下。我真怕吃了這麼多的苦，到最後還是一場空。」

「不會的，安靈。」

「會的。」

「不會的，」安念頑皮地笑起來，「你還記得你在銀行裏存過勇氣的噢，什麼時候需要什麼時候就可以取出來用呀！」

「可是，他們也說了，剛剛放進去就取出來太吃虧了，什麼利息也沒有。」

「那就只好等等了，哎呀，親愛的安靈，你不要唉聲歎氣的了，我吹笛子給你聽好不好？」

不由分說，安念拿出她的心愛的笛子，開始吹起來：

大海大海流呀流，

流到西流到東

流入母親的懷抱中。
小鳥小鳥飛呀飛，
飛到西飛到東
飛入自由的天空中。

雪花雪花飄呀飄，
飄到西飄到東
飄入永恆的宇宙中。

她吹得很用心，眼角都吹出了淚花。姐姐心裏很感動，卻覺得妹妹的笛聲終究是有些悲涼的。

「你吹得很好，就是有些傷感，也許是受了我的情緒的影響。」

「我有時候也是有些傷感的，因為我也有我害怕的地方。」安念輕輕歎一口氣。

「你還是害怕黑暗嗎？」

「我不知道，我只覺得我的害怕是隱隱約約的，並不很具體。」

安靈想起剛到天和國的時候，安念曾經因為害怕孤獨而哭泣的那個晚上。「你不要害怕，安念，」她柔聲說，「你知道，我總是會在這裏幫你的。」

「我知道，我們都應該有勇氣面對一切，不是嗎？」

安念看著遠方，出神地思考了一下，然後她微笑了，帶著令人愉快的表情轉向她，指著胸前那亮閃閃的像章，「哎呀，你看，安靈，這是什麼？」

安靈一看，那不是那「請你對我笑一笑」的狗熊像章嗎？狗熊那笨笨的憨憨的可愛樣子讓她忍不住嗤的一聲笑了起來，臉上不由得露出燦爛的陽光來。

　　　＊　　＊　　＊　　＊　　＊　　＊　　＊

　　女孩們經過一個街角，看見那裏有一個白色的小亭子。小亭子就在一個很大的公園旁邊。公園裏有一大群青少年孩子們在那裏練球，有的在玩扁球，有的在玩一些她們從來不曾見過的運動。他們興高采烈的歡笑聲讓這個夏末的早晨充滿了生氣。

　　這是女孩們在天和國第一次看到這麼氣派的亭子，只見裏面有一些辦公用的文具，一張很高雅的桌子和幾把看上去舒服極了的椅子。桌子後面坐著一個老年婦女。她看上去很老了，也有些胖，但卻穿著一套很得體的格子連衣裙，臉上還化了點淡妝，像是咕嚕國的典型的坐辦公室的女士一樣。

　　「怪不得這裏的老人都不寂寞，他們到了這麼大的年紀還在工作。」安靈說。

　　那時太陽才剛升起不久，早晨溫暖的陽光從透明的屋頂照進來，正照在女士梳得整整齊齊的銀色的頭髮上。她胸前還配著一個很別緻的銀色別針，它熠熠發光，跟她的頭髮相互輝照。她眯著眼看著女孩們走進來，也不主動跟她們打招呼，好像並不很在乎有沒有主顧的樣子。

　　兩個女孩這才注意到她的桌子上貼著一張粉色的紙條：外國顧客打折 20%。

　　「真忙呀真忙。」她們也聽到她在喉嚨裏不停咕噥著。她除了兩個女孩以外一個顧客都沒有，有什麼好忙的呢？女孩們納悶著。

　　「你做什麼生意的，為什麼只有外國顧客才可以打折？」安念劈頭就問。

　　「我的主顧絕大部分是外國人，我不給他們打折給誰打折呢？」女人沒好氣地回答她，一面翻開一本厚厚的記事本，「你們預約了嗎？」

「噢，沒有，我們不過來看看……」安靈還沒有解釋完，就被婦人不耐煩地打斷了，她飛快地瞟一眼腕上的錶，「沒有預約？對不起，我恐怕沒有時間陪你們閒聊，再過一會兒，我就得去給跟我預約好的顧客幫忙了。」

「哇，你帶著錶？」兩個女孩驚奇極了，她們本以為天和國的人都不戴錶的。

「一個錶有什麼稀奇的，你們沒有見過錶嗎？」婦人皺皺眉，露出不以為然的神情。

「我們經過一個農莊，那裏的人都不戴錶。我們還以為天和國沒有錶買呢。」

「沒有錶買？」婦人誇張地笑起來，「你們以為我們是什麼窮國家，連表都沒有買？老實告訴你們，我們這裏什麼都有，只是人們願不願意買它們罷了。我問你們：不需要知道時間的人買錶幹什麼？」

「這……」兩個女孩你看我我看你。然後，安念懷疑的目光掃視了婦人一下。「你是說，你們這裏也有電視機、冰箱、手提電話、電腦、電子遊戲、電爐、洗衣機、微波爐，空調？我們在咕嚕國所有的一切，你們真的都有嗎？」她揚起眉毛，挑戰性地看著她。

「當然有，不過只有想用它們的人才會去買罷了。」女人以理所當然的口氣回答說。「你看，我還有手機呢，可以打到這個星球的任一角落上。貴是貴一點，但還是值得的，因為我做生意常常要用它。」

兩個女孩看了一眼那精巧的手機，哇，這比她們在咕嚕國見過的任何手機都要漂亮呀。她們不由得倒吸了一口氣：原來天和國真的什麼都有啊。

「那麼，請問，你在賣什麼呢？」安念好奇地問。

「我在賣我的剩餘人生。」婦人鄭重地答。

女孩們覺得這是她們在天和國聽到的迄今爲止最荒唐的一件事了，她們怔了一下，以爲她在開玩笑，也跟著憨憨地笑起來。

「這有什麼好笑的呢？」婦人反問她們，「如果你在一個公司做事，人家是不是也付給你薪水呢？」

「那當然，既然付出了勞動，就應該得到酬勞。」安念毫不遲疑地答。

「同樣道理呀，如果我賣給你一部分我剩餘的人生，你也得付錢給我呀。看，」婦人打開她的記事本。「我已經賣給好多人不同的時段了：有的買了我幾個小時的時間，有的一天的時間，一個月的也有，還有的更長，一年、甚至好幾年，當然這些人我會相對給他們較爲優惠一點的價錢。」

「可是，你已經這樣老了，你怎麼知道自己還可以活多久呢？如果有人買了你五年的時間，你肯定自己這五年不會有任何意外發生嗎？」安念不顧姐姐的眼色，率直地問。

「我當然不能肯定。有誰可以肯定他能活多久呢？你肯定你明天還活著嗎？」婦人毫不留情地反擊過來。然後，她又抱起雙臂以傲慢的神情說，「我只能保證此時此刻，至於其他的，冒險的是顧客，不是我。」

多麼無理的人啊，兩個女孩想。這還是她們在天和國第一次碰到這樣蠻橫粗魯的人。

「那麼你都爲顧客們提供哪些服務呢？」安念決心問個水落石出。

「每個人的需要都不一樣。比如，有的人請我以他們的名義去散散步、賞賞花，或者去拜訪一下他們的某個朋友、給遠方的

父母打個電話、將垃圾分類一下送去回收……」

「這麼輕鬆的事，還要請你去做？他們自己不可以做嗎？」兩個女孩不相信地看著她。

「多著呢。每個人都很忙，每個人的時間都有限，關鍵是看你將什麼放在首位了。」婦人理所當然地說。「我也幫人參加晚會，你們知道有些人很討厭晚會上那些虛情假意的套話？我就得幫他們代勞講這些客套話呀。這個我不大喜歡，因爲講假話扮假笑其實是滿要力氣的，一不小心肌肉得僵硬好些天，以後講真話笑真笑都不大自然了。我也幫人代勞咀嚼食物。這個我倒挺喜歡做的，只是有時候有些小孩子們吃的那些土豆片、巧克力、酸糖果等，味道實在不敢恭維。當然，也有小孩子好學一點，他們請我代替他們練習鋼琴、小提琴、大提琴、吹樂器、打鼓……」

「噢，你真行，還會這麼多樂器。」安靈忍不住脫口讚歎。

「當然不會。不過既然有老師教，我不過代這些孩子學一學而已，有什麼難的呢？有個小孩，她的母親強迫她每天練琴三個小時，那倒是有些令人頭疼。就那麼一曲祝你生日快樂的調子，我都彈了好幾千遍了。」婦人臉上露出不情願的表情，一邊喋喋不休地抱怨著。

「那真的是挺令人同情的。」兩個女孩附和著說。

「我也幫孩子們做作業，代替他們去上課，數學、語文、歷史、美術、科學、物理、化學、外語、體育統統都沒有問題。」

「你真行啊，懂這麼多知識。」兩個女孩又羨慕起來。

「有什麼行不行的？不過隨便做罷了，反正老師也不怎麼看你做得對不對，只看你有沒有做就好了。好多老師就請過我，要我幫他們看作業。」婦人不屑地翻翻白眼。

「啊，你又當學生又當老師？」安念充滿興趣地看著她。

「你們覺得稀奇嗎，我還做過校長呢。」

「校長請你做什麼呢？」

「當然是幫忙懲罰那些不聽話的不做作業的學生啊。」

兩個女孩不禁崇拜起婦人的工作來。「啊，你要能幫我做數學作業就好了，」安念感歎地說，「不過，你可得要保證算對才行。我們的紅鼻子的數學老師討厭死了，他可是要仔細看每一步演算過程的。」

安靈碰碰妹妹的胳膊，提醒她又在浪費時間說人家的壞話了。

安念馬上會意過來，趕緊自我糾正：「啊，我是說他是個好老師，就是看作業嚴一點。」

婦人扁扁嘴，「那我可沒有辦法保證。人生有什麼是可以保證的呢？我只管做作業，不管對不對。」

「要是做的作業都是錯誤的，我自己做就可以了，用不著請你。我自己也不收自己的錢。」安念斷然說。

「你剛才說你也可以幫人代上體育課嗎？」安靈沉思片刻後問。

「那當然。最近有一個大男孩就叫我幫他去打冰球。」

「打冰球？」兩個女孩又瞪圓了眼睛。

「是呀，我幫他打冰球，因為他的父母希望他將來成為一個世界冰球明星幫他們賺大錢。可是，這個男孩卻不大愛運動，他寧願看別人玩冰球，自己動都不想動。你聽說過這樣的主顧嗎，自己不去做運動就喜歡坐在電視機前面看比賽？不過，我當然沒有答應他，我這麼一把年紀了，還去打冰球，不是成心跟自己這把老骨頭過意不去嗎？」

「唔，這樣的人我們倒是見過。」兩個女孩有些不好意思地

說，因爲她們自己其實也是寧願坐在電視機前看足球賽而不願意去踢足球的人。

「這麼多人請我，所以我才會這麼忙啊。」婦人壓低了聲音絮絮叨叨起來。「話又說回來，其實，有時候忙一點還是值得的。有一個大公司的老闆，他每天忙得不得了，只好請我去陪他的孩子玩。」

「你去了嗎？」

「當然去了。這樣的美差我怎麼捨得丟掉呢？到了他家，我什麼都不用做，不過是跟孩子們玩而已，而且他還出那麼多的錢，工作也不累，我玩得開心死了。哦，我好喜歡他那些天真活潑的孩子們！那是我迄今爲止做得最好的工作了。」婦人臉上露出一絲難得的溫柔來，好像沉浸在往日甜美的回憶裏，然後，她又感慨地搖搖頭，「唉，太奇怪了，真不明白有些父母怎麼會忙得連陪孩子的時間都沒有。」

「你最不喜歡的工作是什麼呢？」安念打斷她的美麗遐思，問。

婦人眯著眼想了想，「不久前曾經有一個女人要我給她背滿滿一袋子的鞋子去旅行。我毫不遲疑地拒絕了。我也有我的尊嚴，不是什麼人的無理要求我都願意滿足的。」

「時髦女人！」兩個女孩面面相覷驚叫起來。

「我可沒注意她時髦不時髦。」「噢，對了，」婦人又想起什麼，「不久前我還碰上一個奇怪的人。他看上去苦兮兮的樣子，他給了我一張寫著電影、電視名字的長單子，要我幫他代看一些悲劇片，看完了再告訴他結果。」

「怕看悲劇的人！」兩個女孩又不由得驚叫起來。

「我問他，既然要我告訴他悲劇的結果，跟他自己看有什麼

不一樣呢？」

「他說什麼？」

「他說，就是免了心跳的不一樣。很奇怪，是不是？」

「是呀，」兩個女孩附和著，忽然，安靈焦急地問，「你看到一個臉色有些蒼白的詩人嗎？」安念吃吃笑起來，在旁邊做著鬼臉。

「詩人？咕嚕國還有詩人嗎？」婦人顯得有些吃驚的樣子，她好好回憶了一下，「唔，我想我倒真的碰到過一個詩人，他請我給一個女孩傳一封短信呢。」

「那個女孩是不是叫安靈？」安靈急切地問，她的嘴唇開始微微抖動起來。

「唔，這牽涉到隱私的問題，」婦人有些不情願地說，「不過，既然你如此迫切地想知道，我破例幫你看一看。」

她在她厚厚的檔夾裏翻來翻去，最後，她終於翻到了一張薄薄的紙，那張紙的背面寫著：給安靈。

安靈顫抖著手，打開了信紙。信紙上面是一首小詩，專門給她寫的詩：

我為你留著心
你在我的視野中遠行
多想有一片晴朗的天空給你。

我為你留著心
你又在我的夢中細語
真想把早晨的心情告訴你。

在無數閃爍的星星下面

我真想說
我爲你留著心

你我雖是異鄉旅人
但總有一天
命運會讓我們重聚
只因爲
我爲你留著心……

　　安靈一遍一遍默默念著，嘴上帶著笑，眼裏卻噙著淚水。安念則在一邊不斷搖頭。

　　「噢，多麼好，多麼好，他現在終於又開始寫詩了。我早就告訴過他，他一定會找到靈感的！」安靈喃喃自語般地說。

　　「啊，這個生意等於是淨賺，收信人自己跑上門來。太好了，省得我親自跑一趟去送信了。」婦人也欣慰地歎了一口氣。

　　「我叫安念，沒有人給我搭信嗎？」安念轉著滴溜溜的眼珠看著她。

　　「安念？嗯，沒有。」婦人流覽一下她的顧客名單。

　　「你肯定嗎？」安念還不甘罷休，儘管她自己也不知道到底在等誰的信。

　　「我肯定。」

　　安念失望地噘起嘴。真是美得姐姐了。

　　「你有什麼生意要做嗎？」婦人看了一下錶，問安念。

　　「不要做什麼生意，我們要上路了。」安念有些賭氣地說。

　　「早知道你不想做生意，我就用不著白費口舌回答你那麼多問題了。時間就是金錢，你們咕嚕國的人不是常常這樣講的嗎？」婦人有些惱火地說。「不過，這也不是第一次。上次上門來的人

更糟糕，不但沒有跟我做生意，還將我桌上的筆偷跑了。那可是我最喜歡的一隻筆，筆尖還是鍍金的呢。」

安念的興趣立刻上來了。安靈這時也將她的詩摺好放進了貼身的口袋裏。

「那個人長得什麼樣？」安念迫不及待地問。

「不是一個人，而是兩個人，一胖一瘦，你們認識嗎？」婦人沒好氣地問。

幾乎是同時，安念搖搖頭，安靈點點頭。然後兩個人你看我我看你，一齊吃吃笑起來。

「他們跟你們是一夥的嗎？」婦人拉長臉，狐疑地看著她們。

「啊，當然不是，」安靈趕緊否認。

「我們不過在一張桌子上吃過幾次飯……」安念低聲說。

「跟偷東西的人在一張桌子上吃飯？」婦人打斷安念的話，鼓起眼睛不滿地看著她。

「啊，不，我是說，我不過指點過他……」

「指點他們偷東西？」婦人再一次打斷她，神情更加嚴厲起來。

「啊，不……」安念還想解釋，被她的姐姐適時地拉開了。

「無論如何，下次看見你們的朋友，叫他們一定記得還我的筆。」婦人用生硬的聲音說。

* * * * * * *

女孩們經過一個山坡時，只見那裏有個人歪歪地戴著個大草帽，正在地上忙碌著什麼。

「你好！」兩個女孩朝他熱情地打招呼。男人卻無動於衷，似乎什麼也沒有聽到一樣。

「你好！」安念不服氣地又大聲說了一聲。還是沒有任何反應，也許他是個聾子？

「你好，你在這裏做什麼？」安念像小鳥一樣蹦過去，對著那頂大帽子高喊起來。她暗暗想，如果他真的是聾子，朝他大聲喊叫應該也不會是什麼太不禮貌的，因爲他反正聽不見。如果他不是聾子卻不回答她的問候，哈，她就有理由教訓一下他了。安念平常在學校的時候，最恨的就是那些她問好時，對方裝作聽也沒聽見的樣子就走開的人了。她也討厭那些老遠就問她「今天你好嗎？」但還沒有等她回答時就匆匆忙忙開溜的人。

這個男人顯然不是個聾子，因爲安念在他耳邊大喊一聲的時候，他不但聽到了，還猛然嚇了一大跳，他的歪戴著的帽子也被震落到了地上。原來這是個有絡腮鬍子的男人。也許因爲太專注他的工作，他竟然沒有注意到女孩們路過，也沒有注意到什麼時候有一片落葉粘在他的絡腮鬍子上了。

女孩們饒有興趣地看著他。男人看上去很英俊，面色微黑，身體魁梧而健壯，胳膊上肌肉高高隆起。他的身邊是一堆薄薄長長窄窄的紫色木板一樣的東西，也有些女孩們不認識的材料。它們散了一地，在陽光下閃著神秘莫測的光芒。

「你在做什麼？」安念感興趣地問。

「我在造飛機。」男人簡略地答，笑一笑，又埋頭工作了。

兩個女孩以爲自己聽錯了，安念揚起眉毛，再一次問：「你剛才說你在造……」

「飛機。」男人頭也不抬地答，好像巴不得馬上將她們打發走。現在兩個女孩明白了，她們第一次並沒有聽錯：男人說他正在製作飛機，飛機，在一個連車都沒有的國家！

「我們可以幫忙嗎？」兩個女孩的興趣立刻被提了起來。

男人看她們這麼熱心，這下倒有些不好意思對她們冷淡了。他直起腰來，眼眸裏閃著快樂的光。「我暫時不需要幫忙，但是，等我以後做好了，你們可以來參觀一下，順路也可以幫我生產一點動力。」

「生產一點動力！」沒有什麼比這更蹊蹺的了，兩個女孩乾脆坐在他的身邊，決心弄個水落石出。

「天和國連汽車都沒有，你怎麼想到要製造飛機呢？」安念扶扶眼鏡，不可置信地看著他。

男人看她們並沒有馬上要離去的意思，也就坐到了地上，開始敲敲打打小零件，做一些不大需要注意力的事情。這樣他既可以講話又不耽誤工作。「因為我從小非常喜歡鳥。我那時就想，有一天我也要像鳥一樣高高地飛在藍天上。所以很小的時候，我就自己學著做一些飛機模型。少年的時候，我做成了自己的第一輛滑翔機。」

「滑翔機！」兩個女孩驚詫地吸一口長氣。

「是的，我做了一部滑翔機，不需要動力裝置，依靠上升氣流就可以飛的那種。」

「它能飛很高嗎？」

「唔，大概是1000：1吧？」

「那是什麼意思？」

「那就是說飛機每下降 1 米的高度就可在水準方向上滑翔1000米的距離。它也可以利用暖空氣爬升。不過，現在，我要做的不是滑翔機，而是一部能夠不需要地面牽引也能夠自由升空的飛機。」男人自豪地說。

「那說明你這個飛機必須有自己的發動機。」安靈說。

「你說得太對了。我的飛機自身的確配有太陽能動力裝置。

我早就設計好圖樣了，飛機大概還要一個月左右才能造好。」

「我們可以看看你的圖樣嗎？」安靈出神地看著那堆閃光的零件，有些怯生生地問。

「圖樣就在我的腦子裏，並沒有畫在紙上啊。」男人摸摸亂糟糟的大鬍子輕笑起來，「不過，我可以給你們看一下我的演算，也可以簡單講述一下飛機的原理。」

「我的飛機很輕，大概比我自己的體重還要輕一點。它的動力裝置能量主要來自於太陽，不過那個裝置也附帶著一個小小的健身自行車裝置。你們知道什麼是健身自行車嗎？」

「我們當然知道，我們在咕嚕國就常常用它。」安念說。

「這個健身自行車可能跟你們用過的稍微有些不一樣。你們瞧，這個地上放著的就是我的自行車。它基本上已經做成了。你們可以試一試。」

兩個女孩分別試驗了一下，果然，這個自行車非常輕，而且騎車的人必須以仰臥的方式躺下來，一邊踩車一邊用肩膀像划船一樣划它。

「這樣坐著多難受啊。」安念咕嘟著。

「可是，這不是很好的運動嘛，全身上下都得到運動了，製造的能量也沒有浪費，還可以讓飛機飛。不是很好嗎？」絡腮鬍子對他的創造似乎滿意極了。

「看上去設計很簡單，但確實很實用。你一定花了不少時間琢磨它。」安靈的臉上充滿了贊許。

「那倒是真的，設計起來是有些麻煩，因為必須面面俱到。每一個資料都必須精確，不能有絲毫差錯。另外真正上天前，還得試驗很多次。只有萬無一失了，才可能真正定型下來。」

「你的數學一定很好。」安念的唇邊掛著笑意，羨慕地看著

他。

「是的，數學不好是不可能設計飛機的，另外我也很喜歡物理。」男人說，「我青少年的時候在國都上過好幾個專門學校：數學、物理、工程，統統都上過，就為了這個設計、製造自己飛機的夢。」

兩個女孩驚奇起來：原來看似落後的天和國還有這樣的專門學校！

「你的飛機將是紫色的嗎？」安靈又問。

「你以為非得是白色的才是飛機嗎？」不等那個男人回答，安念就不耐煩地插話。

男人從口袋裏摸出一大把紙，「你們看，我的演算都在這裏，發動機、機翼、水平安定面、垂直安定面、副翼、擾流板、升降舵、方向舵和起落架、機尾……這些部件的演算統統都在這裏。」

兩個女孩盯著那些密密麻麻的數字，眼睛都看花了。

「如果你們感興趣，我還可以詳細地介紹一下飛行原理、空氣升力及機翼的角度、機身的形狀、方向舵、和裏面的各種主要儀器等等。」絡腮鬍子誠懇地說。

兩個女孩子本來對空氣動力學毫無興趣，尤其是安念，一聽到數字就頭疼。她好奇地不過是他這個人罷了。

「你應該將你的飛機賣掉，那肯定可以賺大錢呀。」安念充滿熱忱地鼓動他。「試想想，在天和國這樣一個沒有汽車的國家，如果有了比汽車還快的交通工具，誰不會想買它或者花錢坐它呢？」

「為什麼要拿自己喜歡的東西去賺錢呢？」男人憨厚地搓搓手呵呵笑起來，「我造飛機不過是為了興趣罷了。」

「造這樣一架飛機，就靠你一個人，有多麻煩啊，」安靈崇

敬地看著他，說，「你真是一個有決心的人。」

「只要是自己喜歡做的事，還會嫌麻煩嗎？」絡腮鬍子像個孩子一樣天真地看著她們。然後，他咧開嘴，笑了起來。「說實在的，其實我也失敗過很多次，有好幾次我都想放棄了。可是，每當我灰心的時候，智者講的一個故事總是在關鍵的時候給我啓發和鼓舞。」

「智者？」兩個女孩興奮起來，「你常常見到他嗎？」

「爲什麼要常常呢，真理聽一次跟聽多次並沒有什麼區別啊。」絡腮鬍子聳聳肩膀。

「智者的故事是什麼？」

「噢，那是一個寓言故事。他說，從前有一隻青蛙，不小心掉到一桶牛奶裏面了。這只青蛙當然急得不得了，它想盡辦法要爬出來。可是，桶壁是光滑的，它剛一爬上去一點，就又掉下去了。可憐的小青蛙就在牛奶裏面游呀游，爬呀爬。就在它幾乎要絕望的那一刻，突然，一桶牛奶在它不停的攪和下變成了一整塊乳酪了。牛奶既然變成了乳酪，青蛙這下當然可以輕輕鬆鬆跳出桶子了。」

三個人沉默了一下，似乎都在思考著這個故事。

「你知道智者在哪裡，我們也可以見到他嗎？」安靈低聲問。

「你只要想見到他，很快就會見到他的。」

「他長得什麼樣？」安念問。

「他背著一個大褡褳，褡褳裏面還有一黑一白兩隻小貓。」絡腮鬍子淡淡地說。

「那個賣水晶的老人！」兩個女孩不約而同驚呼起來。在「歸真號」上的小偷們不是說他們見到的那個老人就是背著一個大褡褳，褡褳裏面還有一黑一白兩隻小貓嗎？

「你是說智者有時候也去咕嚕國嗎？」安念揚起眉毛若有所思地看著那個造飛機的人。

絡腮鬍子微笑著看著她：「為什麼不可以呢？在天和國，也常常有人去那邊旅行的呀。」

「可是，如果那個賣水晶的老人就是智者，那兩個小偷，根本就不必要白跑一趟到這邊來旅行了。他們在那邊也可以找得到他。」安念不無遺憾地說。

「沒有任何旅行是白跑一趟的。」絡腮鬍子看著遠方，好像在自言自語一樣。兩個女孩突然覺得，造飛機人臉上的表情看上去像極了那個「歸真號」上的船長。

絡腮鬍子大概覺得耽誤的時間夠多的了，他又低下頭去敲敲打打了。兩個女孩準備動身出發。

「唉，真希望我們可以很快見到智者，我也有問題要問他呢。」安念充滿期待地說。

「其實，」安靈輕輕點頭，「我們在天和國見到的所有人，幾乎都是智者，不是嗎？」

她們以為那個絡腮鬍子沒有聽她們在講話，突然，他卻抬起頭來微笑著看著她們，說，「你說得很對，其實每個人都是智者，天和國的人也是，咕嚕國的人也是，只不過有些人不知道自己擁有這個智慧罷了。你們想見的智者，是個讓花也可以發笑的人。你們不會錯過他的。」

「謝謝，再見。」女孩們依依不捨地離開他和那一堆紫色的零件。

「再見。」

兩個女孩從他身邊輕輕走過去了。

「他是個不屈不撓的人。我敢打賭他一定會成功的。」安靈

說。

「我但願他可以成功。不過，那些數學演算，」安念不可置
信地搖搖頭，「也不知道他算得準不準？他好像連計算機都沒用
呢。」

「他那麼聰明，還會製滑翔機，不用計算機也可以算好的。」

「你是說用計算機的人就不聰明嗎？」安念挑戰地看著姐
姐，安念自己就是一個離開了計算機，簡直算不出自己有多少個
手指和腳趾的人。

「我沒有這麼說。」

「他的飛機要是現在做好了，我們就可以坐上它去天和國探
險了，還用得著走路幹什麼？」安念無比惋惜地說。

$$* \quad * \quad * \quad * \quad * \quad * \quad *$$

兩個女孩正式走出天和國國都的城門了。

「這個地方多麼奇怪，這些人又多麼令人摸不著頭腦呀。」
她們邊走邊想。女孩們隱隱覺得自從在國都一遊，她們的內心世
界已經起了很多的變化。至於到底是什麼變化，她們自己也不完
全清楚。

出了城外不遠，兩個女孩看見一個老人背著一個大褡褳盤腿
坐在一棵很大的花樹下。那不知是什麼花，乳白色的花朵朵朵怒
放，花瓣像手掌一樣碩大而厚實，非常有質感，看上去倒不大像
是真的花。女孩們路過的時候，蜜蜂、蝴蝶正在花樹上快樂地唱
歌、跳舞。老人雙目微閉，喃喃自語，好像在跟花說話一樣。

老者的腳邊有兩隻貓，一隻白，一隻黑。那只白的體態有些
臃腫，眼睛半閉著，好像在閉目養神。另外一隻黑的，眼睛炯炯
有神，耳朵又尖又長，粗粗的尾巴很自信地晃動著。一看到兩個

女孩子，黑貓就風一樣地躥過來，親熱地撲到她們的身上。

　　老人跟他的黑貓一樣，精神矍鑠，雙目有神，沒有任何老態龍鍾的樣子。兩個女孩走到跟前時，他抬起頭，用他淡色的眼珠溫和地凝視著她們，眼神充滿了孩子一樣的活潑和好奇。

　　「那不就是智者嗎？」安念興奮地在姐姐的身邊耳語。

　　「他真的就是智者嗎？」安靈有些懷疑，卻沒有做聲。

　　「你剛才在跟花說話嗎？」安念怕他年紀大了耳朵不好使，故意大聲問。

　　「不可以嗎？」老人的聲音輕柔悅耳，他微笑著看著她們，好像一個老朋友約好了在這裏等她們一樣。

　　「可是花並不會說話。」安念揚起眉毛，安靈則站在她身後目不轉睛地觀察著老人的一舉一動。

　　「你怎麼知道？」

　　「就算花會說話說的也是花的語言，人不可能聽懂它。」

　　「這你倒說對了一半。人有人的語言，花有花的語言，樹有樹的語言，石頭有石頭的語言。可是，除此之外，他們還會一個共同的語言。」

　　「是什麼？」

　　「宇宙語。」

　　「宇宙語？」兩個女孩驚訝地看著老人。

　　「是的，宇宙語。宇宙靈魂就是靠它來傳遞資訊的。」

　　「宇宙靈魂？」女孩們更加懷疑了。

　　「是的。連沙漠裏的沙粒都是宇宙靈魂的一部分。如果你在用你的靈魂說話，那麼就等於你在用宇宙語說話，所有的一切，花、樹、石頭、沙漠等等都可以聽清你的心思，你也可以聽它們的心思。事實上，花、樹、石頭、沙漠等自然界的一切，早在

人類出現以前的遠古就存在了，它們比我們看的、聽的、經歷過的、懂得的，都多得多。人如果仔細聽它們的聲音，就無所不知了。」

「那它們也會幫助我們嗎？」安念似乎若有所悟。

「那當然，我們都是宇宙靈魂的一部分，除了互相幫助，別無出路呀。」

「那它們會最終幫我們找到我們要去的地方嗎？」安靈輕輕問。

「我說過，如果你用靈魂說話，它們會幫助你。但幫助你並不等於代替你解決問題。出路永遠只有靠尋路的人自己去找，其他的一切不過為他提供方便罷了。」

他們說話的時候，那只白貓依然懶懶地躺著一動不動。而那只黑貓卻正好相反，它也許看得出安念喜歡小動物，就圍著她的腳踝淘氣地嗅個不停，好像要催她帶它去玩耍一樣。安念被它嗅得癢癢的，愉快地笑著將它抱起來去追花樹周圍的那些彩蝶們玩了。

安靈有一些事情想向他請教一下。她猶豫地看著老人，欲言又止。

「你有什麼問題嗎？」老人問，他平淡的語氣好像女孩是天天去拜訪他的一樣。

「自從離家出門後，我的內心總是很亂，好像總在擔心著什麼。」

「那很正常。心不靜的時候，一定是你的靈在提醒你要警惕什麼了。」老者不動聲色地說。

「我的靈？」安靈驚訝地看著他，「人真的是有靈魂的嗎？」

老人呵呵笑了。「這樣簡單的問題還用得著我來回答嗎？你

自己應該去找答案的。」

「但是我希望你啓示我一下，因為我從小到大，腦中就充滿了問題。比如，我是誰，我在這個世界上應該做什麼，痛苦從哪裡來，我該如何去克服它等等。我也看了很多書，有時候，書可以告訴我很多道理，可是，有時候它們反而讓我更迷茫。」女孩年輕的臉上閃過一片陰影。

「真正的好書，應該是讓人接近靈性的書。否則不看也罷了。另外，我可以肯定地告訴你，人感到痛苦時，那必定是他的靈魂在痛苦。」

「你為什麼這麼肯定呢？」

「因為肉體太容易滿足了。饑餓的時候，給它吃一點東西；乾渴的時候，給它喝一點水；勞累的時候，給它休息一下；它就像在太陽下睡懶覺的貓一樣舒服得毫無怨言了。可是，人們總以為自己的痛苦是因為肉體的不滿足，多好笑呀。」老人輕輕笑起來，又繼續說，「我曾經寫過一本『幸福的種子』的書，也試圖想讓咕嚕國的人明白這個淺顯的道理，可是……」

「幸福的種子？」安靈驚呼起來：這不就是那個沮喪的人在船上所讀的書嗎？他既然早已讀到這本書，為什麼還是那麼煩惱重重呢？

老人彷彿猜出她想說什麼，他點點頭，「凡事都有個時辰。總有一天，該徹悟的人都會徹悟的。」

安靈也點點頭，「奶奶曬種子的時候，好像也說過這樣的話。」

「是的，你奶奶說得對。只要種子是好的，發芽、開花，結果，只是遲早的事。」

安靈沉默頃刻，似乎若有所悟，「我猜你說的不無道理。自從山裏有個隱者教會了我們看日出，我覺得心安靜很多了。」

「日出的美麗在於它無私的付出，它不但照亮了世界，驅走了黑暗，也驅走了令我們難以釋懷的陰影和恐懼。」

安靈略帶憂傷地看著他，「有時我覺得，人的很多東西，似乎是註定了的。命運就像一張緊緊裹住人的網，它罩在身上，想掙脫開，也是徒勞。」

「網再堅實，對於有智慧的人來說，也可以不解自開。」老人的眼眸閃爍著笑意。

「也許你是對的，」安靈遲疑了一下，又繼續說下去。「我也不知道為什麼，心裏有時就是感到一種莫名的悲傷。我看到的一切，也因此蒙上了一層灰色的陰影。我想，也許我生來就是如此。我註定就是個多愁善感的人。」

安靈張嘴還要說什麼，老人噓了一聲，叫她注意聽。草地上的一棵大樹上有很多鳥在盤繞著爭著叫個不停。只聽其中一隻鳥帶頭高鳴了一聲，立即有很多不同的聲音群起而應和，匯成了一支忽短忽長忽清脆忽沉鬱的交響曲。

「你從那些鳥叫聲中聽出了什麼嗎？」

女孩靜心聽了一會，說：「是的，它們每一隻的叫聲好像都不大一樣，有的聽起來脆弱，有的堅強，有的興奮，有的悲傷，有的熱情，有的無奈……」

「人不是像鳥一樣，也有各種各樣的性格麼？為什麼非得都一樣呢？你的確是有一顆敏感的心，但是，不是有人說過：『永遠不要嘲笑一個人的敏感，他的敏感就是他的天分』嗎？」

安靈搖搖頭，不好意思地笑了一下，「可是，我卻是個沒有天分的人，不但如此，我連一般的人都還不如呢。從小到大，就是如此，別人輕而易舉學會了的東西，我費了好大的勁都學不好。比如那笛子，妹妹毫不費勁就學會了，而我……」

「你也有你根本不要費勁就能學會的東西。」老人肯定地說。

「比如說？」女孩懷疑地看著他。

「你自己會慢慢發覺的。」

安靈沉默一會又接著問，「是不是一個人不可能永遠快樂呢？」她略歪著頭，帶著迷惘的表情看著他。

老人微微一笑，「他可以永遠快樂，如果他的靈魂處於永恆之光中。」

「什麼是永恆之光？」

「那是宇宙的生命之光。你常常多看日出，很快就會體驗到它是什麼了。」

她站起來，感傷地說：「不知爲什麼，我最近有些害怕。我總是模糊地感到有什麼不好的事情在等著我。你覺得我的擔心是多餘的嗎？」

「並不多餘。災難在等著你，那是必然的，」老人無情地說，「所以的一切都是必然。」

女孩很詫異老人的話，她惘然地揚起眉毛，緘默了一會兒。「你的意思是說一切都是命運註定嗎？」

「我並沒有這麼說。我只是說，當你學會了如何選擇，就無所謂命運了。」

「我不明白。」

「很快你就會明白了。你有站在岔路邊上的經驗嗎？

「當然有。」

「人生就如岔路一樣，你有選擇往左邊走還是往右邊走的權利，但僅此而已。當你一旦選擇了那條路，那路上的風景、氣候、碰到的人等等，就不是你所能控制的了。這就是我所謂的必然。因爲一旦選擇，路上的一切都成了必然。」

「你指的是所有的事嗎？」

「是的，我指的是世界上所有一切的事。但是，當然越是重要的事情，你的選擇就越重要，因爲你將面臨的那些必然對你的生命息息相關。比如吃早飯，你有選擇吃什麼和吃多少的權利，你甚至可以選擇什麼都不吃。這是個很小很小的選擇，你早上什麼都不吃，面臨你的必然就是那天你會覺得饑餓。重要的選擇呢？比如，你選擇到天和國來……」

「噢，」女孩文靜地笑起來，「這倒不是什麼選擇，我跟妹妹隨便寫了一個數字決定的。我們比賽看誰的數字小，如果她的小我們就到這裏來。非常偶然地，她贏了，所以我們就來了。」

「可是，你怎麼知道這個偶然不是個必然呢？」老人微笑著看著她。

安靈輕輕歎一口氣，「就算那是一個必然，但是，並不是我們所經歷的一切都像吃早飯一樣給我們可以選擇的權利啊。」

「是的，所有的一切。」老人肯定地說。

「比如我的害怕？」

「你完全有權選擇。你可以選擇不害怕。如果你選擇害怕，害怕的那條路上有它的必然；如果你選擇勇敢面對，勇敢面對的路上也有它的必然。人生所有的一切經歷，不論大小，不論重要與否，你都有選擇的權利，你一旦做出選擇，就只有聽天由命了。你說這是宿命論嗎？」老人專注地看著她年輕的臉。

安念若有所動，正準備再說些什麼，安念這時候卻奔回來了，那只黑貓也蹦蹦跳跳地跟在她的腳跟頭。那只白貓這時候大概也睡醒了，朝著她輕輕喵了一聲。

老者從口袋裏掏出一把乾果一樣的東西，給了一大半給那只白貓，一小半給了黑貓。兩隻貓如獲至寶各自吃得津津有味。

安念大概有些愛上那只黑貓了，替它有些憤憤不平起來，她帶著埋怨的口吻說：「哎呀，你好像更寵愛這只白貓一些啊。爲什麼給它多吃，給黑貓少吃呢，這不是一碗水沒有端平太不公平嗎？」

老人呵呵笑起來反問她：「公平真的那麼重要嗎？」

「哦，如果連公平不重要，世界上還有什麼是重要的呢？」安念睜著圓圓的眼睛反問他。

「我給你打一個比喻，」老人說，「有一天你去一個棗子店買棗子，男掌櫃的給你稱了不多不少一磅棗，你付了錢，他笑眯眯看著你出去了。第二天你又去同一個店子買棗，這回是個女掌櫃的，她首先也給你稱了不多不少一磅棗，然後，你付了一磅棗的錢後，她又在你的袋子裏扔了幾個棗子進去了，你高高興興拿著棗子回家了。你說，兩個掌櫃的，誰更公平呢？」

兩個女孩困惑了：是呀，誰更公平呢？

「應該是那個男掌櫃的吧，因爲一分錢一分貨，他做的是公平交易，是不是？」安靈沉思一會兒後答。

「你說得很對，是那個男掌櫃的更公平。那個女掌櫃的，她不公平，因爲她多給了你一把棗。可是，以後再要買棗，你會想到那個男掌櫃的那裏去買，還是到那個女掌櫃的那裏去買呢？」老人閃閃發亮的眼睛看著她們。

「那還用問嗎，當然是願意去女掌櫃那裏了。」安念搶著說。

「對極了。所有的人都會願意到女掌櫃的那裏去買，儘管她並不是個講究公平的人。爲什麼呢？」

「爲什麼呢？」兩個女孩面面相覷。

「因爲宇宙間有一個原則比公平更可敬。」

「是什麼？」兩個女孩齊聲問。

「那就是愛。因為愛是靈魂的語言，它是宇宙語。只有用宇宙語說話的人，才會真正找到永恆的快樂啊。」老人的臉上現出肅穆的表情。

「可是這跟小白貓多吃果子有什麼關係呢？」安念不解地問。

老人將白貓抱起來，給女孩們看它的一隻前爪：「你們看，小白貓的這只爪斷了很久了，它殘廢了，因為它有一次為了將淘氣的小黑貓從大岩石下面救出來，它將自己的爪弄傷了，再也沒有能力自己去覓食。你說，我是不是該給它多吃一點果子呢？」

兩個女孩點點頭，卻久久沒有做聲，似乎在竭盡全力弄明白老人講的所有的話。安念記起了她們吃的那最後一塊餅乾。姐姐給了她那有果醬的半塊，她自己則吃了另外那沒有果醬的半塊。安念雖然吃的時候有些不好意思，但心裏卻是高高興興的。看樣子，人並不真的最喜歡公平啊，她這樣想。

「前面就是荒蕪的草地和雪峰了，道路相當難走，從此，可能真的一切都要靠你們自己了，你們還要往前走嗎？」老人撫摸著他腳下的貓，平靜地問。

兩個女孩交換了一下憂慮的神色。

「我知道我們要吃很多苦，前面再也沒有人，也不可能再買到糧食了。可是，我們別無選擇呀。」安念說。她稚氣的臉上露出果敢的表情。

「你們知道，糧食倒不是主要的問題。」老人不動聲色地看著她們。

「噢？」兩個女孩猛一怔。

「你們還沒來前，我的花就用宇宙語告訴我們你們會來。現在你們還沒走，它們就告訴了我你們可能遇到的困難。」

「什麼樣的困難？」安靈的臉色變白了。

「宇宙語說出來的話語，只可以通過靈魂傳遞，這也就是所謂的天機不可洩漏，到了該知道的時刻，一切都會明瞭。記住，不會堅持的人，永遠得不到幸福。」

「可是在完全毫無希望的情況下，再堅持下去不是毫無意義嗎？」安念問。

「不，沒有任何鬥爭是毫無意義的。」老人的神色凝重。「而且從來不存在完全毫無希望的情況。你們見過密林裏的樹嗎？」

女孩們點點頭。

「一棵密林裏的樹，它周圍長滿了巨大的樹，左邊、右邊、前前後後，都將它緊緊包圍了起來。它想要長大一點長粗壯一點，可是，它根本沒有辦法，因為其他的樹阻礙了它，讓它無法突圍出來。這，也許就是你們剛才所說的完全毫無希望的情況吧。」

兩個女孩點點頭。

「可是，儘管如此，這樹並不是毫無希望的，它還可以有一個別的脫身的辦法。」

「什麼？」

「往上長，朝更高的方向長。不論周圍的壓力有多大，沒有誰可以阻止它往高處長。人也一樣。」

女孩們靜靜地看著老人，她們看到火焰在那雙睿智的眼睛裏燃燒。「你是誰？」一絲豁然一亮的火花在兩個女孩的瞳仁裏閃爍起來，她們突然若有所悟。

「這個問題問得太好了，這難道不是你們自己要問自己的問題嗎？」老人呵呵笑起來，他身後的那棵花樹也開心地搖曳起來，發出呵呵的聲音，好像在同著老人一樣響亮地笑著。連落在地上的花瓣，也笑著在他身邊輕輕飛舞起來。那兩隻貓則輕輕跳到他

的膝蓋上，睜著天真可愛的眼睛，眼睛一眨不眨地看著面前這兩個年輕的過路人。

女孩們這才確信無疑了：她們遇見了智者。

*　　*　　*　　*　　*　　*　　*

兩個女孩已經在草原上走了好些日子了。正是秋天，草原上是一望無垠的金黃色，風吹過草面，就像金色的海濤一樣起伏蕩漾。大多數花都已經開過了，不過也還有些遲開的紫色、白色和深藍色的野花在那裏靜靜地盛開著，芳香撲鼻，儼然是「芳樹無人花自落」的悠閒景象。

間或也可見到一些高樹，而且大多數都是果樹。女孩們見到一種樹上結著橢圓形的果子，每顆果子上面還有一根長長的白帶子，像蠶吐出的絲一樣不經意地飄在那裏，很輕盈地跳著舞。正是果子成熟的季節，女孩們經過一些果樹時，有時候她們都不需要爬上樹去摘果子，因為它們有的就當著她們的面適時地掉下來，好像是心甘情願主動請她們吃似地。

兩個女孩舉目四望，只見幾十裏外的遠方跟天空連在一起，星星點點的湖泊在陽光下閃爍。到處都顯得靜悄悄的，好像這是一個人類從未涉足過的地方一樣。連偶然見到的一些動物們，也低頭默不做聲地吃草，生怕打破了這沉靜的氣氛一樣。

「真空曠啊！」安靈說。

「是的，從來沒有看到過這麼安靜的地方，安靜得有些讓人心裏發毛。」

「在這樣空茫茫的草原上，覺得人真的是渺小得像一棵草了。」

「是的，太微小了。我在沙漠裏也有過這樣的感覺呢。」

好像要證明她們並不是孤獨的，就在這時，一聲尖銳的鳥叫聲劃破了寧靜。她們抬頭一看，只見一行白色的鳥結伴飛過。鳥陣容巨大，卻飛得從容不亂。

「冬天快來了，這些鳥要遷徙到哪裡去呢？」安靈感歎地看著它們飛過。

「當然是往暖和的地方飛了，不像我們這麼傻，天氣越冷反而往冷的地方跑。」安念沒好氣地說。安念走得很慢，一邊走，一邊在草地上東張西望搜尋著什麼。

「你在找什麼？」

「太陽草呀。這裏是大草原，很難說太陽草沒有藏在裏面。」

「太陽草長在雪山上，好多人不是已經告訴我們了嗎？它怎麼可能在這裏呢？」

「萬一在這裏呢。你看，這裏不是有很多很多不同的植物嗎？」

「快點走吧，不要抱不切實際的希望了。否則的話，我們不知道何年何月才能找到真正的太陽草。」

安念加快了步伐，可還是時不時停下來拾起草地上淡褐色的餅子一樣的東西，將它們丟進一個塑膠袋裏。

「你在撿什麼？」安靈問，但安念卻笑一笑不做聲。

那天做飯的時候，她們特意挑在一個小湖附近。在草原上要特別防火，女孩們離開農場前就被反複告知這一點了，所以她們每次都一定要在水邊做飯，而且事先將周圍的乾草都扯掉以防失火。如果實在找不到有水的地方，她們就吃乾糧。畢竟，要在秋天的草原上找到吃的，並不是一件太困難的事。

那天安念生火時，用的是她袋子裏收集的燃料。火一燒起來，一種奇怪的臭味就四處漫開來。安靈捂著鼻子嚷嚷：「噢，安念，

你從哪裡撿來這些臭烘烘的柴火，簡直要把我給熏死了！」

安念也給熏得流下眼淚來，嘴上卻笑著：「哎呀，這是野牛糞，最天然的燃料哦！我擔保等會兒做出來的飯菜會又香又甜。」

「拜託安念，你不要一會兒拿牛糞，一會兒又去拿食物，講點衛生吧。」

「牛糞又不髒，不過是乾掉的草罷了。說不定還可以給你增加一點額外的維生素呢。」安念笑嘻嘻地說。

那天晚上安靈吃飯時，總是有些忐忑不安，她仔細撥拉著碗裏的食物，生怕吃到什麼可疑的東西。安念卻吃得比什麼時候都香，一邊吃還一邊讚歎不已：「嗯，到底還是牛糞做出來的飯菜，味道就是不一般啊。」

傍晚，兩個人吃了飯，凝視著一望無垠的草原。日暮的草原一切都顯得有些孤獨、荒涼。兩個女孩也感到有些形單影隻，她們沉默著，盯著黃昏淡紫色的霧靄隨著寒氣加重，然後霧靄漸漸散去了，黑暗慢慢走過來。靜靜坐著的安靈突然跳了起來。

「你怎麼了？」

「蚊子，好多蚊子在我們身邊飛來飛去，你沒有看見它們嗎，黑黑的一大片？」

「沒有呀。」

「你真的需要配眼鏡了，安念，」安靈懊惱地說，「這麼多的蚊子飛來飛去你都沒有看見。難道它們沒有咬你嗎？」

「它們當然咬我，可是，咬咬也好，這樣我就不孤獨了。在這樣茫茫的草原上，實在是沒意思極了。」

「如果你孤單得需要蚊子來咬你，叫它們陪你好了。我可不需要它們陪。」

夜黑了，月亮出來了，星光如水。

「還記得我們剛進天和國的那一個晚上嗎，天上也有這麼許多星星？」安靈感觸地問妹妹。

「我當然記得，就好像昨天一樣。我們真的已經走了大半年了嗎，安靈？」

「是的，我們出來好久好久了。」

「時間過得真快啊，再過些天就是我們的生日了。」

「你不指望有人會給你送生日禮物吧？」安靈在黑暗中輕笑起來。

「你會有什麼好東西送給我呢？」安念也笑起來，「不過，要是有一個生日蛋糕該多啊。沒有誰比奶奶做的巧克力蛋糕更好吃的了。」

「你又畫餅充饑了。」

安靈鑽進了帳篷。安念一個人坐得悶，也跟著進來了。

「快睡吧，不要胡思亂想了。」姐姐的語氣裏多了些溫柔。

「帳篷的拉鏈門你剛才拉好了嗎？」安念忽然一骨碌爬起來，問。

「拉好了，快睡覺吧。」

妹妹重重地倒在睡袋上，眼睛卻還在看著姐姐，「安靈，你還記不記得，小時候咱們睡覺前，總是我提醒奶奶去關籬笆的門，因爲她記性不好，常常忘記了。籬笆的門關的時候，總是『吱呀』響一聲。你怕那響聲，每次聽到它總是嚇得躲到被子裏。」

「我當然記得。」安靈的臉上閃過一絲惘然。

「現在我們要在自己家裏多好呀，那整齊的樹籬笆，那香撲撲的小藥圃，冬天不冷夏天也不熱的小房子，還有前面那麼漂亮的海……」安念打開了話匣子，就滔滔不絕了。「喂，安靈，現在我們玩一個遊戲，讓我們想像一下我們根本就沒有出來旅行，

現在正睡在自己柔軟的床上……」

「好了好了，咱們不要再念舊了，明天還要早起，趁著天氣還行，我們得儘量多趕路。聽說這裏秋天很短，冬天下雪早，一下起雪來，走路就困難多了。」

「我睡不著。」安念撒嬌地說。

「又睡不著了，爲什麼？」

「我怕黑。」

「這不是理由，今天咱們又沒有住在山洞裏；另外，外面的月光大得很。」

「那……還有一個很重要的原因。」

「什麼？」安靈不耐煩起來。

「咱們家籬笆的門還沒有關呢。」

「安念，你……」

安靈搖搖頭，歎口氣，然後眼珠轉了轉。她輕輕爬起來，將帳篷的拉鏈打開，然後到外面待了一分鐘又回來了，拉上拉鏈，關好門。

「你幹什麼去了，這麼黑的夜還跑到外面去？是不是嫌蚊子還沒有跟你做夠伴？」安念咕噥著。

「我去將籬笆的門關好了。現在，你給我老老實實睡覺吧，再不許找什麼歪理由了。」

她聽到對面傳來妹妹的嘻嘻笑聲，漸漸地，輕輕的呼吸聲傳了過來。

* * * * * * * *

第二天一早起來，安靈發現自己被蚊蟲叮咬過的地方，皮膚上都起了紅疙瘩，又癢又痛。安念給她搽了一些上次隱士給的藥

粉，才覺得舒服多了。

「這些藥粉都變成萬能藥粉了，早知道應該多要一點的。」她對妹妹說。

「等我研製出我的萬能藥粉了，你就不會在乎他的了。」妹妹說。安念一路上一直在收集標本，宣稱她將要研製出一副對付世界上一切疑難雜症的藥劑。

「我要等你的藥粉研製成功，早就等得頭髮都白了。」

「真正不朽的東西是那麼輕而易舉得到的嗎，你要學會耐心啊。」安念裝作語重心長的樣子教訓姐姐。

「單是對付那個饒舌的妹妹我已經學到不少耐心了。」安靈無可奈何地聳聳肩。

這天天開始下起霏霏細雨來。兩個女孩最怕的就是下雨，因爲她們的帳篷已經陳舊得外面下雨，裏面也跟著淅淅瀝瀝了。她們慌亂地收拾好了帳篷，胡亂塞了一些東西在嘴裏就準備上路了。

忽然間一隻小灰兔不知道從哪裡鑽了出來，將安靈嚇了一跳。原來雨中長了不少新鮮的白蘑菇，那兔子在一株大蘑菇下面東嗅嗅西嗅嗅，這裏啃一點，那裏啃一點。

「也許它在試探蘑菇有沒有毒呢？」安靈低聲說。

「那蘑菇是一般的草菇，沒有毒的，它不過是在玩耍罷了。」安念說。

安念示意姐姐別出聲，她屏住呼吸，靜靜地接近了兔子，然後伸出手將它抓住了。

「你捉住它幹什麼？」姐姐不解地問。

「我們可以吃掉它。我們這麼些天天天吃野果子，我已經吃得頭暈眼花了。」

小兔子卻好像很喜歡被安念抱著，它睜著可愛的眼珠看著

她。

「唉，」安念歎一口氣，「這麼天真的小動物，一點戒心都沒有。我本來是惡意對它，它卻將我當好人。我又怎麼捨得吃它呢？」她將兔子放下來，看著它慢悠悠消失在遠處。

安靈這些天覺得肚子雖然被草原上的各種野果填滿了，可是總也感到有些饑腸轆轆的。好像剛剛吃的東西一下子就消化了，沒多久就又餓起來，兩隻腳也顯得軟軟的沒有很多力氣似的。

「我們吃蛋白質吃得太少了。」妹妹以行家的口吻這樣說，「那山裏的少年教過我找一種野生的扁豆，他說那是最好的蛋白質，可惜我一直沒有找到。」

她們不久經過一個深水潭。那裏同樣有大群的鳥在喝水。後來兩個女孩仔細觀察了一下，才發現這個水潭裏有不少小魚，鳥兒們主要針對的不是水，而是那些魚。

她們看到有些鳥因為脖子太短，夠不著魚，有幾隻脖子長的鳥，先讓自己吃飽喝足了，就回過頭將嘴裏銜著的多餘的魚餵給那些夠不著的鳥吃。而這些短脖子的鳥似乎也有它們特有的表示感謝的方式：長脖子鳥在找魚的時候，它們就在一邊用嘴巴輕輕啄著它們的羽毛，好像在幫它們按摩或者梳洗一樣。

「誰說動物不聰明呢，你看每個人個盡其能，就像人一樣。」安靈感歎地說。

「多麼可愛啊，要是我有一部錄影機就好了！」安念又在遺憾了。

「有錄影機也還不被你給弄濕了或者弄丟了。」安靈笑著說。妹妹這幾個月來，一路上冒冒失失的不知道弄丟多少東西了。

「啊，有了！」安念眉頭一縱，計上心來，「我們也可以像鳥一樣吃魚呀。魚肉不是很好的蛋白質嗎？」

「捉魚？」安靈有些驚訝，「怎麼捉啊，我們可沒有像那些鳥一樣的長脖子啊？」

「哎呀，不需要長脖子，我照樣可以抓到魚。你等著瞧好了。」

安念說做就做，她叫姐姐跟她一起去弄一些草根回來。草很深，草根也很老，不是那麼容易拔出來的。兩人忙了大半天，安念的頭髮上都沾滿了草屑，才攢夠了她要用的東西。然後，她一屁股坐在地上，開始編織起來。安靈在一邊幫不上忙，就幫著妹妹梳理著她亂蓬蓬的長頭髮。她一邊梳，一邊撲嗤一聲笑出來。

「怎麼了？」

「你說我們像不像剛才看到的那些鳥，你負責捉魚，我則給你整理羽毛？」

安念想了想，也笑了起來。

沒多久，一個小巧玲瓏的網就在她的手中編好了。末了，安念又給它加了一個把柄。

「一切都萬事如意了，明天你就等著我餵魚給你吃就好了。」

那天晚上，她們就在那個水潭邊紮營，安念睡覺前就將小漁網放進了水潭中，還在它的把柄處加了石頭壓著。第二天早上，她們去看的時候，果然，網裏是滿滿一網銀燦燦活蹦亂跳的魚！

兩個女孩將魚先挑選了一下，太小的放回水中，其他的都留了下來，安念迅速將它們破了腹，弄乾淨了，放在石頭上曬著。她一面弄一面嘀咕著：

「謝謝你們，親愛的魚，你們真是世界上最乖的魚呀，主動犧牲自己來餵飽我們。我保證，只在萬不得已的時候我們才會享受你們，阿門。」安念結束了她的懺悔。

那天晚餐，女孩們吃的是魚肉燉蘑菇，她們覺得再也沒有比這更鮮美的湯了。喝完湯，安念還嫌不過癮，她又將幾條小魚放

在燒紅的牛糞上烤著。魚烤得滋滋作響的時候，她就往上面撒一點鹽，等到兩邊都是金黃色的時候，就烤好了。兩個人美美地飽餐了一頓，連安靈都不大忌諱牛糞的味道了。

* * * * * * *

秋風飄起，秋葉如雨。一片淡黃色的落葉在她們身旁旋轉了一下，又靜悄悄地落回到地上去了。

那天下午她們經過一個水塘。只見塘裏面有一池子盛開的火紅的花。花像向日葵那麼大而挺拔，太陽照在上面，就像火一樣要燃燒起來。好多蜜蜂、蝴蝶、蜻蜓都聚集在那明亮的花蕊裏，在上面跳著舞，盡情地吸吮著花的芬香。這裏似乎也是野兔、地鼠之類的小動物們特別鍾情的地方，它們悠閒地在花的陰影裏穿來穿去。

「多麼好看的花啊，它們在這個靜悄悄的地方開得這麼寂寞，也不在意沒有人欣賞它們的魅力。」安靈感慨地說。

「你覺得它們寂寞，那是因為你是從人的角度來看花。」安念說。「其實花並不是為了人才開的呀。那個智者不是說過嗎，自然界中所有一切都可以用宇宙語說話。這裏的花兒們周圍有很多同類的花和小動物，它們也許在一起聊得很熱鬧呢。」

「你越來越哲學了，安念。」

「我是嗎？」安念揚起一根眉毛，輕輕笑起來。

安靈覺得妹妹的表情似乎是有些憂傷的，她正想說什麼，就在這時，一陣輕風從她們面前吹過。安念注意到那些綠色的蜻蜓開始飛離了花蕊，在空中低低飛翔。

「噢，安靈，不好了。大概要下大雨了，你看那些蜻蜓飛得好低；剛才在這兒吃草的動物們什麼時候都突然不見了？」安念

焦慮地說。

果然，話音未落，一陣風就從她們耳邊嘶嘶掠過，將她們吹得睜也睜不開眼了。風一過去，空氣一下變得出奇地冷，明明早晨剛過，天空卻突然暗淡起來。漸漸地，天那邊飄過來一大片烏雲。雲越壓越厚，天越變越黑。一場暴雨眼看就要來臨了。可是，在這茫茫草原上，連一個遮身避雨的地方都沒有，躲到哪裡去呢？帳篷已經收起來了，要將它重新設置好，並不是一件幾分鐘就可以解決的事。

女孩們咬咬牙，決心冒著狂風往前走。

「安靈，風刮得我什麼都看不清楚了！」妹妹大聲抱怨起來。

「你抓住我的背包好了，不要放手。」姐姐大聲回應她。

風猛烈地咆哮起來，它就像一頭被困久了的怪獸，縱聲獰笑著，扭曲著，逼近著，揮舞著巨爪，將原野上的塵土揚起來，一把把扔到天上去，又漫天遍野拋撒下來。土塊砂礫和樹枝被掀得滿天飛。兩個女孩被吹得暈頭轉向。她們將脖子緊緊縮在衣領裏，拽著笨重的背包往前走，彎曲的膝蓋幾乎觸到了路面。

一道雪亮的白光從她們臉上一劃而過，安靈忍不住失聲尖叫起來。她們在森林裏行走的時候，也不是沒有看見過閃電，但這次卻比任何一次都耀眼、強烈，好像遠處的整個地平線都被攔腰截斷了。兩個女孩嚇了一大跳，她們丟了背包，一屁股坐在地上，掩住了耳朵。隨著天邊一聲震耳欲聾的霹靂，天空裂開了一個巨大的口子，鋪天蓋地的雨水便從那個洞裏決堤似地洶湧出來，像一條條無情的鞭子，結結實實抽在地上，鞭子抽到的地方，便是一個個的深坑。

兩個人匍匐在地上，一動不動。好像過了好久好久，四周才又變得寂靜無聲起來，但那只是一會兒的寂靜，因為馬上，從水

塘的方向傳來了青蛙歡快而喧鬧的叫聲。危險過去了。安念的眼睛被砸疼了，身體也被砸得麻木了，她站起來，一下子，都分辨不出東西南北，更不知自己究竟要到哪裡去了。

「安靈，你在哪裡？」妹妹搖搖擺擺站起來面向荒野大聲喊。

「我在這裏，就在你身邊。」

「你都變成落湯雞了。」姐姐看著妹妹狼狽的樣子啞然失笑。

「你以爲你比我好看很多嗎？」

「哎，至少有人給我們好好地洗了一場澡了。你不是老嚷著要痛痛快快洗一個澡嗎，現在如願以償了。」

「澡倒是洗得挺乾淨的，可是代價也付出了。」

「什麼代價？」

「我的眼鏡被風刮跑了。」

「啊！」安靈嚇了一跳，趕緊四處摸索著幫妹妹找。她知道妹妹不能沒有她的眼鏡。

她找了好久，一無所獲。也許眼鏡掉到水裏去了？

「算了，安靈，別找了。就算找到了也早就跌壞了。其實，有沒有它們，意義並不大。」妹妹這樣幽幽地說。安靈覺得那不太像活潑的妹妹的語氣。

姐姐也很傷心，卻又不想露出來。風平息了下來，她們依偎著坐在地上不想起來。

「乾脆明天再上路吧，安靈，我一點力氣都沒有了。」妹妹無精打采地說。

兩人就地安頓了下來。妹妹好像有些累了，不大願意說話的樣子。她默默坐在那裏，眼睛看著遠方。可是，遠方除了遙遙一無所有，她在看什麼呢？安靈心裏也感到些許不安。到底爲了什麼而不安，或者她在恐懼著什麼，她也說不大清楚。她只是知道，

這種感覺她已經有了很久了。

　　晚上很晚了，安靈看到妹妹還在用小刀在她的行路棍上刻刻鑿鑿。

　　「你在做什麼呢？」

　　「這根棍子上有一個好大的樹痂，我把它刨平一下，正好可以給我的手杖做一個彎鉤。」

　　「花這麼大力氣，就為了一個彎鉤，有必要嗎？」

　　「誰知道呢？」妹妹淡淡地答。安靈覺得妹妹的情緒比起頭些天似乎消沉多了。

　　「該睡覺了，安念。」

　　「我還不想睡，你先睡。」

　　「你明天會沒有力氣走路的。」

　　「無所謂。」

　　安靈從她的睡袋裏抬起身來，她驚奇地發現妹妹臉色蒼白，好像在忍受什麼痛苦似的。她驚駭地睜大眼睛看著她，不明白突然有什麼事情在困擾著她的感情。

　　「安念，我們需要談談嗎？」她溫柔地問她。

　　「不用，我不過有些頭疼，過一會兒就好了。你睡覺吧，做個好夢。」安念朝她的方向笑了笑。做姐姐的卻覺得那笑容是有些勉強的。

　　安靈忽然覺得妹妹明顯地消瘦了。她蒼白的面容，不穩的情緒和有些狂躁的舉動，讓她暗暗擔心了。她想安念也許還在為丟失眼鏡而傷心吧。她希望妹妹憂鬱的心情如陽光下的一片烏雲，晃蕩一下也就過去了。

　　　　　　＊　＊　＊　＊　＊　＊　＊

　　風暴後的第二天清晨，安念還在睡覺，安靈就起來看日出了。她叫了妹妹，可是她可能頭天晚上睡得太晚了，嘴裏哼哼兩聲，就又睡著了。

　　安靈獨自坐在一個草堆上，面東靜靜地等著日出。她沒有穿鞋，濕潤的泥土在她腳下是冰冷而舒服的感覺。這已經是她多次看日出了，可是每一次她的心裏都充滿了期待和激動。

　　這一天的地平線似乎特別遠，她在黑暗中等了好久，不過看到黑黑的天邊有一絲雲，卻沒有太陽的任何蹤影。也許今天沒有太陽，她想。她有些冷，抱著雙臂，還想再等一等。

　　那開滿紅花的水塘正對東方，安靈就盯著那花等著太陽出來。慢慢地，慢慢地，她看到那些花瓣似乎感到什麼了，它們身上的露珠招搖了一下，那通紅的臉色顯得較為明亮柔和了，好像露出了笑臉，等著太陽出來跟它第一個打招呼一樣。為了回報它們的這份熱情，緊接著，一個淡紅色的笑靨在天邊閃現了一下，一點一點，那笑靨漸漸深了起來，那花彷彿突然被日出賦予了新的生命，每一片花瓣和葉子都亮晶晶閃爍起來，淡淡的霧氣在它們身邊神秘地徘徊著。

　　不一會兒，地平線那邊都被染成粉紅一片了。太陽，就像一個害羞的姍姍來遲的少女，不管願不願意，她被人牽著手公開亮相了。安靈盯著那一片粉紅出神，突然，她的視線落在了水塘不遠處一個閃閃發光的東西上。她跑了過去。只見那淤泥裏躺著的是一副在陽光下閃爍著紅光的眼鏡！

　　「安念，你的眼鏡找到了，它就在這裏睡大覺呢！」她欣喜若狂地跑進帳篷。安念將眼鏡擦拭了戴上去，竟然沒有任何損壞的地方。

　　「你看，看日出不止是精神上的享受，它有時候還可以帶來

意想不到的驚喜呢。」安靈快樂地說。

太陽一出來，雨後的草原上似乎突然新開了不少花，那些樹木也顯得更加鬱鬱蔥蔥了。而且草地上小溪縱橫，兩個女孩再也不用擔心沒有水喝了。她們走過一條小溪的時候，只見好些從來沒有見過的鳥在溪邊喝水。它們三三兩兩伸著脖子的樣子憨厚極了。兩個女孩經過它們身邊時，鳥兒們連頭都懶得抬，似乎對她們毫不感興趣的樣子。各做各的事，互不干擾，這似乎是草原裏面不成文的規矩。

「這裏的動物們都將我們當成野人了，對我們連最起碼的好奇心都沒有了。」安靈笑著說。「我不知道這是對我們的頌揚還是對我們的貶低呢？」

「你看這裏還有些碼得整整齊齊的草堆，這要不是動物們的臨時床，要不就是它們儲藏起來準備過冬的草料……」安念指著腳邊的濕草堆給姐姐看。

安念還想說什麼，卻忽然停住了。她聽到身後有什麼聲音，似乎是微風吹過乾草一樣的聲音。她看一看那豔麗的太陽，又覺得似乎是不可能有風的。

「噓……」她示意姐姐不要說話。她側著耳朵，眉頭微微蹙起來。

然後，她們倆人同時聽到了尖厲的吠犬聲。安靈的臉色一下子白了。「就地臥倒，不要動，」安念輕聲命令道，「我出去看看就回來。」

安念慢慢站起來，步出草堆，她發現自己正跟一隻野獸面對面地站著。她知道那是狼，天和國特有的狼，據說比咕嚕國的更大、更兇猛。她的百寶書上，就有它們的照片。書上說這些狼因為自然環境的改變，如今已經所剩不多了。她沒有想到她們會跟

它碰上頭。而且它跟她們之間只隔著幾米的距離，她們竟然沒有察覺到它的腳步聲。

安靈趴在草堆上看著眼前的一切，手中緊緊攮著兩把乾草，連大氣都不敢出，冷汗從她蒼白的額頭上涔涔滲出來。

「哦，安念，怎麼辦？怎麼辦？我們今天死定了。」安靈聽到她的心在無助地哭泣著。

狼不動聲色地站著，虎視眈眈看著安念，似乎在揣摩她的實力。兩者都頑固地沉默著未動，就這樣針鋒相對著，在豔陽下面面相覷。

「嗷……」狼終於不耐煩地尖厲地長嘯起來。

那一聲鬼哭狼嚎似乎震聾了安靈的耳膜，震得她痛起來。她害怕極了，她捂住了耳朵，她只想掉頭跑開。她要遠遠地逃跑，她要離開這個險惡之地。她閉上眼睛，不敢再去看那綠熒熒的眼睛。

安念的手中緊緊攮著她的行路棍。她看到狼光滑的灰色的毛往上聳起來。她知道一場不可避免的血戰就要一觸即發了。狼盯著她，她也盯著它。人和狼，就這樣尷尬地僵持著。安念沒有聽到自己撲撲的心跳聲。似乎她已經不會害怕了。她瞪著那只灰狼的眼珠，眼睛一眨不眨。她看到狼移動了兩步，似乎沉不住氣了。它使出全力狂吠著。

安念擋在草堆前，一動不動。她知道姐姐害怕，她要竭盡全力保護她。她擰著眉頭，攮緊了棍子，攮得手心都出汗了。她要準備拼命了。她知道她是拼不過它的，但死路一條的她不打算就這樣放棄反抗。

空氣似乎凝結了，時間似乎凝結了。安念眼睛的餘光忽然瞟到了胸前戴著的水晶墜子上。「不論何時何地，你們戴的水晶墜

子都會保護你們的，因爲你們的父母把對你們所有的愛和祝福都刻在那裏面了。」她清楚地記起奶奶曾經跟她們講過的話。墜子上刻的不是太陽草嗎？是的，太陽草，那可以給她永生的草。狼不應該擋住她們的去路的，她們有更重要的事情要做，她要去找她夢寐以求的太陽草。它爲什麼要擋在她的路上呢？她有些憤怒了，她的被太陽照亮的眼睛開始噴火。

頓時，一種莫名其妙的勇氣湧上來。安念忽然決定她不能退縮了。她要迎上去跟面前的敵人拼個魚死網破。「死就死吧，天意難違，」她想，「至少我拼過了，試過我力量的限度了。」

她的心平靜下來，她做好了殊死搏鬥的準備。

「不要，安念！」她彷彿聽到姐姐在哀求她，可是，她還是看到自己高高舉著棍子朝狼慢慢走過去了。她知道狼並不怕她的棍子，但她仍然緊緊舉著它，因爲那是她唯一的武器了。她好像在舉著一把堅銳無比的劍，好像它可以刺穿任何頑敵的身體一樣。她又像在舉著一個堅硬無比的盾牌，好像它可以保護她和姐姐的生命一樣。她離它越來越近了，她甚至可以聞到那股嗆鼻的由狼身上所發出來的臊味了。

安靈不明白妹妹爲什麼要去送死。狼那麼兇惡，那麼強大，她卻疲憊不堪，而且手無寸鐵，她不過是一個弱小的女孩。然而，她看到妹妹還是慢慢地移動步子，朝著那令人畏懼的敵人移過去。一步、兩步……安靈看到她每前進一步，那狼的喉嚨裏就發出一聲更爲憤怒的咆哮聲。

「你可以選擇不害怕。如果你選擇害怕，害怕的那條路上有它的必然；如果你選擇勇敢面對，勇敢面對的路上也有它的必然。」安靈彷彿聽到智者的話在耳邊響起來。是的，她是可以選擇的，不是嗎？如果在看似毫無選擇的情況下，試著選擇一下，又會失

去什麼呢？她彷彿看到狼正要跳到妹妹的肩膀上，朝她的喉嚨咬下去了。不知是誰，是她還是妹妹，一聲巨大的比狼更大的咆哮聲突然在草原裏響起來，天地彷彿都被震得嗡嗡響起來了。然後，安靈看到在妹妹的棍子劈下去的同時，自己隨手操起面前的一大塊濕草塊，朝著狼的方向狠狠扔了過去。

狼好像被這意料不到的雙重反抗驚住了。它似乎意識到低估了她們的力量，它停住了腳，睜著迷茫的眼睛，好像是想再重新估摸一下自己和對方的實力。安念趁機拿著棍子左右揮舞起來，安靈的草塊則急風迅雨般地摔到狼的身上，她用力用得那樣猛，那樣決然，就像一個走投無路豁出去了的人那樣，臉上帶著絕望和悲壯。

狼有些害怕了，它往後退了一步。漸漸地，它高高聳起它的灰毛和尾巴，困惑的眼珠緊盯著她們，似乎是在證實她們有沒有要中途停下來的意思。

她們並沒有停下來，安念還是在面無懼色地舞著棍子，安靈的草塊還是雨點般落下來。忽然間，狼歪著頭想了一下什麼，它的灰毛和尾巴在那一瞬間也耷拉下去了。然後，她們聽到它低沉地不高興地咆哮了一聲，她們看到它回過身，默默看了一下她們，然後飛奔而去了。塵土在它身後揚起來，它轉眼就消失在朦朧的遠方了。

兩個女孩癱坐在地上，幾乎連呼吸的力氣都沒有了。

這一天晚上，兩個女孩都覺得胳膊疼得不行，好晚都沒有睡著。

「安念，」姐姐用有些嘶啞的聲音輕喚妹妹，「我們出來好久了。」

安念「嗯」了一聲。

「你累嗎？」

安念又「嗯」了一聲。

「你後悔嗎？」

「後悔？」安念從黑暗中支起身子，看著姐姐，「爲什麼要後悔？有什麼好後悔的？」

「我不知道，有時候我在想，也許我們來這裏的決定是錯誤的，也許根本就沒有人邀請我們過來，也許根本就沒有天鶴峰。」安靈憂愁地說。

「不要想那麼多，我們只有往前走了。不要去懷疑已經做過的選擇。」安念苦笑了一下。「人一懷疑自己起來，就什麼勇氣都沒有了。」

「唔，那個賣藝人的小松鼠要是在這裏，我又得捐浪費的時間了。」安靈皺著眉頭自嘲地笑了。「噢，安念，你今天真是好樣的，你多勇敢啊。如果不是因爲你在那裏擋著它，我今天就真的只有葬身狼腹了。」

「沒有什麼勇敢的，狼不過是我們兩個人一起趕跑的。說真的，你也比我想像的勇敢多了。」

「我但願那只狼再也不要回來。今天我都嚇破膽了。聽說，狼總是一群群的，它要是將它的嘍囉們都帶回來怎麼辦？」安靈越想越怕。「它們也許就躲在哪裡，正等著攻擊我們。書上說過，狼是很狡猾的動物，它們會等你大意的時候⋯⋯」

「哦，安靈，求求你，不要那麼富有想像力了。我實在受不了。」安念翻了一個身，打了一個呵欠，「它們來就來，來一個咱們揍一個，來兩個揍兩個，絕不輕易讓它們佔便宜。」

* * * * * * * *

　　草地漫漫無邊無際，兩個女孩覺得已經走了好久好久了。草原平坦得像海面一樣，可以將她們的視線帶到很遠很遠的地方，可是，走過一片又一片，前面的金黃色的草地還是無止境地從遠方延伸過來。

　　「到底還要走多久呢？」兩個女孩這樣不耐煩地想。她們起先走得很快，漸漸地，由於身體的疲倦和營養的不足，她們的腳步變得遲緩起來。到處是一片柔和的寧靜，除了她們的腳步聲以外，幾乎什麼聲音都沒有。

　　過分的寧靜，反而顯得有些不真實了。安靈還記得自己小的時候，常常盯著天邊入神。那時的她，就很奇怪那看上去靜止的白雲，其實是遊移不定的。有時候，它們越飄越薄，越飄越稀，到最後，跟那天空的藍色徹底融合在一起，一點痕跡也沒有留下。有時候，它們越聚越厚，越聚越密，最後堆成了像山一樣的高。有時候，她就乾脆盯著那座雲山，她想像自己在那山上面行走、攀登、玩耍。她這樣想入非非想了很久，漸漸地，周圍忽然蕭穆起來，萬籟俱靜，彷彿一切都不存在了，整個空蕩蕩的宇宙裏，只剩下她和那座孤獨的山對視。於是，一種莫名的恐懼感攫住了她的幼小的心，她的眼睛，也像那雲一樣，變得飄浮起來。

　　現在，在這一片寂靜的草原上，安靈又有這樣的孤獨感。她默默走著，儘量不去想那一片寂靜。安念在後面跟得有氣無力。安靈開始上路前，總習慣給自己先找一個視力範圍可及的行路目標。這一天，她鎖定的目標是前面不遠的一棵大樹。那棵樹從她們的角度上看去就像一把大扇子一樣。安靈原以為頂多一個小時可以到的，可是，她們連續不斷地走了三個小時了，那樹似乎還是跟她們出發前的距離一樣不近不遠。

　　安念皺著眉頭開始不耐煩起來。兩個人機械地走呀走，簡直

是沒完沒了。她們的身體早就疲倦了，誰也懶得開口說話。可是，不習慣肅靜的安念，在這樣靜得沒有一絲聲響的世界裏，心裏變得焦躁起來，彷彿心裏原本就有的各種雜音乘機跑出來騷擾她了。她覺得頭又開始隱隱地痛起來了。那遠處綴滿金光的草地似乎也有五顏六色的光圈在旋轉，讓她覺得暈眩起來。噢，太安靜了，安靜得簡直可怕。

她打破沉寂，跟姐姐聊著：「喂，安靈，你說怪不怪，前面那樹看上去就那麼點距離，怎麼咱們就老是走不到呢？」

「沒有期望就沒有失望，不要看著它就好了。」

「可是，難道咱們的速度真的那麼慢嗎，你回頭看看，我們走了好久了，可是，昨晚上紮營的那個地方似乎就在身後一點。」

「也許是視覺的錯覺吧，草原太遼闊了。」

「也許是。記得我們在沙漠裏也有過這樣的感覺。可是，沙漠比這草原還好一點，因為在沙漠裏，我們得時時留意水源。有事可做的時候，時間容易打發多了。可是這草原簡直就是個大催眠師，我走得都迷迷糊糊的，不但腳，連整個身子都麻木起來。」

「人總是對自己所在的地方不滿意的。還記得我們在森林裏的時候，也埋怨過山路迂回曲折，看不到底。現在正好相反，路又平又寬，一眼望到底。可是，我們還是不滿意。」

「不要告訴我你喜歡在這草原上沒日沒夜地趕路。」

「我當然不喜歡，我的腳底都起了好多水泡了。可是，又有什麼辦法呢？」

「你的水泡我會幫你想辦法，」安念說。「安靈，有時候我覺得我們簡直被整個世界給拋棄了，你有這樣的感覺嗎？」

「我當然有。我們本來就是孤兒。」

安念停下腳步，帶著若有所思的表情看著她，「這一路上，

我們好幾次差點被猛獸吃掉了，要不差點被激流捲走了，或者掉
到懸崖下摔死了，或者在沙漠裏乾死了……如果我們真的死了，
安靈，這個世界上不會有任何人注意到我們走了，也不會有人爲
我們感到悲哀……」

「我們真的這麼渺小這麼無足輕重嗎？」安靈的表情好似在
問她自己，「那麼我們忍受這麼多辛苦，到底有什麼意義呢？」

「應該是有意義的，是不是？那個算命的女人不是說了嗎，
世上沒有任何無緣無故的事？」

「意義和緣故並不一樣，」安靈打斷她的話，「還記得我們
進森林前的那塊大石像嗎，那上面說……」

「你是誰？」

「是的，我們是誰呢，安念？我是誰？」安靈喃喃自語。

「你是哲學家安靈。」妹妹帶些好笑的表情說。

「那只是我的名字。」

「你沒有問過智者嗎？我記得你曾經跟他聊了好久。」

「是的，我問過他了，可是，他說，有些問題的答案，只能
自己去找。」

兩個人又沉默下來。安靈走了好久，忽然回頭發現妹妹還落
在後面好遠的地方尋尋覓覓。她大聲喊著她：「安念，你快點走
呀，你在那裏做什麼？」

「我找到一種野生的辣椒了，很好吃呀。」妹妹用手捲著話
筒朝她喊，「你要不要過來嘗一嘗？」

安靈才不會那麼傻，又走回去幾百米就爲了嘗辣椒。「我不
要吃，你快點趕上我，不然，咱們又完不成今天的計畫了。」

安念卻不管，她將那辣椒嘗了好幾個，辣得汗水將眉毛頭髮
都沾到了一起，她還興致不減。那辣椒，就像一棵小樹一樣，一

棵草上面長了好幾大串。安念摘了好幾把，塞在口袋裏。後來她
又碰到一種野生的穀物，金色的穀粒顆顆飽滿，她剝開幾顆一看，
哇，這不就是野生的紅米嗎？安念用刀子割下一把稻穗，將它高
高扛在肩上，像個滿載而歸的獵人一樣扛著她的獵物回營。

　　好不容易，她們才終於來到了安靈事先指定休息的那棵青翠
碧綠的大樹邊。那時太陽已經高高地照在她們的頭頂上了。

　　兩個女孩如釋重負地躺在了樹下。她們近處看頭上的樹，這
才發現它很有些奇怪，只見細細的樹根一根一根錯綜複雜地盤繞
在一起，然後全部高高地倒掛在樹幹上面。

　　「咦，這樹好怪呀，你看，它的根長在上面，樹幹反而長在
下面。」安念拿出她的筆記本邊記邊說。

　　「哎呀，真的，從來沒有看見過這樣奇怪的樹呢，爲什麼它
的根會長在上面呢？根離開了地，又怎麼吸收營養呢？」安靈也
詫異不已。

　　「這種樹我的百寶書上也有記載的，它的根長在上面，照樣
可以從空氣中吸收營養。這是一種充滿倔強個性的樹，所以它的
生命力才會那麼強。你看，它不是長得比我們在草原裏看到的其
他樹都要精神好多嗎？」

　　「的確如此呢。」安靈點頭。

　　安念輕聲笑起來。「唉，人要是也可以像這樹就好了。」

　　「安念，難道人也有根嗎？」安靈的臉色變得鄭重起來。

　　「沒有嗎？」

　　「如果有，它長在哪裡呢？」安靈探究地看著她。

　　「也許跟這樹一樣，長在上面呢？」安念朝天努了努嘴。

　　安靈也笑起來：「你真的越來越哲學了，安念。」

　　「這樣又美又大的草原不讓我哲學誰讓我哲學？」安念輕輕

嘟噥了一句，還不等她姐姐回話，就趴在地上睡著了。

那天的晚飯，就是安念摘來的野生紅米。安念趁姐姐不注意，還在她們的晚飯裏丟了好幾個野辣椒下去，辣得安靈的嘴巴都冒煙了。安念卻一點事都沒有。她還將那辣椒籽碾碎，裝在一個小袋子裏，說是要等到以後天氣冷的時候再吃。

「隨便你吃多少都沒關係，求求你，千萬不要再將它們放進我的飯菜裏面了。」安靈邊咳嗽邊說。

「辣椒等於是草藥，既可以驅寒，還可以治療關節炎。」

「我沒有關節炎。」安靈沒好氣地說。

「那不正證明我的藥太有效了嘛。」安念咯咯笑起來，她圓圓的臉在辣椒的作用下閃著紅光，臉上星星點點的褐色的雀斑顯得更加生動了。

*　*　*　*　*　*　*

這幾天，天一直在下著雨。兩個人雖然穿著雨衣、雨靴，但雨太大的時候還是淋得落湯雞一樣，連鞋子裏面都淌著水。

安靈覺得活潑的妹妹似乎越來越沉默了，她的臉上常常掛著哲學家一般的沉思。她也越來越經常看到妹妹擺弄著她的那根笛子，她已經吹得越來越動聽了。只不過，在安靈聽來，妹妹吹的曲調總是有些傷感的。

安念也許累了，做姐姐的這樣想。她也儘量不去招惹她。一路上很少有歡聲笑語了，只有吸足了水的草踩在她們腳下發出咯吱咯吱的聲音。

一場秋雨一場涼。天氣陡然冷了起來。那天下午，安念的笛子不知什麼時候給弄丟了，她們折回去一段路，在路上仔細地找了好久，還好，安靈終於在一個池塘邊幫她找到了。

「求求你，好好照顧你的東西吧，否則我們找來找去的，多浪費時間啊。」姐姐說。

「不是我故意掉東西，它自己要掉，我有什麼辦法？」安念懊惱地答。

「可是，那麼大的東西從你的口袋裏掉出來，你怎麼可能沒有注意到呢？」安靈忍不住發牢騷。

兩個人話不投機。安念的臉也像這天氣一樣陰沉起來。「我頭有些疼，我們休息吧。」她迫不及待地請求。

她們找了池塘邊的一個低窪背風的地方紮營。

火費了好大勁才燃燒起來。「哇，好暖和！」安念迫不及待地伸出手在火上烤著，然後又將烤暖了的手掩蓋在紅紅的耳朵上。

「頭疼好些了嗎？」

「好多了，你不用擔心。」

安念坐在爐火前，手托著下巴，眼裏若有所思。她的百寶書還是常不離手，可是，安靈發現，那天，妹妹的手不過在機械地翻著書頁，她翻著翻著，卻又突然停下來，癡癡地看著遠處。

安靈在忙碌的時候，不一會兒，她聽到妹妹大叫：「哎呀，不得了！」

「怎麼了？」她慌張地跑過去。

原來安念的那本書不知什麼時候掉進灶裏了，直到聞到了燒焦的氣味，她才醒悟起來。

兩姐妹將書急急忙忙搶救出來，還好，書太厚了，並沒有燒著多少，可是書的封面大部分已經燒焦了。安念懊悔極了，眼裏含著淚，半天沒有說話。

「哎呀，不過一本舊書罷了。回到咕嚕國再買新的好了。」姐姐看到妹妹愁眉苦臉的樣子，只好安慰她。

「唉，我怎麼會這麼不小心呢？」她聽到妹妹這樣自言自語。

安靈在做飯的時候，妹妹就在唱歌。妹妹的歌喉素來很好，聽到她輕輕的歌聲，姐姐覺得心裏有些隱隱約約的愁緒湧上來。她這天覺得妹妹唱得特別溫柔、動情，幾乎是如泣如訴，好像在講一個悲慘的故事一樣，安靈聽得都想掉淚了。

「安靈，」妹妹看著姐姐，輕輕說，「你還記得那個算命女人說的嗎？」

「她說了什麼？」安靈一下子想不起來了。

「她說我們很快會找到一塊一模一樣的水晶墜子。」

「是的，我記得。可是，這能夠說明什麼呢？」

「你沒有想過嗎，這可能說明父親並沒有去世，也許他還活著，我們很快會跟他團聚？」

「我不相信有這樣的好事。」安靈懷疑地說，「如果他活著，他為什麼不直接來找我們呢？」

「我也不知道他為什麼要這樣。也許他有他的理由。算命女人不是說了嗎，世界上沒有任何事是無緣無故的？「

「可是……」

「自從爺爺奶奶去世後，太多奇怪的事情發生了，不是嗎？」

一陣沉默。

「要是他真的沒有死，你會很高興看見他嗎，安靈？」

「我不知道，也許。也許不會。要看他是個什麼樣的人，畢竟，是他選擇離開了我們。」安靈帶些痛苦的神情答。

又是一陣沉默。

「你呢，你恨他嗎，安念？」

「我不知道，你呢？」

「我也不知道。」

又是一陣更長時間的沉默，兩個人彷彿都陷入了深思之中。半晌過去了，安念才又開口了：「安靈，你曾經問我是否也害怕什麼？」

「是的。你真的會害怕嗎？」

「是的，我會的。」妹妹朝她側過頭來，給了她一個淒然的笑。

「比如說？」

「比如說 —— 黑暗，還有 —— 死……」

「死？」安靈嚇一跳，「你怎麼會提到死？你不過是有一點小小的頭疼而已。你根本不用害怕它啊。」她驚訝極了，妹妹是那樣充滿了勇氣的一個人啊，她什麼時候變得這麼消極起來呢？要不膽怯的人總以為除了她自己以外，都是大膽的人？其實，安念本身也是怯懦的？

安念垂下眼簾，「我也不知道怎麼回事，我生病的時候，難受極了。尤其是最近，」她無力地歎一口氣，「頭痛得我都噁心起來，坐著也不舒服，躺著也不舒服，真不知道要怎樣才好。那時候，我倒真希望我死了。」

「你常常這樣嗎？」安靈慌亂地看著她。

「不是常常，只是有時候。唉，安靈，我擔心，就算真的有一天父親找到我們了，我說不定已經……」

「不要胡說八道，安念！」安靈的語氣變得嚴厲起來，嘴唇微微抖動著。「你的抵抗能力很好，你根本就會沒事的。你要快樂一點，不要疑神疑鬼的。」

安念轉過身去，不再說話。那一晚上安念在睡夢中一直咳個不停，安靈也睡得很不安穩。第二天太陽爬得很高了，她才起來。她看到妹妹的眼睛已經睜開了，大概她也沒有睡好，蒼白的臉上

掛著淡青色的眼圈。

妹妹看上去懨懨的,連早安都懶得說。

「起來吧,小懶蟲!」姐姐去拉妹妹的手。

「不要碰我,我好難受!」妹妹鎖著眉頭轉過身去,煩躁地不理她。安靈嚇了一跳,她知道妹妹有些任性,但從來沒有看到安念這樣大脾氣過,尤其是這樣莫名其妙地發脾氣。她猜她一定難受極了,才會這樣不講理。

「安念,」安靈歎一口氣,「既然如此,我們今天就在這裏待著,不用上路了。你可能感冒了,我看你老在咳嗽,先吃兩片藥吧,我馬上做飯。」姐姐將水和藥片輕輕放在妹妹的面前。

「你要吃飯你就去做,不用做我的了。我一聞到吃的東西就想吐。」妹妹胡亂吞下藥片,又倒頭睡下了。可是她並沒有睡著,因為她一直在不停地咳嗽。

「可是,你不吃飯哪裡會有力氣走路?」安靈擔心極了。

「我不想吃。一點胃口都沒有。」

「腦袋還很疼嗎?」

「不是疼,是有些脹,裏邊的血管有時候還突突跳。耳朵也嗡嗡響,好像裏邊有一個大瀑布一樣。喉嚨也痛,全身沒有一個舒服的地方。」

「沒有關係,你生病了,過一兩天就會好的。你好好睡覺吧。」安靈幫她蓋好被子,準備拾掇一下就去拾點牛糞、乾樹葉什麼的做柴火。如果她們要在這裏待上一兩天,她們頭一天拾來的柴火還遠遠不夠,她得去外面好好搜集一下。安靈猜妹妹可能是因為最近的風餐露宿造成營養不足而感冒了,因為她不但頭痛,而且咳得厲害。尤其是到了晚上,安念咳得沒有辦法好好睡覺,有時好不容易睡著了,又像被電擊似的,身體忽地彈了起來,劇烈地

咳到全身發抖。

　　看來安念的健康狀況比她想像的嚴重。安靈心裏盤算著，非得儘快找到一個診所給妹妹看一下病了。她們也需要一些保暖的衣服。可是，前路漫漫，到哪裡去找呢？妹妹現在這樣子，看來並不適合走遠路。可是，安靈如果將她留在這裏，自己單身一人去求救，她既害怕獨自擔當旅途風險，也不能放心下妹妹。

　　怎麼辦？怎麼辦？妹妹睡覺的時候，安靈就在帳篷外面踱來踱去。那晚的天空除了一片黑暗，什麼都沒有，連一顆星星都沒有。不是有人說過「一旦悲傷冒出靈魂之外，星星就會消失得無影無蹤」吧？也許連星星和月亮都不忍心看她如此孤獨無助而偷偷躲起來了吧。

　　安靈反反複複踱來踱去，她的外表看上去平靜，但內心卻凌亂不已。她不由自主地撫摸著脖子上戴的那個墜子，低聲祈禱起來：「噢，母親，請你救救我們。請儘快幫助妹妹恢復健康。請讓我們快點逃離病痛和恐慌吧！」

＊　＊　＊　＊　＊　＊　＊

　　天還是在不停地下雨，到處都是濕漉漉的一片，草地上淌成了一條條暗色的溪流了。草地邊上一些矮小的樹木，大多數的葉子都有些枯黃了。風幽幽吹過來，將樹葉吹得簌簌響。

　　她們的行進速度越來越慢了，因爲安念越來越經常地偏頭痛。她告訴姐姐，她頭痛發作的時候，頭皮崩得緊緊的像要炸裂開來，半邊的頭似乎被什麼綁住了一樣，它緊緊攫著她的腦神經，毫不留情地壓迫、撕扯著她。最後到了噁心嘔吐和暈旋的地步，她只有稀裏嘩啦連嘔吐了幾次，將胃酸都嘔吐出來了，才會稍微舒服點。

　　安念幾乎每走幾步，就要停下來休息一下。她休息的時候，也不大說話，臉常常朝向遠方，好像在凝視著什麼。姐姐知道妹妹的內心是苦痛的。她試圖用一些小小的溫柔來安撫她。安念不大說話，安靈跟她說話時，她也不大回答。安靈也就儘量不去煩她。

　　安靈心急如焚，越來越迫切地希望找到一個診所，可是到哪裡去找呢？她覺得心裏有一種特別的空虛無助感，好像她的心預感著什麼，畏懼著什麼，以至於內臟也因爲它而隱隱作痛起來。

　　這天晚上，她們在一棵小樹下過夜。安靈提了水壺要去找水，妹妹朝她丟過來一條圍巾，說：「哎，秋天的晚上，溫度已經很低了。戴著會暖和一點。」

　　安靈頭上裹了那條圍巾出來。圍巾本來是淡藍色的棉圍巾，但一路的風霜歲月已經將它變得灰白了，那上面的紋路也看不大分明了。安靈忍不住邊走邊感歎，難道她們真的已經出來這麼久了嗎，連圍巾都這麼破舊了。可是，到底何年何月她們才能到達目的地呢？

　　她好不容易找到一個可以汲水的小水潭，水壺裝滿了，她沒有站穩，水一側，潑了出來，將她穿的鞋都給澆濕了。她踉踉蹌蹌走回來，心裏感到悲傷極了。

　　那個晚上似乎特別冷，安念覺得全身上下是一片冷冰冰的。

　　「你頭還疼得厲害嗎，安念？」安靈憂心忡忡地看著妹妹。

　　「是的。」妹妹懶洋洋地應了一聲。

　　「這草原上這麼多草藥，難道就沒有可以治療頭疼的嗎？」

　　「當然有，可不是我這種。」安念無力地微笑了一下。

　　安靈不知道妹妹所說的頭疼是那種，她並不知道原來頭疼還有好多種的。她看著妹妹胡亂吞了兩片西藥，然後，她在旁邊燒

火，讓妹妹在黑暗裏靜靜坐著，等著藥片起作用。

可是，這一次，藥片還沒有在安念的腸胃裏消化，她就覺得全身的血液都沖到腦子裏面了，她頭痛欲裂，噁心不止，難受得厲害，好像世界就要在她的面前毀滅一樣。她衝到帳篷外面不遠的草地裏跪下來嘔吐。平常，只要將胃裏面的東西倒空了，她就會覺得舒服些。可是，這一次的偏頭痛比任何一次都嚴重，她一連嘔吐了好幾次，頭痛不但沒有消失，而且全身都疼痛起來。

她摸索著踱回室內，沉重地在地上躺下來，眼睛睜得大大的，盯著姐姐。她看到姐姐的身體似乎在旋轉，她閉上眼睛，連身都不敢翻。身體只要稍微一動彈，可怕的噁心感就又上來了。

「安靈，」她無力地呼喚姐姐，「你認為我還有救嗎？」淚水在安念的大眼睛裏轉著圈。

「安念，你不過是頭疼罷了，你不要胡思亂想。」安靈輕輕地歎了口氣，一邊幫妹妹驅趕著蚊子，火光照著她的愁容滿面。

安念有些凄然地笑了。「不過，我總是有些擔心……」

「沒有什麼好擔心的，」姐姐打斷她的話，「你記得那個魔術師講的話，每個人都可以像他一樣創造出奇蹟嗎？」

「是的，是的，我當然記得。你說得對，安靈。不會有什麼不好的事情的，我相信……」安念喃喃囈語著，像在說夢話一樣。

兩人面對著火光沉默好一會兒。「可是，安靈，萬一，我真的有個什麼三長兩短，怎麼辦？」安念含著淚看著她。

安靈盯著她蒼白的臉，不由自主打了一個寒噤，她的胳膊上也起了一陣雞皮疙瘩。妹妹的話，像扔進湖心的石子，在她的心裏激起痛苦的漣漪。「沒有萬一，安念，不許想這個萬一，如果它不能給你帶來勇氣的話，這個萬一最好不要去想它。」

兩人又相對無言。月亮掛在半空中，又淡又蒼白。有一兩顆

星星稀稀疏疏地點綴在這冷月旁，無聲無息地瞧著這片蒼茫大地。

安靈和著衣服躺下來，夜深了，她仍然輾轉反側難以成眠。等到月亮都朦朧起來的時候，她才好不容易睡著了。可是，剛剛睡著不久，她又突然驚醒過來，她驚慌失措地跑到妹妹的床邊喊醒她：「你怎麼了，安念，你需要什麼？」

安念惘然地睜開眼睛。「可是，安靈，我並沒有叫你啊。」

「咳，我聽錯了嗎？真是怪事，我好端端地睡著，忽然聽到你在喊我，要我快來幫忙，一定又是幻覺在作祟了。」安靈不好意思地說。

安念的臉上浮現起孩子氣般的天真笑容，「我原來總以為我應該保護你，因為你膽小。另外，我好歹懂些醫學和草藥。可是，現在正好反過來了，健康的是你，生病的是我。剛強的是你，需要照顧的是我。」安靈的聲音很飄柔，帶著哀婉和無奈。

「我們不過相依為命罷了。」安靈拍拍妹妹柔軟的頭髮，覺得鼻子有些酸楚，想掉淚，卻忍住了。她實在睡不著，只好乾脆坐起來，拿出詩人給她的那首小詩，輕輕念著：

我為你留著心
你在我的視野中遠行
多想有一片晴朗的天空給你
……

哦，詩人，她痛苦地在心裏呻吟著，我也多麼希望我和妹妹的旅途總是一片晴朗啊，可是，為什麼一路上非得有這麼多風風雨雨呢？

* * * * * * *

這些天安念的身體似乎恢復了不少，安靈總算鬆了一口氣。

身體無礙的安念跟生病時候的她簡直判若兩人。她像小鳥一樣蹦蹦跳跳，眼睛一閃一閃的就像快樂的星星一樣。

「要是安念永遠這樣健康、快樂，該有多麼好！」做姐姐的這樣暗暗希望。

這天下午，當她們坐在草地上休息的時候，突然看到一隻什麼東西慢慢從她們的腳邊爬過去。它爬得慢吞吞的，而且有些趔趔嗆嗆，好像在盡量保持身體的平衡。它看上去就像一隻很小的松鼠一樣，腮幫鼓鼓的，尾巴長長的，卻沒有松鼠那麼蓬鬆。它的身上還有三條金黃色的條紋，讓它看上去又憨厚又高貴。

「過來，小東西，過來我這裏吧，好處大大的有。」安念弓著身體，輕輕地拍著手，朝它呼喚著。小東西果然停下了腳步，回過頭看著她。

「哇，這是一隻小地鼠啊，多麼可愛！而且一點都不怕人呢。」安念抱起了它。那地鼠卻是沒有很多精神的樣子，它老老實實地待著她的手裏，眼睛有些睡眼惺忪，好像還沒有睡醒似地。安念放了一點果仁在掌心裏，它好奇地聞了聞，然後將頭別開了。

「我猜它病了。地鼠應該是很愛吃種子和果仁之類的東西的呀。」安念納悶地說。

她仔細地檢查了它一下，終於在它的背和尾巴相接的地方發現了一個不小的傷口。

「你看，這傷口還是新鮮的，可憐的小地鼠，肯定是太淘氣了，在哪裡玩的時候，把尾巴差點給弄斷了。」

「怪不得它好像一瘸一瘸的走路還有困難呢。」安靈同情地說。

兩姐妹決定暫時收留一下它。她們把小地鼠放進那個捉魚的小筐子裏，它也很順從地接受了她們的安排。

「我要試一試給它治療一下，我知道這裏有好多藥都是可以讓傷口癒合得更快的。」安念說。

「只千萬不要拿你那致命的辣椒粉去嗆它就好了。」安靈笑著說。

「那辣椒粉只適合用來對付我那尖刻的姐姐，對這樣小鳥依人一樣的小動物，我可捨不得。我要給它吃那又有營養又好吃的紅米湯。」

「哇，我明白了，我在你的眼裏，還不如這只小地鼠可愛呢。」安靈酸溜溜地說，「就爲這，我也不理它了。」她裝作生氣了，一屁股坐在地上，開始看手裏一張薄薄的紙。

「不理就不理。你還說我呢，你一有空就讀那個詩人的詩，早把我忘在九霄雲外了。」安念笑著，一面在她的小病人面前蹲下來，頑皮地撥弄著它的尖尖的耳朵。

安念先翻閱了一下那本被燒得面目全非的百寶書，似乎在仔細考慮著治療方案。然後她就地取材採了一把開著黃色小花有著白根的草回來了。她將它們放在石頭上曬著。草藥曬得差不多了，她就將它用石頭磨成粉。堅韌的草根很難磨碎，安念卻磨得很有耐心。汗水從她頭上一顆顆掉下來，她就順手用衣袖一擦，毫不爲意。

藥粉磨好了，她就將地鼠抱在膝上。安念摸一摸它，好像聽到小地鼠的壓抑了的低低的哀吟聲。它雖然受著傷痛的折磨，可是，平靜的臉上，還帶著一種樂天知命的順從的表情。

安靈雖然宣稱不理它，可是關鍵時候還是過來幫忙了。兩個人慢慢地將藥粉均勻地撒在小地鼠的背上。一邊撒安念還一邊念念有詞。

「我還以爲你是醫生呢，但你看上去像在施妖術一樣。」姐姐被妹妹逗得笑起來。

「我不過是個亮魔術師，在給受苦受難的小地鼠送上一點好的能量讓它快點癒合罷了。」安念煞有其事地說。

撒完了藥粉，安念就用紗布將它的傷口小心翼翼地包紮起來。她忙的過程中，小地鼠一直用那雙碩大的眼睛默默看著她。它的眼睛裏既有痛苦，又有感激，還有一點撒嬌。誰說非要舌頭才能說話呢，安念想，小地鼠什麼也沒有說，她卻彷彿完全讀懂了它。也許這就是智者所說的「宇宙語」吧。真正的交流並不需要靠言語啊。安念甜蜜地看著它，她的眼睛裏有兩顆小小的陽光在熠熠閃亮。

她們這幾天走路的時候，安念一直將小地鼠帶在身邊。它坐在那軟軟的筐子裏，安念用那把鉤把的行路杖將筐子扛在肩膀上。小地鼠一邊跟著她走，眼睛一邊滴溜溜四處看著，好像非常享受這一特別的旅行。安念扛累了，安靈就幫她扛一下。

「你看我這行路杖，以前你還叫我丟掉它，現在可派上用場了。」安念得意洋洋地說。

「我看你這些天頭疼好像好多了。」

「還有些疼，不過，我照顧小東西的時候，就不大覺得自己的痛了。」

「你既然這麼喜歡動物，以後應該當獸醫的，掙的錢也會比較多。」

「我才不要呢。那些動物們會把我辛苦種的花草啃個精光。我寧願窮，也要有滿院子的花草。」

在安念的照顧下，漸漸地，小地鼠的眼神越來越清亮了，彷彿它本來應有的生機都回到了它的身體裏。女孩子們給它餵的東西它起先拒絕吃，然後吃一點點，現在幾乎是迫不及待就吃完了。安靈一次給了它一顆有著堅硬果殼的橢圓形果實，它三下兩下就

非常熟練地剝去了果殼,狼吞虎嚥地將裏面的果肉吃個乾乾淨淨。

「它吃東西的樣子倒真像你啊。」安靈好笑起來。

「所以它才會人見人愛啊。」安念得意地答。

小地鼠越來越活潑了。它再不甘心老實地蹲在小筐子裏,而是在裏面淘氣地跳來跳去。她們就地休息的時候,它還會給她們表演節目解悶呢。只見它一會兒捧著兩隻前爪,身子坐在兩隻後腳上,眼睛撲閃著,像在給她們作揖一樣;一會兒它將身體傾斜,重心集中在右邊一側,快步倒退著給她們看;一會兒它乾脆在地上翻起筋斗,像一個小絨球在草地上滾來滾去……

「啊,我們的小地鼠都可以做馬戲團的大明星了。」安靈自豪極了。

「那當然,它那麼聰明可愛,它的粉絲大概要把馬戲團給擠破了。可是,誰捨得送它去那裏呢?」

這一天,安念給小地鼠做了最後一次檢查,然後,很沉痛地向姐姐正式宣佈:

「安靈,小地鼠已經完全康復了,再也用不著我們了。」

安靈也有些難過起來,這幾天跟小地鼠朝夕相處同甘共苦,她也跟它建立了感情很捨不得讓它離開。可是,她們不可能永遠帶著它走路的,她們有她們的去處,小地鼠也有小地鼠的。這就是人生啊。

兩個女孩眼淚汪汪地將它從筐子裏抱出來。小地鼠彷彿也知道分離的時候終於到了,它嘟著黃褐色的小嘴巴,似乎是有些不解。然後,它眨著那亮晶晶的葡萄般的眼睛,看著那草原深處。

「我們很想你一直陪伴我們,小地鼠,因為你是那麼可愛啊。可是,我們很快就要進入雪山了。那裏對你來說太冷了。這草原本來就是你的家,不是嗎?」安念哽咽著說。

「你的母親說不定還在等著你回家呢。」安靈朝它招著手。

小地鼠似乎聽懂了她們的話。它晃動了一下它尖尖的耳朵，彷彿在跟她們說再見，然後，它縱身輕盈地一跳，就消失在遠處茂密的草叢裏了。

「很快，小地鼠就要進入冬眠，也許它睡一覺醒來，就再也記不得我們了。」安念擦著眼角的淚花傷感地說。

「可是，我們會永遠記得它的，是不是？」

＊　＊　＊　＊　＊　＊

兩個女孩自己都不知道又有多少天過去了。她們只知道越往前走，草越顯得比以前稀疏了，那茫茫的無邊草原似乎終於就要走到頭了。

雪峰那邊的冷氣不斷吹過來。就算是大白天，她們也可以感到寒風刺骨了。

妹妹的頭痛仍然時好時壞，她也走得越來越慢，常常拉在姐姐後面好遠，做姐姐的不得不回頭等她。

那天黃昏快降臨了，安靈看到不遠處有水的波光在閃亮。「看，那裏有一個小水潭，我去汲點水來做飯。」姐姐對落在後面的妹妹喊。

水潭的水並不深，也有些濁。安靈站在水潭邊上，俯身去取水時，不知哪裡吹來一陣風，她歪了歪，整個人差點仰面跌進水裏去。她忽然覺得水晃蕩得厲害，像暈車一樣地她感到噁心。草原那邊風吹過來，聲音全都變了調，宛如招魂的哭泣聲。而與此同時，她彷彿看到水裏緩緩升起一個怪獸，正朝她獰笑著，指點著，比劃著，一步一步逼近過來。她恐懼得渾身抖起來，一陣冷顫通電般地傳過全身，連心也跟著痙攣了一下。就在這時，她清

醒了些，這並不是一個什麼水潭，而是沼澤，是的，她陷入沼澤
了。她想跳出水面，拔腿落荒而逃，可是，已經太晚了，她的身
子在徐徐往下滑。

　　她看到妹妹朝著這邊奔過來了。她不知道妹妹如何知道她需
要幫助的，她想那一定又是安念的第六感官在起作用了。這是第
一次，做姐姐的但願妹妹的感官沒有那麼靈敏。這是她唯一不需
要妹妹的時候，她不要妹妹眼睜睜看著她死，她更不願意她跟著
她去送死。

　　「不要過來，安念！」她使出全身力氣向她呼喊。她猜妹妹
聽到她的聲音了，她彷彿看到她的臉上露出絕望的神色。

　　「安靈！」她聽到妹妹淒厲的呼喚。

　　「安念，不要過來，千萬不要！」

　　她想告訴妹妹，不要過來送死，因為她已經接受了命運，她
已經不再掙扎了。她下沉得很慢。她睜大眼睛，默默等待。成群
的蚊蟲在她的臉上飛來飛去，可是，她現在已經不害怕它們了。
她反而感激，它們在這個時候還來陪伴她。

　　她看到妹妹的腳步停在遠處，然後朝著帳篷的方向跑去了。
安念終於放棄我了，她欣慰地想，這樣也好，我不需要再擔心她
也會步入泥潭了。夜色那時已經漫上來，那最後的戀戀不捨的餘
暉反射在安靈柔軟的頭髮上。她的臉是深思的，帶有一種近乎壯
麗的憂鬱。

　　可是，她看到安念忽然又出現了，而且正一步步向著她的方
向跑過來。

　　「安念，不要過來！離開我！」她聽到她的嘶啞的聲音在竭
盡全力喊。

　　「安靈，不要放棄。你儘量放鬆，然後將身體輕輕往後仰。

千萬不要掙扎。」

　　她照著妹妹說的去做了，她本來就沒有打算掙扎。還有什麼好掙扎的呢，她既然已經陷下去了？這麼些月來她已經掙扎得夠了，她覺得很累了，她正想好好休息一下。她往後輕輕仰著，她彷彿想再最後一次看一下那日落，看一下妹妹的臉。

　　「安靈，一定不要放棄生命。相信我，你還有機會！抓住我的行路棍！抓住那把鉤，我拉你上來。」她看到妹妹小心地俯身下來，將那根曾被她嘲笑的棍子扔給她。

　　「沒有用的，安念，你爲什麼要堅持救我呢？」安靈心裏歎息著。她感到腰部很冷，她想她已經陷下去了。淹沒她的一切很軟，她自己也很軟，軟得像沒有骨頭一樣。她馬上就要像一條軟軟的蚯蚓一樣鑽到泥地裏面去了，再也不會出來。她有些累了，她想閉上眼睛好好休息一下。她不想再有什麼生命了，因爲死亡已經在那裏向她招手。她應該順應它，不是嗎？她的手在冰冷的泥漿上輕輕動了一下，她以爲她是在向生命說再見，向妹妹說再見，可是，她的手卻觸到了什麼硬硬的東西。那是那根棍子，安念的棍子，那個被安念雕刻的鉤把正好不偏不倚落在她的右手邊上。她看到妹妹用她溫柔的眼神靜靜看著她。她的眼裏噙著淚水。她幾乎是乞求地看著她，要她不要放棄。有那麼一刻，她和她就這樣默默注視著 —— 她在泥地裏，她在岸上邊，她們眸子對著眸子，她甚至可以在妹妹的瞳仁裏看到她漸漸下沉的身影。然後，有一個遙遠的聲音響起來：

　　我爲你留著心

　　你在我的視野中遠行

　　多想有一片晴朗的天空給你……

　　她彷彿看到妹妹的身後有一個人在輕輕歌唱。奇怪，那是誰的

聲音呢？怎麼它聽起來這樣熟悉，就像一個多年的好友在她耳邊輕輕吟唱一樣？可是，它為什麼又這麼遙遠，就像來自於天邊一樣？

「趕快抓住棍子，安靈，我拉你上來。」安念低聲命令著，她的大眼睛一眨不眨地緊盯著她。

為什麼妹妹一定要這樣固執呢，她明明知道她已經沒救了。

可是，求生的本能還是讓她抓住了那個鉤把。

「我現在準備拉了，你要跟我配合好！」她聽到妹妹再次低沉地命令。

安靈被拉出來的時候，星星已經出來了。她全身冷得發抖，星星好像也是冷的，不做聲。她不顧自己滿身的泥漿，將妹妹緊緊抱在了懷裏。

「噢，安念，剛才我以為我死定了！」

「我也是，我也以為你死定了！」

「既然如此你為什麼還要救我？」

「因為我不想你死，我要你跟我一起活著。你還記得智者說的話嗎？」

「唔。」

「我問他，在完全毫無希望的情況下，再堅持下去不是毫無意義嗎？可是，智者說，『不，沒有任何鬥爭是毫無意義的。而且從來不存在完全毫無希望的情況。』」

安靈的眼淚又不聽話地冒了出來。

「所以，在救你的時候，我就用宇宙語跟泥漿說話，我叫它不要吞沒你。我告訴它我不能沒有我的姐姐。我哀求它放我們一條生路。」

「泥漿聽了你的話？」

「是的，它肯定聽到了，而且聽懂了，因為我是用靈魂說的

話。」

「哦，安念，我們是幸福的，不是嗎？」

「你爲什麼這樣說？」

「因爲我們每次在危難的時候總是化險爲夷啊。」安靈百感交集地看著妹妹，「我今天真的以爲自己死定了。我甚至體會到了一種死前的愉悅感。如果不是因爲你救我……」

「真的是我救了你嗎，安靈？」

「不是你又是誰？」她詫異地看著妹妹。

「我不知道，」妹妹咬咬嘴唇，「也可能是別人，比如說，上帝。」她指指天空。

「可是，明明是你靠自己的力量救了我啊。」

「我相信不完全是我，因爲我知道自己的極限，安靈。平常你去汲水，我從來不跟著你去，可是這一次，我忽然覺得非得跟在你身後不可。我的眼睛看不大清楚，不過隱隱約約看到你在沼澤中掙扎，我就趕緊急中生智去將我的棍子拿了來。然後，我又丟得那麼好，不偏不倚將棍子正好丟到你可以抓住的地方；然後，我又有足夠的力量拉你上來……」

「哎，真的有好多巧合的地方。」

「是的，好多巧合。只要其中任何一個環節出了任何一點閃失，我們現在就不可能躺在這裏說話了。」

「可是，世界上並沒有任何巧合。」

「誰說的？」

「智者。」

那天晚上，兩個人疲憊得懶得打開帳篷，他們就在星光下擁抱著睡了一夜。

＊　＊　＊　＊　＊　＊　＊　＊

　　草地總算被她們拋在了身後。橫在她們面前的是一串像波濤一樣連綿起伏的褐色的山脈。筆挺地插在雲中像刀削成一樣的雪峰，傲然兀立在亮燦燦的冰山之中，帶著逼人而純淨的寒光。那最高峰上終年積累的雪粒，像水晶一樣玲瓏剔透，映照著蔚藍色的天空，並在山腰上投下一個夢一樣瑰麗的光環。

　　最高的那座雪峰，兩邊摺起來的地方是峻峭的壁仞，而中間大大地凹進去了一塊，像被誰挖了一個垂直的巨大的洞。雲就在那個幽幽的洞裏面徘徊。通往頂峰的羊腸小路好像一條蜿蜒狹窄的冰梯一樣，梯子一級一級往上伸，越到上面，冰層越來越厚，梯卻越來越窄，到最上面的那部分，就被那繚繞如夢的冰川雲霧完全遮住了。

　　女孩們到山腳下的時候，已經又累又餓，沒有一點力氣了。太陽那個時候差不多偏西了。紅彤彤的光線照得群山像一片紅色的海洋一樣。兩個女孩凝望著遠方，被那雄偉壯觀的雪峰驚得發呆了。

　　「啊，那個最高峰，大概就是我們要去的地方了。」安靈指著遠方說。

　　「還有很遠啊。我累得都走不動了。」安念有氣無力地說。

　　那天傍晚她們就在山腳下紮營。安念在擺弄那個帳篷的時候，安靈就去山谷裏汲水。她沒費多少工夫就找到了一條溪流。水又大又急，清澈透明得像鏡子一樣。突然間，她注意到了在溪裏面蕩漾著的自己的影子。她驚異地發現，比起以前弱不禁風的她，她變得較為結實了。雖然一路上饑一頓飽一頓的，她的臉不但沒有瘦下去，反而顯得飽滿了，胳膊上居然有了些隆起的肌肉，而且她的個子明顯高了不少。

　　她忍不住看了一眼溪裏的人。那是個臉色黝黑、眉宇間帶些

驚慌的女孩。「你是誰？」安靈忍不住問了一下。好像是在問自己，又像在問水裏的人。「你是誰？」「你是誰？」空蕩蕩的山谷裏嗡嗡地應著這個問題的回聲。安靈記得剛進入天和國時，她們被問到的第一個問題就是這個問題，可是，到現在她仍然不能回答它。我真笨，連自己是誰都不知道。一種莫名的悲傷忽然襲擊了她。她蹲在水邊，捂著臉抽泣起來。

她哭夠了，站起來要走的時候，她突然看到溪邊不遠處有個什麼東西在閃亮。她的好奇心被鉤起來了，她走過去一看，原來是個很大的帆布袋，而且袋子裏裝著滿滿一袋子食物，那裏面有她曾經吃過的豆仔，也有一些她好久都沒有吃過的豆子、乾果、瓜仁等等，裏面甚至還有一些乳酪和鹽！

噢，我的天！這是怎麼回事呢？太奇怪了，這麼多的食物是誰留下的呢？也許是誰在這裏汲水的時候，將它忘記在這裏了嗎？突然間，她瞥了一眼手錶，噢，天，今天難道不是我們的生日嗎？在生日那天，幸運地撿到一袋食物，他們最需要的東西。這太巧了！安靈心裏陡然一驚，難道真的是上帝在幫助她們？

就在這時，她聽到聲後傳來呼哧哧的喘氣聲。她回過頭，只見妹妹正朝她的方向奔過來。她跑得很急，肩上裹著的圍巾都要滑下來了。

「安靈，快來看！」她一邊跑一邊大喊。

她以為妹妹發生了什麼意外，急急地奔了過去。她看到安念氣喘吁吁地指著天空。轟隆隆的聲音響起來，好像是飛機飛過一樣的聲音。噢，天，那果然是一架飛機，一架紫色的飛機！

「哎呀，安靈，看那飛機，紫色的飛機，那個造飛機的人真的成功了。哦，多麼好，多麼好啊！」

「耶，真的太棒了，我真替他高興呀！」安靈也興奮得手舞

足蹈起來。

安念取下她的圍巾，朝著天空揮個不停。一邊揮一邊喊：「太棒了，絡腮鬍子！你真了不起！下來吧，我們在這兒呢！讓我們也坐一坐你的飛機吧。」

「哎呀，安念，他在高空中，我們在這窄窄的山腳下，對他來說，就像兩隻小螞蟻一樣。他不可能看見我們的。」安靈好笑地說，心裏卻也是有些遺憾的。唉，要是飛機真的可以將她們直接載到天鶴峰，那該有多好！

飛機很快就消失在層巒疊嶂之外了，兩個人還是不停地歡呼雀躍著，朝著它遠去的背影揮手。

「真沒有想到他真的成功上天了。」安靈的眼裏閃著晶瑩的淚花。

「是呀，那麼複雜的數學演算，他都搞定了，真不簡單啊！」安念也感歎不已。

「是的，青蛙真的跳出牛奶桶了。」安靈臉上帶著淚痕，嘴上卻微笑著。

「嗯，它也許嗆了個半死，可是，它還是逃出來了。」

「智者說得對，不會堅持的人，永遠得不到幸福。」

「是的，絡腮鬍子就是個會堅持的人。那麼多的算術方程，」安念感慨萬千地搖著頭，「只怕我們的紅鼻子數學老師看了眼鏡都會跌下來。」

飛機飛了很遠，消失在她們看不見的遠方了，兩個女孩子才在地上坐下來。

「噢，安念，你看我這裏有什麼？」

安靈將溪邊的奇遇講給妹妹聽。

講完了，她驚訝地發現安念並沒有顯得大驚小怪。

「你認爲是誰不小心丟失的嗎？」她問妹妹。

「不，我相信是有人有意留給我們的。」安念胸有成竹地說。

「可是，那會是誰呢？」安靈納悶地看著她。

「有可能是三個人中的任何一個。」

「三個人？哪三個人？」安靈詫異極了，是什麼讓妹妹這麼有把握呢？

「第一個可能是那個開飛機的絡腮鬍子給我們空降的……」

「絡腮鬍子，」安靈不相信地打斷她，「他怎麼會知道我們的生日的呢？」

「第二個可能是天使。」

「天使？」安靈低叫起來，她沉默了一會，又問，「那麼第三種可能呢？」

「第三種可能就是那個帶著跟我們一模一樣水晶墜子的人。」

「安念！你真的相信父親還在嗎？你憑什麼這麼肯定呢？」

「我的眼睛雖差，直覺卻素來很好，一個人，總要在某些方面得到補償，是不是？」安念帶了傷感的語氣說。

總而言之，不管是誰送來的糧食，兩個女孩打算好好利用它了。那天晚上，安靈將那些豆仔用石頭磨成粉，加上一些乾果和瓜仁，給她們倆人蒸了一個香甜的大蛋糕。兩個人將剩下的一些乾魚放在火上烤熟了，盡情地美餐了一頓。安念還弄了兩個杯子，以水當酒互相乾杯。

「祝你生日快樂！」安念動情地說。

「也祝你生日快樂！」安靈舉杯回敬妹妹，她覺得心裏有什麼東西觸動了，她的眼睛也濕潤起來。

夜色深起來的時候，兩姐妹還坐在篝火邊看著天空。遠處有

一顆流星一閃而過，在天際留下了一道瑰麗的軌跡。

「那該又是一顆流星劃過了，」安靈感歎著，「還記得我們在沙漠裏看到的流星雨嗎？現在回想起來，好像是好多年以前的事了。」

「我也有這樣的感覺呢。我記得那天晚上我們每人還許了一個願。你還記得你的願望嗎，安靈？」

「我當然記得。你呢？」

「我永遠不會忘記它的。今天晚上，在我們生日的這個晚上，我們又看到一顆流星閃過，我還是許同一個願，跟在沙漠裏的那個晚上一樣。你呢？」

「我也是。」

「祝你的願望成功。」妹妹舉起杯。

「我也祝你的願望早日實現。但願那流星意味著我們新的生命的開始。」安靈的語氣裏，一半是憂慮，一半是盼望。

月亮升起來，柔和的光線照在兩人沉默的臉上。過了好一會兒，安靈看著妹妹月光下的臉，很認真地說：「安念，下次等我們回咕嚕國了，你應該就可以開始做一個正式的藥農了。你已經對好多草藥都有相當多的經驗了。」

「儘管我會很窮？」

「是的，儘管你會很窮。你還記得船上的詩人寫的詩句嗎：
落下去的地方傳說就是黃金山谷，
淘金人卻沒有回來
沉重的財富把水手的帆船壓沉了
祖母悲傷地走進墳墓……」

「我不記得了，你卻還記得這樣清楚。」安念朝姐姐調皮地擠眼睛。

　　安靈繼續說：「如果財富並不能夠給自己和周圍的人帶來快樂，那又有什麼意思呢，你說是不是？」

　　「那你也會做一個作家嗎，安靈？」

　　「我想我也會的。」

　　「我們都會很窮。」

　　「那就讓我們窮好了。我們將是世界上最快樂的窮人。」

　　「讓我們好好慶祝一下我們的貧窮和快樂吧。」安念的臉在月色下煥發出興奮的光芒。「來，我吹笛子你跳舞，安靈，讓我們盡情地歡樂一個晚上！」

　　安念閉著眼睛，開始輕輕地奏起她的笛子。她先吹了祝你生日快樂，安靈在一旁一邊笑一邊唱著。安念又吹了一些簡單的曲調，她甚至吹了那首 ole 歌：

　　嘿，

　　加油，加油

　　我們全加油，

　　你加油，我也加油

　　我們天天加油。

　　嘿！

　　她吹的時候，姐姐就誇張地「嘿！」一聲。兩個人的腦海裏都浮現起在國都裏看到的那震撼人心的球賽，她們情不自禁咯咯笑起來。皎潔的月亮彷彿也感染了她們的快樂，充滿甜蜜地微笑著。

　　然後，安念又吹起了那首她哼慣了的歌：

　　大海大海流呀流，

　　流到西流到東

　　流入母親的懷抱中。

小鳥小鳥飛呀飛，
飛到西飛到東
飛入自由的天空中。

雪花雪花飄呀飄，
飄到西飄到東
飄入永恆的宇宙中。
……

安靈聚精會神聆聽著，她覺得妹妹的笛子從來沒有吹得像這天晚上這麼悠揚過。安念吹得有些累了，她靜下來，輕鎖著眉頭，側著頭，似乎還在回想她除此以外還會什麼別的曲子。一陣輕風吹過來，她的眉頭漸漸舒展了，她的耳朵裏似乎聽到一支她從來沒有學過的曲子。她凝神思忖了一會，然後，輕輕吹了起來。

大山將安念的笛聲用回聲送了過來，她低頭傾聽了一下，暗暗吃了一驚，這支曲子是從哪裡來的呢？她記得她好像在很久很久前聽過它的，也許還在她很小很小的時候，也許她的父母曾經吹過？可是，為什麼她現在突然想起來了呢？她並不是個記憶力絕好的人，她也幾乎從來沒有刻意去背過任何曲譜，她不明白，為什麼突然之間她會想到這首曲，且吹得這樣靈巧自如攝人心魂。

「也許這就是所謂的潛意識了。我們曾經學習過、經歷過的東西，在某個時刻和環境裏，會得以重現。」她這樣一邊吹一邊想。

她稍稍停頓了一下，彷彿還沉浸在空氣中那依然蕩漾著的夢一樣的回聲中。然後，她又繼續吹了起來。這是她第一次這樣忘情地吹笛子，彷彿她在用她的整個靈魂吹。這些天來她一直在斷

斷續續跟她的頭疼做鬥爭，她的頭其實現在還在隱隱疼著，但她決心選擇忽略它。她已經在乎它很久了，她忽然厭煩起它對她的束縛來。「無論什麼時候，你都是有選擇的。」她憶起智者的話。是的，她現在就決定選擇自由，不受頭疼的束縛。

她放開了自己，就像一隻被困在房子裏很久了的蜜蜂突然飛了出來，它終於得到自由了，它飛到了一片無邊無際的花的海洋裏。原來在那個瑣碎的世界裏，還隱藏著這樣一個瑰麗的地方嗎？它沉醉在這個新的世界裏，它再也不要回到原來束縛它的地方去了。它不會那麼傻傻地跑回去。這個奇異的世界狂熱地吸引了它。它忘情地拍著翅膀飛翔，盡情地吸吮著花香，也瘋狂地釀蜜。這是怎麼回事？它不能停下來，也不想停下來。它怕這只是一個幻景，或者只是一個它的夢想。夢一醒，所有的一切都會像霧一樣地飄散了。可是，在這個夢還沒有破壞之前，它要盡情地享受它。它要盡情地釀蜜。它也要別人如飲瓊漿玉露一樣地喝著它釀造的蜜。它一邊釀蜜一邊啜飲著自己的芬芳，它還未飲畢，心就已先醉了。它以前的憂慮、擔心、煩惱和種種痛苦，跟它現在所享受的幸福相比起來，它覺得是不值一提的，甚至是引人發笑的了。

安靈覺得妹妹的笛子好像變成了一支魔笛，它將她帶入了一個她以前從來沒有去過的境界裏。妹妹吹了一支很奇怪的曲子，她一遍又一遍吹著，安靈擔保自己從來都沒有聽過它，可是，妹妹在哪裡學的呢？她奇怪著。她覺得那曲調好像摸著她的靈魂了。它忽而悲涼，忽而溫馨，忽而沉重，忽而輕鬆，忽而讓她潸然淚下，忽然又讓她露出喜悅的微笑。她的腳開始控制不住地跟著笛子的旋律輕輕拍打起來，漸漸地，她看到她的整個身體開始旋轉起來。妹妹吹得越來越歡快，她則旋轉得越來越歡快。

她的動作起先是有些笨拙的，但她並不在意。「我選擇丟掉

我的枷鎖，我選擇丟掉我的枷鎖。」她一邊舞，一邊輕輕向自己喊著。不知什麼時候，她發現她沉重的步伐變得輕快靈活起來了，她的僵硬的身體也變得柔韌優美起來。她舞動著雙手，她扭擺著身體，她越是無拘無束地舒展著她的身體，它則變得越來越敏捷協調，漸漸地，她跳得那樣輕鬆大方、遊刃有餘，她覺得她的身體幾乎像是蜻蜓點水一樣毫不費力了。

安靈覺得自己好像被帶進了一個祥和寧靜的境界裏，那裏充滿了輕鬆和安全，她再也沒有必要擔負著不必要的負擔了。她也第一次認識到，原來只要去掉了束縛她的枷鎖，她的身體可以跟她的靈魂一樣自由，它飛起來了，輕鬆優雅得有如藍天下的一隻鷹一樣。火光照著她微微發光的流汗的臉頰，她也顧不上去擦一擦了。她像妹妹一樣微閉著眼，任憑她旋轉不停的嬌美身軀在閃閃的火光旁投下一個又一個跳動不停的神秘的影子。

當笛聲終於停止，舞蹈也戛然而止的時候，兩個女孩癱坐在地上，會心地相互一笑。她們的臉上充滿了疲憊，但也充滿了一種瞬間長大了的成熟。

＊　＊　＊　＊　＊　＊　＊

根據她們的地圖，沿著山谷一直往東走，到下一個山口，就可以找到上山的路了。那天，她們為了儘快趕路，一早就進入了山谷中。雖然還是清晨，太陽還沒有出來，她們已經看到三三兩兩的野驢在山谷裏悠閒地散步，它們的淡褐色的臀部在靄靄晨曦中若隱若現。

山谷很寬，路上障礙物少，加上宜人的景色，兩個人都精神特別好。尤其是安念簡直健步如飛，安靈幾乎得小跑著才能跟上她。她們走累了的時候，看到不遠處有一條青青的小溪。溪水看

上去有些深，水嘩嘩地清脆地流著，裏面的白色的卵石向她們發著誘人的光芒。

　　安念喜歡水，她乾脆脫了鞋子，將自己結實小巧的腿，晃蕩蕩吊在溪邊上，去觸碰水面。安靈也學著她這樣去做，她小心翼翼地將腳放下去，但因為怕冷，水一接觸到她的身體，她就哆嗦起來。安念得意地笑起來。

　　那時天邊最高的那座山上已經探出了粉紅色的柔光了，給對面的雪峰和冰山蒙上了一層溫煦的顏色。

　　「你看那最高峰，應該就是天鶴峰了。從這裏看上去，山的樣子真的像一隻展翅飛翔的天鶴呢。」安靈眺望著遠方感慨地說。

　　「是的，真的像極了，真是山如其名啊。那最細窄的地方，天鶴的頸部，應該就是我們要去的地方吧。」安念說。

　　「還很遠啊。」安靈說。

　　「也許只是看著遠罷了，哎，安靈，太陽馬上要出來了。我們還是欣賞了日出再動身吧。」

　　於是她們開始凝望起天邊那粉紅色的柔光來。起先，淡淡的光線伴隨著早晨的霧氣，變成了一種透明的玫瑰色。漸漸地，玫瑰色越來越稀，越來越薄，它變成了一絲一縷的細細碎碎的金色的光線，無聲無息地浸泡在她們面前的溪水裏。金色的光線愈射愈廣，愈射愈強烈，最後跟溪水完全融合成了一體，在光滑的河面上聚合成一面耀眼的鏡子。

　　不知什麼時候，溪邊多了幾頭看上去是野犛牛的野獸在喝水，它們側著毛茸茸的身子，用一隻眼睛看著閃閃發亮的藍天，一隻耳朵傾聽那汩汩的流水聲。也有鳥兒們落在了藍紫相間的花叢裏，它們在那裏快樂地你追我逐。

　　在溪畔的灌木叢下，安靈還幸運地看到好幾窩鳥蛋，每一窩

都至少有上十個又大又圓的深褐色的蛋。她們記得大山裏的少年曾告訴她們，每次從自然界中取東西享用，不可以太貪心，拿一點就可以了。兩個女孩於是從每個窩中取了一小部分蛋。安念將它們小心翼翼地放在一個塑膠罐子裏，然後又將它們用毛巾裏裏外外都包好，讓蛋沒有任何晃蕩的機會。

「你對那些鳥蛋真細心啊，難道你還想將它們孵出來嗎？」安靈禁不住取笑她。

「要是我能孵我還巴不得呢。」安念笑著說，「那樣蛋孵鳥鳥孵蛋，我們從此再也不用發愁找吃的東西了。」

「那麼讓我來背這個罐子好了，我的背總是暖烘烘的，說不定真的可以將鳥孵出來。」安靈笑起來。

「還是我背吧，真的孵出鳥，我就訓練它們去給我找花種。」

「你天天想的就是花種。不，還是我背，你背著我不放心。你走路總是磕磕碰碰，到時候鳥飛蛋打一場空。別說鳥，連蛋都沒有吃的了。」

兩人在溪邊燒了牛糞，煮了一大碗草原上帶過來的野生紅米飯，加上兩個大鳥蛋和安靈在溪邊拾到的乳酪，美滋滋地享用了一頓。

「啊，又有紅米又有牛糞又有鳥蛋又有乳酪，我們真是到了天堂了。」安念閉上眼睛滿足地歎一口氣。

「我沒有想到天堂還有牛糞呢。」

「當然有，你以為牛在天堂就不吃草了嗎？」

安念咯咯笑起來，眼睛卻四處搜尋著什麼。

「你又在找什麼好東西呢？要我幫忙嗎？」

「當然是太陽草了。我們已經在高原上了，它應該就在哪個地方睡大覺呀。」

「如果它存在的話，也不可能在溪谷附近的。」

「為什麼不可以？」

「你想呀，太陽是先照在山頂上還是山谷中呢？既然是太陽草，肯定會長在高處的。」

「可是，」安念的臉色變得有些憂鬱起來，「山上很快就要下雪了。雪一覆蓋了地，我們還能找到太陽草嗎？」

「找得到的，你不用擔心。冬天來了，還有明年春天呢。」安靈鼓勵她。

溪這邊的路突然被一座高山堵擋了，她們非得到對岸才有路可走。安靈想也不想，身子輕巧地一晃，就像蜻蜓一樣翩然落在了溪的對面。安靈站在溪邊猶豫了一下。她看著那片水流湍急，覺得溪的寬度超過了她能夠跨越的限度。她的心裏有些畏懼，唯恐一不小心失足連人帶行李掉進冰冷的水裏面了。

安念回過頭，殷切地等著她。安靈知道沒有回頭的餘地了，只好咬咬牙，閉上眼睛，躍了過去。她總算跳了過去，落地時右腳不過在水邊上輕輕挨了一下，

「哎，我說，安靈，你真的比以前勇敢多了。」妹妹拍手讚歎她。

「我是嗎？」安靈不肯定地看著她。

「嗯，要是在以前，你不會這樣跳過溪水的。你會害怕。你寧願繞道走，也不會這樣跳過去。」

「可是今天我其實還是害怕了。」

「害怕是害怕，但你最後還是跳了。本來我們可以淌水過來的，我就是想試一試，你會不會害怕。」

「你在考驗我嗎？」

「也可以這麼說，」安念歡快地笑起來，「可是你已經通過

我的考驗了。我們上次生日那天，你還跳了舞，你跳得多好啊，連我都不敢相信自己的眼睛呢。」

「我也一樣。我覺得那好像並不是真正的我，而是一種超自然的力量在我的體內迸發，它迫使我跳，不停地跳。」

「可是，爲什麼這個你不是真實的你呢？」安念停下腳步，深思的眼神在姐姐的臉上徘徊著。

「你認爲這個是真實的我嗎？」安靈茫然地看著她，「那以前的那個我所熟悉的我、膽怯的我、拘謹的我又是誰呢？」

「你所熟悉的並不見得是屬於你的呀。」安念的眼睛撲閃閃看著她。

安靈覺得妹妹講的話讓她心驚了一下。她停下腳步，目光在妹妹的臉上困惑地逗留了一下，好像在思忖著什麼。

「以後就算你一個人旅行，也不會有什麼問題了。」她聽到妹妹邊走邊輕輕說。

「我不會一個人的，至少，你會在我的身邊。如果要我一個人旅行，我根本就不會出門。」

「爲什麼？」

「你知道我的方向感差，我走著走著，就不知道東南西北了。」

「沒關係，你可以學的。看方向容易得很，關鍵是要找到路。」

她們那天在山谷裏看到一大叢灌木。雖然秋天已經接近尾聲了，灌木上面的花還開得嬌豔極了。

「這花開得真晚呀。」安靈詫異地說。

「摘一些吧，安靈，那花是可以吃的，其實是灌木的果實。」

「你怎麼知道？」

「你不記得那個少年教過我們嗎？你的詩人給你寫詩，滿足你的精神食糧。那個大山裏的少年，他教會我認識吃的，滿足我

的癟肚子。」安念聳聳歪鼻子唧唧笑著說。

「那倒是真的，那個大山裏的少年，真的幫助了我們好多。」安靈也感激地說。

兩個人就坐在那山溝裏吃起那把花，果然它甜甜酸酸的，就像吃果子一樣。

妹妹吃好了，就馬上站起來走。她說她害怕天漸漸黑了路看不清了。果然，沒多久，山谷變得狹窄了。路窄得只有一個人側著身子才可以過。有時候，身子還得貼著岩面才可以勉強過去。

「你跟在我後面，不要走那麼快。」安靈告訴妹妹。

「還記得上次攀登石峰時，還是我第一個爬上去呢。我在山上等了你好久，你才敢爬上來。」

「那好像是好多年前的事了。」

「我也覺得，那好像是好多年前的事了，就像上個世紀的事一樣。」安念帶了懷舊的語氣說。

「哎喲，這岩石紮著我了。」安念驚叫起來。原來一塊大岩石的角紮著她的鬢角了。安靈摸摸妹妹被汗和血絲浸濕的頭髮，輕輕地歎了口氣。好在傷口並不深，上了點藥血就慢慢止住了。

那天晚上，她們沒有找到合適的地方睡覺，就在山口邊的空地上安頓下來。山口地方太窄，支不開帳篷，她們就枕著背包就地而眠。

＊　＊　＊　＊　＊　＊　＊

她們上山的時候，太陽正向她們露出紅紅的臉。兩個女孩很快就體會到：這些山脈，比起以前森林裏的那些山路要難爬多了。它們又高又陡，根本不可能像以前那樣大步流星走，而且山脊上不是嶙峋怪石，就是游移不定的小石頭，要相當小心才不會滑倒。

另外，滑倒了可不是像以前那樣，摔一跤不過爬起來就沒事了。這些山下面都是深不可測的懸崖峭壁，一掉下去就別想活著爬上來了。兩個女孩雖然已經有了不少攀登的經驗了，可還是爬得戰戰兢兢不敢有任何懈怠。

另外，山上的植物也相對少了很多。食物再不是那樣輕而易舉就可以找到了。好在安念到這個時候已經頗有識草的經驗了，她往往總可以出入意料地找到吃的東西，有時候是在寬闊的山谷下，有時在荒涼的山脊上，有時在狹窄的岩縫裏⋯⋯

她們經過一片岩石時，只見上面棲息著一群漂亮的鳥。這是一種她們以前從來沒有見過的鳥，它們的頭像圓圓的淡綠色的乒乓球，斑斕的羽毛又寬又長，在陽光下閃著奇異的光芒。

「安念，你看到那些鳥了嗎，它們一點都不怕生，還好奇得很，正盯著我們看呢。」

妹妹這天好像累了，似乎對鳥也提不起太多興致，她輕輕點點頭。

「安念，你聽，這山好像是會說話一樣。那泥土，那灌木，那岩石，那懸崖似乎都在唱歌呢。」安靈又說。

「你又在幻想了。」

「沒辦法，寂寞的人也許只好靠幻想來調劑生活了。」

安靈走在前面，妹妹靜靜地跟在她的後面，抓著姐姐的書包，踩著她的影子慢吞吞走著。安念似乎一直在深思著什麼。安靈很驚訝她出乎尋常的安靜。她猜頭疼可能又在折磨她了，可是她又不敢問她。

「哎喲！」安念痛苦地叫了一聲，原來她的一隻腳陷進了岩石的縫隙中，安靈趕緊幫她拔出來。

「噢，安念，小心一點呀，這麼大的縫隙你沒有看見嗎？」

「我沒有。」妹妹蒼白著臉搖頭。

「你需要新眼鏡了。」

「嗯，我猜是的。如果路邊找得到眼鏡店的話，也許他們還會給我配一副隱形眼鏡呢。」安念好像是在開玩笑，但做姐姐的，卻聽出她話裏面充滿了無奈和自嘲。

天氣已經很冷了。她們好不容易爬上第一座山，看到雲就在深不見底的腳下徘徊著，好像冰凍了一樣。太陽從西邊照過來，將山頂鋪上了一層金色的地毯。

傍晚還沒有到，兩個人擔心天黑看不清路，就在一個背風的山坡處停下來紮營了。安念去撿柴，安靈去找水，兩人分頭行動。

安靈費了不少功夫才在懸崖邊找到了一個泉眼。不過，幸運的是，泉眼邊還有一個正在呼啦啦冒著蒸汽的溫泉。她欣喜若狂，趕緊跑回來告訴妹妹。

她跑到她們紮營的附近，卻到處沒有看到妹妹。

「安念！」她驚恐地喊著。她的腦子嗡嗡嚨嚨地響了一下。安念的眼睛不好，她不應該讓她去拾柴火的，她也許不小心掉下懸崖了！

她四處尋找，然後，她慌亂的眼神落到了不遠處的一個枯葉堆上。她跑了過去，只見那裏面果然躺著一個人，除了臉，她的整個身體都被葉子包裹了。

她嚇了一跳，飛快地扒開樹葉，搖著她：「安念，醒一醒！」

沒有聲音。安念僵硬地躺在那裏，一動不動，絲絲縷縷的血跡正從她的臉上冒出來。

「安念，醒一醒！」她拼命搖著她，還是沒有聲音。她可以斷定了，妹妹肯定是因為受了傷而暈過去了。她的鬢角剛剛被岩石碰的傷還沒有完全癒合，想不到現在又受傷了。

她看著妹妹了無生氣的臉，不禁煩惱地哭了起來，安靈很久沒有哭過了，可是現在她一哭則不可收場，眼淚像溪水一樣氾濫。

「安念，對不起，我不該丟下你一個人的。」她一邊哭，一邊後悔不已地怨怪著自己的疏忽。

可是，忽然，那枯樹葉子動了動，一個吃吃的笑聲從那裏面傳出來：「哦，安靈，我還沒有死呢，你這麼傷心幹什麼？」

安靈啼笑皆非，瞪了妹妹一眼，為她的頑皮而氣惱，可心裏又暗暗高興她的平安無事。

原來安念剛才拾柴火的時候，臉被荊棘不小心掛著了，流了不少血。她隨便上了點藥粉，就將自己埋在枯葉中等姐姐，準備嚇她玩一下。

安靈將妹妹帶到了那個熱氣騰騰的溫泉邊上。兩人長久地泡在水裏，享受著陽光投在水面上的光輝。那不斷從身下汩汩冒出來的溫暖的泉水按摩著她們倦怠的身體，讓她們年輕的臉上展開了快樂的笑容。

＊　＊　＊　＊　＊　＊　＊

那天，她們非得通過山與山之間的一座吊橋。吊橋又窄又長，下面是看不到底的亂石懸崖。雖然橋兩邊有繩索做護欄，但底下面不過是在幾根繩索上面鋪了塊薄木板而已。兩個女孩腳剛試探性地一踏上去，它就晃蕩不已，好像馬上要將她們甩下去一樣。

「吊橋不是很結實，恐怕一次只能上一個人，而且最好匍匐著爬過去，橋受力均勻一點，才不會那麼晃動。」安念建議說。

「誰先過去呢？」安靈不安地看著妹妹。

「還是我先過吧，我知道你害怕。」

「不，」安靈想了想，「還是我先過。你的眼睛視力太差了，這樣貿然過去，太危險了。我帶著我的行李先過去，然後，我再來背你的行李；然後第三次的時候，我再過來，你拖著我的腳，我們一起過。」

「這樣太麻煩了。」

「可是有必要。你這些天的視力糟糕得讓我夠擔心的了，我不想出現什麼意外。」安靈堅決地說。

安靈抖抖索索爬上吊橋時，好幾次她都以為繩子馬上要斷，她就會掉下萬丈峽谷了。她閉上眼睛，懷著聽天由命的絕望，一點一點，靠著身體的重心往前面挪。她感到胃裏有什麼東西在往上面湧，她知道她有些噁心了。她蒼白著臉，像抓救命草一樣地緊緊抓著護欄，拼命忍著不吐出來。「你可以選擇不害怕；你可以選擇不害怕……」她的心裏，一直在反複不斷地念著這句話，好像她全部的生命都致力於這句話上面了。

等到她終於爬過去的時候，她的繃得緊緊的神經差不多要崩潰了。雖然是初冬，汗水將她裏裏外外都濕透了。她丟下行李，擦了一把汗，正準備往回走，卻看到急性子的妹妹沒有按事先約好的在等她，而是已經在匍匐著往這邊爬過來了。而且，妹妹的速度顯然比她快多了。

「好樣的，安念，堅持就是勝利！」安靈又擔憂又興奮地朝她喊。

可是，就在爬了三分之二長度的時候，安念突然停了下來。她的身體好像累極了，她一動不動，臉朝著下面。安靈看不見妹妹的表情，只看到她背著包的身軀好像在微微發抖。

「安念，馬上就要到了，再堅持一下！」她大聲為她打氣。

安念休息了一會，終於，也慢慢地爬過了那最後三分之一的

旅程。當她帶著行李跌跌撞撞撲到姐姐的身上時，安靈這才發現妹妹的手是冰冷冰冷的，她的嘴唇也在顫抖著。

「你剛才害怕了嗎，安念？」

「是的，安靈。剛才有一刻，我眼前一黑，好像什麼都看不見了。我害怕極了。我的心晃悠得厲害，我覺得整個世界都在晃悠起來，我彷彿看到自己掉進橋下面那黑暗的幽谷裏面去了。」

「那是因為精神太緊張了，剛才我也害怕極了，噁心得要吐。」

「唔，我想是的，」妹妹眯著眼看著身後的橋，有些傷感地笑了。「安靈，如果我今天從那裏掉下去了，你會怎麼辦？」

「我會怎麼辦？」姐姐有些奇怪她的問題，她想了想，然後笑了，「傻女孩，我能夠怎麼辦呢？我也許只好跟著你跳下去了。」

「你才是傻女孩。你應該跟我說：『安念，我祝你一路順風。』」

兩姐妹嘻嘻笑起來，那時太陽都已經曬在頭頂上了。她們就地吃了些東西，就準備下山了。

山上的天空總是淡淡的，陽光明媚地照著，風卻是很冷了。鳥兒們比賽似地起勁地叫著，在平常，安念會欣賞這樣的交響曲，但這一天，她覺得疲憊極了，懶得去搭理它們了。

「我不能再走了，我走不動了，我頭痛得很，而且一點力氣都沒有了。」半路上，安念包都懶得卸，就一屁股癱坐在地上。安靈想拉妹妹起來，可是她看到妹妹正用可憐巴巴的暗淡無神的眼睛看著她，那目光讓她的心痛了一下。

「可是，安念，我們不能在這裏紮營。這裏正當風，而且離山頂太近了，光禿禿的什麼都沒有，晚上會凍壞的。我們必須往前走啊。你看，我的腿也腫了，可是，我也沒有辦法還得走。到山腳下我們就休息，好嗎？」

「可是我真的走不動了。」

「安念，還記得智者最後對我們說過的話嗎？」

安念看上去累極了，她以沉默作答。

「他說，不會堅持的人，永遠得不到幸福。」

安念不由得啜泣起來，「可是，安靈，我最近狀況很不好。晚上也好難睡著。好不容易睡著了，又常常做惡夢。」

「你夢見什麼了？」安靈焦急地看著她。

「我常常夢見我有一個好大的花園，我在跟我的花兒說話，所有的花兒都用亮亮的眼睛看著我，告訴我它們的故事。可是，突然一瞬間，一陣陰冷的風吹過來，捲起漫天塵土，我就什麼也看不清楚了。我睜開眼，看到的是沉沉的黑暗⋯⋯」

「夢不過是夢而已。」

「可是世界上沒有無緣無故的夢。」

「不要胡思亂想。」

「我知道。但我沒有辦法不做惡夢。剛才過橋的時候，我就突然想起這個夢，心裏一緊張，就差點要掉下去了。」

「你本來可以等我帶你過橋的。」

「可是我不能什麼都依靠你。你有你的路要走，你也不能讓我不做惡夢。」安念呆呆地看著她。安靈注意到妹妹眼裏那閃閃的火苗什麼時候好像熄滅了。

安靈還想說什麼，可是安念賭氣似地爬起來，快步走在她的前面。她沒有看清楚前面有很多小石頭，她踩上一顆，腳步一溜，整個人就骨碌碌向山下滾了去。安靈被這突然而來的事故嚇呆了。她眼睜睜看著妹妹滑了下去，卻無力去阻擋她。

「安念！」她痛苦地驚呼起來。大山中傳來她淒厲的回聲。

然而，奇蹟般地，就在安念快滾到底部的時候，她的背包掛

住了一個灌木叢。

安靈如夢初醒，朝妹妹狂奔了過去。

「還好，不過摔了一跤而已。好在是在山上，不是在那吊橋上面。」安念吃力地支起身子，朝姐姐扮了一個苦笑的鬼臉。

「你肯定沒有受傷嗎？」

安念站起來，跳了跳：「還好，這把骨頭還是完整的。不過，幸虧我沒有背那裝鳥蛋的罐子，不然的話，真的要像你說的，鳥飛蛋打了。」

* 　* 　* 　* 　* 　* 　*

兩人在山腳下暫時安頓下來。第二天一大早，安靈起了床，準備到外面去汲水，才發現昨晚下了大雪。雪仍然在下，但下得並不急，不過在空中悠悠閒閒地舞著，給這蒼茫萬丈的天空增添了一點動態的美麗。不一會兒到處是白皚皚的一片了。

「啊，安念，快起來，你看多麼大的雪，多麼漂亮啊！」姐姐跑進帳篷裏將妹妹拖出來。

她們看到山腳下的樹差不多都被雪覆蓋了，樹枝被壓得低低的。女孩們從樹下經過時，往往將樹上的積雪給震落了下來，就像一個小小的瀑布一樣從天而降，落在她們身上，將她們變成名符其實的雪人了。

「真好看，是不是？我們上次見到雪，還是在咕嚕國呢。」安靈興奮地說。「不過那裏的雪，比起這兒可算不了什麼了。我們現在是在雪山，真正的雪山裏面走。」

「只是上山的路更難走了。」安念淡淡地說。

「是呀，我們肯定得更加小心了。待會兒我們每人做一根粗一點的行路棍好了。」

妹妹在擺弄那棍子的時候，安靈就在地上捏雪團。她捏了很多個，在帳篷前一字排開，朝妹妹得意地喊：「安念，我們來玩打雪仗吧！你看，雪球我都給做好了。」

妹妹蹲下去，摸著那冰冷的雪團。好像有些怕冷的樣子，皺了一下眉頭。安靈朝妹妹丟了幾個雪團，就躲起來等著她來還擊。可是，安念卻隨意地扔了幾個雪球，就蹲下來一動不動，眼睛盯著遠處白茫茫的一片，好像在思考什麼。

安靈覺得妹妹太安靜了，這實在太不像她了。以前的安念，是一個多麼快樂的愛咯咯笑的女孩啊。安靈還記得她們小的時候，下雪的天，她們一起去上學。安念看著飛舞的雪花，驚訝得張大了嘴巴。她一不小心，跌落進了深深的雪堆裏，她非但不惱，還清脆地笑著，賴在雪地裏不動，像舒服地躺在毯子上一樣，等著姐姐來拉扯她起來。如今，那個快樂的女孩到哪裡去了呢？安念變得太多了，她是那樣沉默寡言，臉上看不出是歡喜還是憂傷，彷彿去到一個無人能夠與她分享的世界裏去了。

那天安靈不顧飄下來的雪，在寒風蕭索中呆呆坐了很久。她看到，遠處的山，現在幾乎是白茫茫一片了。天空中一隻野雁急急飛過，這一定是一隻離群的野雁吧？安靈情不自禁地又歎了一口氣，像有什麼東西壓迫著她，悶得透不過氣來。

接下來幾天，因為漫天遍地的雪，她們行走起來相當困難。而且白天光照格外短。她們總要到快中午時分天色稍微亮一些才可以上路，下午時間還很早天就已經開始黑下來而非得找地方休息了。

安念似乎處於半多眠狀態，她拖著姐姐的衣襟，躲在她的行李後機械地行走，一付迷迷糊糊還沒有睡醒的樣子。又是雪，又是風。女孩們的臉藏在衣領內，腋下夾著棍子，像蝸牛一樣笨重

地爬行著。

　　現在漸漸很難找到柴火了，因為雪將地上的乾枝枯葉都覆蓋了。她們常常沒有生火就在冰冷的地上休息了。晚上，她們相擁著睡在一起，靠彼此的體溫來緩和一下寒冷。她們將所有能蓋上的東西都蓋上了，可還是冷得發抖，牙齒在黑暗中凍得咯咯作響。三更半夜了，她們還不斷聽到風毫不留情地搖撼著外面的樹，發出駭人的啪啪聲。

　　那天下午，雪下得實在太大了，兩個人早早地紮了營，裏著睡袋坐在帳篷前看著大雪滿天飛舞。

　　安靈看到一隻蒼鷹在天空中盤旋幾下，然後朝著東邊急速飛過。「那鷹真不怕冷哪。」她羨慕地追尋著它的蹤影。

　　「鷹？它在哪裡？你看到它了嗎？」安靈注意到妹妹的眼睛裏有一絲難以察覺的悲愴。她心裏驚了一下。

　　「是的，我看到了，你沒有看到它嗎？我想它也許跟我們一樣，是去天鶴峰的，它往那邊飛走了。」

　　那天晚上，安念告訴姐姐，她的百寶書上說有些隱士們在冬天修一種暖功，就算是在零下好幾十度的酷寒天氣裏，他們依然可以赤身裸體坐在雪地上練功，而且練功時體溫還相當之高，甚至可以將好一些濕漉漉的被單放在身上烘乾。

　　「唉，要是我也練就了那樣的暖身功該有多好。」安念在黑暗裏歎著氣。

　　安靈對暖身功不感興趣，說：「如果我有很多床單，我才不會將它們打濕，而是將它們烤得暖暖的，然後一條一條纏在身上。啊，那會多麼溫暖愜意啊。」

　　「唉，想想我們在沙漠裏的炎熱就不冷了。」

　　「是的，那時我們都熱得喉嚨要冒煙了。」

「要是我們可以將沙漠的熱氣包紮起來運到這裏來就好了。」

「可是，如果有那樣的一個大包，誰會幫我們送過來呢？」

「賣剩餘人生的女人？」

「唉，那個時候她還問我們有什麼生意要做。我們卻一口回絕了。」

「真笨啊。」

兩個人躲在睡袋裏吃吃笑起來。

＊　＊　＊　＊　＊　＊　＊

第二天，狂風呼嘯，雪下得更大了。兩個女孩子急於趕路，一大早就動身了。雪下得悄無聲息，但勢頭很猛。雪花像巨大的浪花劈頭蓋臉湧過來，打在她們的身上。天好似也凍僵了，一片雲都沒有。

儘管她們都穿上了厚厚的滑雪衫，戴著滑雪帽，冷風還是颼颼灌進她們的脖子裏。兩個人停下來，將長長的圍巾橫著系在臉上，只留出鼻孔和眼睛在外面。

她們手腳並用，艱難地移動著，時不時不得不停下來，躲閃著漫天飛揚著的雪和打得人疼的沙石。

雪很快就在山脊上堆積得厚厚的了，天跟地連成了一片，一下子分不清哪裡是天哪裡是地了。女孩們經過一些山泉邊，看到它們大部分已經結了冰，遠方看得到的瀑布，也好像成了從天上倒掛下來的冰川。

安念緊緊地抓著姐姐的背包，亦步亦趨。「我再也走不動了，我的腳凍木了，都不聽使喚了。」她大聲朝姐姐喊，眼淚簌簌地掉了下來。

「上面不遠處看上去有一個平臺，可以在那裏休息一下。再堅持一下，安念。」

安靈其實也疲憊極了，她的肺部好像不願意吸收這寒冷的空氣似地，她一邊爬一邊不停地咳嗽。

她們好不容易才爬上絕壁邊那個背風的平臺，然後倒在厚厚的雪地上，許久許久都累得說不出話來。她們將臉上的圍巾摘下來，安靈這才看到妹妹的臉都變成灰白色的了。

「小心低溫症，安念，起來動一動身子吧。」

妹妹動了動身子，卻不想起來。安靈去拉她的手，這才發現她的手就像棍子一樣僵硬。

妹妹苦笑著坐起來，說：「哦，安靈，剛才那雪將我打暈了。我好像變成了瞎子一樣什麼都看不見了。我們能夠活著爬到這上面來，真是個奇蹟。」

「是的，真是個奇蹟。我的腳剛才麻木得也什麼感覺都沒有了，好幾次我都以為毫無疑問地要摔下去了，可是……」

「可是，我們還是成功了。」

這時，風停了，雪也停了，好幾天沒有露面的太陽突然現身出來了。兩個人就靜靜地坐在雪地上，眯著眼睛，看著金色的光線慢慢照過來，將她們寒冷的身體包裹起來。

等到身體暖和了，兩人才站起來打量著周圍。她們這才發現，原來再往平臺上面走一點點，就有一個被雪遮蓋了大半的山洞。洞門前一棵蒼翠的樹幾乎也被雪完全蓋住了，不過樹看樣子是四季綠的樹，雪下面的葉子似乎仍是碧綠的。洞的附近有很多疊起來的劈好的乾柴，它們一層層碼得整整齊齊。因為上面覆蓋著雪，就像一個白色的小籬笆一樣將山洞團團圍起來，並將它前後四周圈出一小片空地來。洞門前還有不少奇形怪狀的石頭，尤其是緊

貼洞壁的面東一側，那塊巨大的石頭，石身寬闊而光滑，就像一把舒服的太師椅一樣。

安念走過去，拂去上面的雪，愉快地坐下來。「噢，安靈，你看，多麼好的一塊風水寶地啊，我都不想再趕路了。」

這個洞居然有扇門。她們將洞前的雪搬開了，然後躡手躡腳地推門進去了。這下兩個女孩更吃驚了，原來這山洞跟她們以往待過的普通山洞不一樣。這個山洞簡直是一個被人精心修築過的房子！裏面的牆壁都是一塊塊整齊的石頭疊上去的，而且洞的面東的一邊還有個小小的木製的窗戶。她們推開那窗戶，一線藍天赫然在目。

山洞裏面不但有石頭砌好的灶，而且其他各種日常用品也一應俱全：兩張極小的石床、一些草席、一些食物、火柴、蠟燭……山洞邊緊靠懸崖的地方，還有一個小小的空間，那裏面放著毯子、水桶、碗筷等一些東西。

安念在這個角落裏蹲下來，揚起眉毛。「哦，想一想，安靈，我們現在其實就懸空坐在懸崖之上呢，好怪怪的感覺呀。」

「嗯，太奇怪了，怎麼會有這麼好的一個洞呢？我們再不用發愁找食物了，安念，這裏有好多吃的東西啊。」安靈也興高采烈地說。

妹妹示意她安靜下來，她又聽到什麼聲音了。安靈也聽到了，那是滴答滴答水流的聲音。兩個人在洞裏面逡巡了一會兒，終於在角落裏找到一個不顯眼的凹形石槽，水正從屋頂上的一塊岩石下一滴一滴落下來，水槽滴滿了，多餘的水就從水槽上流下去，經過牆角的一塊岩石，在那裏悄悄消失了。

「哎呀，安靈，這是一個天然的蓄水池。你看，這水肯定是從外面的泉眼裏面流進來的，然後又流到外面去了。多麼好的設

計啊，我們連水都不用擔心了！」安念興奮得眉飛色舞起來。

「我現在也相信奇蹟了，安念。我們簡直太幸運了，一切都安排得緊緊有條。這是誰的山洞呢？它的主人也許會很快回來？」

「也許上天知道我們需要一個地方，事先特意給我們準備好了。」

「可是，上天怎麼知道我們需要這樣一個地方呢？」

「宇宙語，安靈。智者說的宇宙語呀。這些天，我一直在心裏跟宇宙說話，我求他幫助我們。」

「你的祈禱再一次應驗了，安念，就像上次把我從沼澤裏救上來一樣。」

兩人出了洞門，安念忽然蒼白著臉跟蹌了一下，安靈趕緊將她扶住。

「你沒有關係吧？」

「我沒有關係。一切都安排好了，你也不用再擔心什麼了。」

安靈抬眼看一下天空。她覺得妹妹的話越來越難懂了。她聽不懂它們，也試圖去忘記它們，但是，她知道，妹妹說的話，早在很久以前，就已經模模糊糊地攪擾了她的心了。難道妹妹正在等待什麼嗎？安靈困惑地看著妹妹坐在石椅上的沉默的側影，她想問什麼，可是，嘴唇動了動，卻還是什麼也沒說。

* 　* 　* 　* 　* 　* 　*

安靈一早起來，驚訝地發現安念已經不在她的床上了。

安念已經坐在那把石椅上盯著東方出神好久了。那時到處仍是一片黑暗，白色的山頂和天好像混合在了一起。那黑沉沉的夜色和白色的雪形成了奇怪的對比。漸漸地，那黑色變得淡了起來，在模糊的雪峰上變成一片帶著霧氣的青光。安念對著那片青光，

連連長吸了三口氣。冰冷的空氣浸入到她的肺裏，讓她有些躁動的心安靜了下來。

天色一點點亮起來，金色的光線漸漸裏住了她。安念深情地凝視著那一大片金色的霞光，她覺得眼睛有些濕潤了。她看到那金光就像許多巨大的閃亮的花瓣，她就像一個小小的花蕾，它們將她擁進了懷裏深深地撫愛著她。

她的心安靜極了，而且充滿了愛和感激。她彷彿又回到了她生日的那天，她吹著笛子，那魔幻一樣的笛聲將她帶入了另外一個世界裏，那裏她像一隻無憂無慮的蜜蜂在飛。

她微笑起來，開始調整呼吸，凝視丹田。她感到有什麼東西閃閃地照在她的臉上、身上。她暖和極了，她的靈魂也在發熱起來，她看到金色的光線從閃光的靈魂那裏冒出來，在她的周圍投下一個光柱。

漸漸地，周遭的一切，像火車開動時路邊的樹，它們一排排悄無聲息往後退了，它們越退越遠，遠得若有若無，終於，她什麼也看不見什麼也不擔心了，她在靜坐的喜悅之泉中默默啜飲著。

她覺得身子已夠溫暖的了，身下的那塊岩石也似乎在發熱起來。有一隻頭上戴著紅冠的鳥，在面前的雪枝上清脆地不停地朝她叫著，好像要將她從冥思中喚醒似的。她站起來，找了好久卻沒有找到它。

她這才注意到姐姐就站在身後看著她。「多麼美麗的日出啊，是不是？」安念微笑著看著姐姐，她的眸子裏閃著神秘的光。

「噢，是的，日出太壯觀了。以前我不明白，為什麼每次看日出，心裏總有這麼大的震動呢？現在我終於明白了。」安靈動情地說。

「明白了什麼？」

「希望。每次日出點燃我心中希望的火焰。你看，安念，日出總是竭盡全力將自己的生命燃燒到最後一刻。我們也應該一樣，不到最後一刻絕不應該輕易放棄，是不是？」

「是的，每個活著的人都是因為希望而活。」安念的臉變得凝重起來，她喃喃自語著，「儘管有時候希望看上去那麼渺茫。」

安念夢一般的神情是姐姐所無法看透的。她沉默下來，專注地看著妹妹有些蒼白的臉，輕聲說：「安念，不論希望怎樣渺茫，我們總可以像樹一樣往上長的，記住智者說過的話。」

「不論希望怎樣渺茫，我們總可以像樹一樣往上長的。」安念蠕動著嘴唇，輕輕地不斷念叨著這句話。突然間，她好似明白了什麼，淚水漸漸充滿了她的眼睛。

　　＊　＊　＊　＊　＊　＊　＊

這些天一直在下大雪，兩姐妹被困在山洞中無法動身了。好在山洞裏該有的都有了，她們除了培養足夠的耐心，其他的都不用發愁。那一天姐姐在忙碌著做飯，妹妹則一言不發地坐在那石椅上呆呆望著天邊出神。雪蓋了她一身，她披散著的長髮上也覆蓋了一層薄薄的冰霧，她也無動於衷。

「你都快變成一個雪人了。天都要黑了，快進山洞裏來吧，外面太冷了。」安靈招呼著妹妹。

安念動也不動。

「快來幫我做飯吧，我的好妹妹，你又想偷懶嗎？」姐姐笑著去拉妹妹的手，幫她拍著滿身的雪。安念抬起頭，忽然間，安靈的目光跟妹妹的相遇了，姐姐看到妹妹那雙大眼睛裏露出的是深深的痛苦。笑容，在安靈的唇邊像冰一樣凍結了。

妹妹好像一點力氣都沒有，幾乎都站不穩，身子軟軟地靠在

了姐姐身上。安靈不記得她是如何扶著妹妹走進山洞的。安念在火邊躺了下來，她的臉是陰沉沉的土灰色。她直挺挺躺在那裏，頭髮倒掛著，上面薄薄的冰層在冒著半透明的白色霧氣，將她的臉籠罩在黯淡中。開始安靈以為她睡著了，很久，她才看到那沒有很多血色的嘴唇上，擠出一個微笑出來。

　　安念的眼睛慢慢睜開了。安靈被她黯淡無神的眼睛嚇了一跳。那根本不是她所熟悉的妹妹的清澈明亮的眼睛，它們顯得疲倦極了。安念那活潑明亮的眼睛裏，曾經總是有令人振奮的火苗在跳動的，什麼時候那火苗熄滅了呢？

　　「安靈，我看不見了。」她聽到妹妹幽怨的聲音。

　　安靈的臉色蒼白起來，一股寒意攫住了她。她彷彿看到時間凍結了，空間凍結了，呼吸凍結了，一切都凍結了，這個宇宙就只剩下她們孤獨的兩個軀殼，別的什麼都不存在了。

　　「你說什麼，安念？」她以為她沒有聽明白，大聲喊起來。

　　「是的，安靈，你聽清了，我，」妹妹哽咽了一下，「我早就查過書了，我得的應該是急性青光眼。我真的什麼都看不見了！」安念睜大眼睛，茫然地看著姐姐，又彷彿沒有在看她，而是在盯著她身後的空間入神。

　　長久的沉默，難耐的沉默，壓抑的沉默。

　　「這是不可能的，」安靈聽到自己倒吸了一口冷氣的聲音。「不可能是青光眼，可能是假性的眼病，也可能是眼睛發炎什麼的。那只是暫時的，你不會看不見。」

　　「是的，我看不見了。」妹妹擦了一把眼睛，帶著淒涼的神情，說。「事實上，這幾個月，我的眼壓一直很高。我早就感覺到了，不過沒有告訴你。有好些次，除了一點模模糊糊的影子，我幾乎都看不見了。如果不是拉著你的衣服，我根本不可能走到

這裏。」

安靈的臉，跟妹妹一樣變得慘白了，她搖著頭，仍然不肯相信她的話。「不可能的，安念。如果你的眼睛真的看不見了，我再也不會相信這個世界上還有什麼奇蹟和上帝。」

「該發生的都會發生，我並不怪誰。」安念臉上平靜順從的表情讓她看上去再也不像一個孩子了。

又是沉默。寂靜的沉默。難耐的沉默。

「可是，安念，事情既然這麼嚴重，你為什麼不早點告訴我呢？！」

「告訴你有什麼用呢？你是醫生嗎？你可以幫我做手術嗎？除了讓你為我擔心得睡不著覺，告訴你又有什麼意義呢？」安念淒然地苦笑了一下。「好多個晚上，我因為擔心而睡不著覺。事實上，安靈，我有時候根本就不敢睡著，我害怕我眼睛一閉上，第二天一起來就再也看不見了。」

「可是如果我早知道事態有這麼嚴重，我們就不必走這麼遠的路，吃這麼多苦了，也許我們可以在有人的地方找到醫院，也許他們可以幫助你，也許我們可以乾脆回家……」

「也許，這麼多也許，」安念又苦笑了一下。「隱士不是說過嗎，該來的都會來，該走的都會走，這是上天的規則，我們沒有辦法改變它？」

「隱士？」安靈叫起來，「他不是可以看病嗎，你為什麼不求他幫忙？」

「我已經求過了，他說我的病是與生俱來的，除了奇蹟和祈禱，別無它法。」

又是沉默，寂靜的沉默，難耐的沉默。

「可是，安念，你怎麼會看不見呢？你再看看，你不是可以

看到我麼？！」安靈捧著妹妹的臉輕輕晃著，她以爲妹妹如果不是在開玩笑，至少是在誇大其詞。

妹妹默默地用無神的眼睛瞅著她。「我但願我在開玩笑，安靈。」安念擠出一個辛酸的笑容。「其實很小的時候，我就猜到自己的命運了，你信不信，安靈？」她苦澀的聲音在寒冷的空氣裏飄蕩著。「我很小很小的時候，就常常做一個奇怪的惡夢，我夢見有一件非常可怕的事情要發生在我身上。」

人真的是有潛意識的嗎？安靈想。妹妹真的在那麼多年前就看到了她的未來嗎？這個發現沒有讓她安心，反而更加害怕起來。

「安靈，有人說過，靈魂與肉體，如果不是兩者同時在受苦，其中必有一個在受苦。還好，我覺得我的靈魂還沒有受太多的苦，相反，我現在倒感到前所未有的寧靜，因爲我早就有思想準備了。而且，我們一路上遇到了那麼多有智慧的人，他們一直在幫助我、啓發我。你不要爲我擔心，安靈。」

姐姐不做聲，默默看著她。

「安靈，」做妹妹的又說，「我雖然看不見，卻感覺到我們很快就會找到我們要去的地方了。你也說過的，我的直覺很好。現在，我的直覺告訴我，安靈，你不能再帶上我了，你得獨自去找天鶴峰。」

「我絕對不會丟下你不管的，你知道。」安靈捂著臉痛苦地哭泣起來。

「你走吧，明天就走，不要被我拖累了，如果不是因爲我，你可以走得快得多，說不定早就找到天鶴峰了！」

「可是找到它又有什麼意義呢，如果你不能跟我在一起的話？」

「有意義的，安靈，世上沒有毫無意義的事，智者不是說了

嗎？」

「我不管他說了什麼，我只知道我要跟你待在一起！」安靈
煩躁地在洞裏邊踱起步來。

「你不要管我了，我一個人在這山洞裏很安全的。這裏有足
夠吃的，水也沒有問題。外面的水凍住了流不進來，我完全可以
喝雪水。我單獨一個人不會有任何問題的。你找到天鶴峰後再來
找我，不是很好嗎？」

「我說過，我不會丟下你不管的。要走我們一起走。」

「安靈，你怎麼這麼傻呢？」

妹妹抱著姐姐哭了起來。她哭得很厲害，好像她的委屈已經
積壓很久了，眼淚永遠流不乾一樣。安靈的眼淚也嘩嘩流著，可
是她又不願意妹妹更傷心，儘量忍著不哭泣出來。她輕輕拍著她，
像輕拍一個嬰兒哄著她睡著一樣，她理著她那亂七八糟的頭髮。
可是，許久許久，安念還沒有平靜下來，冷冰冰的空氣裏，充滿
了她壓抑的抽抽答答的哭聲。

安靈默默看著妹妹那哭得變形了的臉，吃力地閉上眼睛。她
覺得她的心，好像被一隻大手抓住了，它在蹂躪著、壓迫著她，
讓她透不過氣來。洞裏有些潮濕，在火的炙烤下，冒著一縷縷的
蒸汽，火苗在她沉默的臉上一閃一閃。好久好久過去了，她看著
安念倒在床上睡著了。安靈就靠著牆坐著一邊看著她的睡容，聆
聽著她不均勻的呼吸聲。

「噢，上天，如果你存在，那麼你在哪裡？」安靈聽到自己
的靈魂在厲聲呼喊。

　　　　　＊　＊　＊　＊　＊　＊　＊

那天早上，雪停了。安念還在睡覺。安靈出了山洞，呼呼的

風從北邊的冰山那邊刮過來，落在人的身上，就像刀割一樣。山早就被凍僵了，它們的周圍籠蓋著一層厚厚的白色的冰霧，給人一種處於虛境的印象。安靈漫無目的地站在冰冷的風裏，覺得她的心，也如同這天氣一樣，凍得嚴嚴實實的了。

「母親，」她撫摸著脖子上的墜子，低聲說，「這麼多在異鄉的日日夜夜，我們都熬過來了。我以為我們終於要熬出頭來了，可是，最後還是失敗了。我們還要再試下去嗎？我們已經到了力量的極限了。安念的眼睛都看不見了，我也累得精疲力竭。我們再也沒有能力繼續去走下面一段路了。怎麼辦呢？」

她在石椅上沉重地坐下來，哀愁地祈禱著：「噢，上天啊，我是多麼無助而恐懼啊！我眼裏的絕望，你看到了嗎？我要求的，並不奢侈呀，我只希求，你能夠讓我的妹妹重見光明，我多麼需要她啊。上天，我但求你祝福她，不要讓她如此痛苦了。請給我們一點朝下面走下去的勇氣吧。你知道，沒有陽光的日子是這樣可怕這樣令人忍無可忍啊，救救我們吧！」

棲息在樹上的一隻鳥，一直在目不轉睛地看著她，安靈祈禱的時候，它彷彿聽得懂似的，歪著頭，很用心地聽著。她一祈禱完，鳥突然展翅飛走了。安靈目送著它遠去的身影，忽然覺得心裏舒服多了。好像那只鳥用它的目光給她注射了力量，並且帶走了她的一部分憂愁似的。

回洞來時，安靈聽到安念正在輕聲吹著笛子。安念的笛聲低低的，像風一樣，輕輕掠過去了。風掠過的地方，安靈感到一陣隱約的痛楚，聽著聽著她的臉上就默默流下淚來。

「你哭了，安靈。」安念忽然停止了吹笛，背對著她，這樣說。安靈沒有想到她居然「看到」她在哭泣了，她吃驚地看著她。

安念的唇邊掛起一個淡淡的苦笑。「我的耳朵很靈。我聽到

你在哭了。」

「可是我並沒有發出任何聲音。」

「我知道，可是，我仍然聽到了。也許因為我的眼睛太糟糕了，我的耳朵才超乎尋常的好，好多時候我可以聽到別人聽不到的聲音。」

「真的嗎？」安靈呆呆看著妹妹，不知道說什麼才好。她忽然覺得，她跟妹妹同處這麼十多年，她其實一點都不瞭解她。她也無法幫助她。我是誰呢？妹妹又是誰呢？她忽然覺得困惑極了。

兩姐妹沉默下來。然後，安靈聽到妹妹在問：「安靈，我們在這裏待了多久了？」

「好幾天了，也許一個星期。」

「如果不是我……」安念幽幽地看著她。

「不要說如果。」

「你應該上路了。」

「你知道，我不可能撇下你一個人走。」

「為什麼不能？這裏有足夠的糧食和水。是個相當安全的地方。你不用為我擔心的。你找到天鶴峰再來幫助我，不是更好嗎？」

安靈不同意妹妹，卻也不跟她爭辯。

「安靈，你不快樂。」

「我沒有關係，我只是為你的健康擔心。」

「我的健康已經比前些天好多了，我不咳嗽了，頭也很少疼……」安念沉默了一下。「也許我的眼睛也會漸漸好起來的。隱士說過，如果我不停地祈禱，奇蹟也許會出現的。」

安靈不做聲，卻歎了一口氣，那種無可奈何力不從心的歎氣。

「安靈，你非得走不可了。再晚天氣更冷，就沒有辦法動身了，你自己也明白的。」安念眼淚冒了出來，她抓住姐姐的手，

將下巴枕在那上面，就像她小時候常常做的那樣。

「答應我，安靈，我沒有關係的。你一定要走。不然，我們經歷這麼多辛苦和危險，全都白費了。」

安念的臉上浮現出一縷笑容，安靈從來沒有看見她這樣溫柔而悽楚地笑過，彷彿那個笑是一隻碾盤，將她的心一點一點碾碎了。

＊　＊　＊　＊　＊　＊　＊

安靈整日整夜都在不停地為妹妹的視力祈禱。每天清晨起來，她都暗暗企盼著一個奇蹟：妹妹欣喜若狂地喊著告訴她-她的視力又恢復了。可是，日子一天天過去，安念的眼睛依然黑暗依舊。安靈的心沉重得像鉛一樣。

那個清晨，太陽出來的時候，兩姐妹已經在岩石上坐了很久了。也許是因為眼睛看不見，安念覺得身體的其他感官方面似乎變得超乎尋常的敏銳了。這一天早晨，太陽照在她的身上，她起初還感到有點冷。但忽然體會到脊椎那裏有一點酥麻。漸漸地，宛如身體裏被射進一束陽光，脊椎下端奇特地暖和了起來，好像一根蠟燭突然被點亮了起來。光亮一點一點往上面移動，似乎在燃燒著每一寸束縛。

首先，她有些懵懂，不明白是怎麼回事。然而，這種感覺變得越來越強烈了，它已經不容她否定或忽視了。她就專心致志地觀察著那一束亮光。像一個剛被釋放出來的犯人一樣，起初，她不大適應見到這麼強烈的光芒。她感覺到那光影越來越熾熱，而現實卻像怕了這光亮一樣，為了給這光亮讓出位置來，它在逐漸後退了，消失了，它變得離她很遠，似乎是不真實的了，她感到連她自己都是不真實的了。她看到另外一個陌生的現實，在那裏，

一切都是晶瑩剔透，像被陽光照耀的雪山一樣。它們在默默閃著光。這是一種令人歎爲觀止的寧靜柔和的光芒。

「剛才靜坐的時候，我彷彿感到自己跟宇宙融合在一起了，多麼奇異的感受啊，安靈。」

安靈默默看著被太陽照亮了的白雪皚皚的巨大空間，沒有做聲。

「我現在明白了，安靈，我們在沙漠裏看到的千年蘭，在草原上看的那水塘裏的一池子花，還有那倔強的根往上長的樹，它們都不是無緣無故的。」

安靈探詢的目光在她的臉上徘徊了一會兒，還是沒有說話。

「當初我們奇怪，它們怎麼可以那樣默默無聞地忍受孤獨呢？現在我明白了，它們不需要人的欣賞，依然是快樂的。因爲它們是宇宙的一部分，它們跟宇宙溝通，宇宙是它們永遠的陪伴者，它們已經擁有一切了。還需要別的什麼呢？」

安念接著說：「也許是我天生的直覺，很早很早以前，我就知道自己有一天會生活在黑暗中，所以我特別害怕黑暗。晚上好晚了，大家都睡著了，我還常常一個人在那裏悄悄地流淚。安靈，你說你最害怕的是需要等待的痛苦。其實，我又何嘗不是這樣呢？你看，現在，當我真正失去了光明，我的心反而不那麼痛苦了，我甚至感到一種前所未有的安寧、喜悅。你知道爲什麼嗎，安靈？」

安靈仍然一聲不發。

「我現在明白了，我從來不是孤獨的。那個寺廟的老和尚說過，心靈的光明可以照亮一切。智者也說了，只要往高處去，一切困難都會化爲烏有；那個修女也說，上天不會讓我們獨自面對苦難；隱士也說了，只要堅持祈禱，奇蹟會出現的……他們都是

對的，因為苦難只是相對肉體來說的，肉體變幻無常，但它身後的靈卻是永恆的。為什麼我們一定要在乎那表面的東西，而忽略那更光明更永恆的呢？」

安念稍稍停頓了一下，又說：「你看，安靈，我們剛剛上山的時候，你還老說這裏的景觀好像在時刻變換著，不是嗎？其實，景觀並沒有變化，而是我們看它的角度不一樣。人本身不也是這樣嗎？換一個角度看，根本無所謂苦難了。」

樹上一片雪花飄到了安念的臉上，她用袖子隨便擦了一下。「安靈，我的眼睛失去了光明，在別人看來，這是一個巨大的苦難。可是，我卻學到了那麼多的東西，這些東西將來都可以伴隨我一輩子的。也許這就是智者所說的往高處長吧？我的眼睛限制了我，可是，我還可以去從別的地方、別的角度得到我的自由。」她停了停，因為她的聲音變得有些嘶啞起來。「我只是有一個遺憾，安靈。」

安靈久久地看著她，好像要將她看明白一樣。

「我沒有找到太陽草，」妹妹嘴角抽動了一下，臉上帶著傷感的微笑。「我之所以選擇來天和國，就是因為太陽草。我曾經在無數個不眠的深夜，祈求上天，讓我找到它，讓我在失去視力之前，可以好好欣賞一下它。別人告訴我，它長在雪峰上，我不肯定自己的眼睛是否可以維持那麼久，所以我偷偷地，懷著僥倖的心情一直在找它。也許它長在森林裏，或者沙漠裏，或者草原上的那個角落裏，我會突然而然地碰上它？這是我這麼些月來一直幻想著、奢望著的夢。也是這個夢，才可能把我帶到現在的這個地方來。」

安靈沉默著不說話。

「所以，這個夢只有靠你來繼續了，安靈。」

安靈沉默著不說話。

「你應該走了，安靈，我們兩個困守在這雪洞裏，是不會有什麼結果的。上山的路也只會越來越難。你應該去找天鶴峰，去找太陽草。別忘了，那是我們來這裏的目的。」

「你決定了嗎？安靈？」安靈癡癡地看著遠方，彷彿聽到一個聲音傳到她的耳邊來。

「你決定了嗎，安靈？你不能再等下去了。」這個聲音再一次頑固地在她耳邊響起來。

安靈收回遠眺的目光，目不轉睛地凝視起面前這張臉，這張既熟悉又讓她感到陌生的臉。她伸過手去，輕輕觸摸了它一下，她感到指尖碰到的地方是冰冷的。眼淚從她的臉上掉了下來，她也清楚地看到了妹妹眼中有淚光在閃爍。

「你決定了嗎，安靈？」

「是的，我決定了。」她用嘶啞的聲音輕輕說。她知道妹妹看不見她，但她還是深深地看著她的眼睛。「安念，明天，我就一個人上路了。我會去找天鶴峰，也會去找你的太陽草。」

＊　＊　＊　＊　＊　＊　＊

深夜了，山洞中一點聲音都沒有，安念在黑暗中瞪著眼睛，仍然毫無睡意。忽然，她感到有人向她這邊的方向移過來，她趕緊合上眼。那人輕輕拾起了什麼，蓋在她的肚子上。那是從她的睡袋上溜下去的毯子。

在未來黑暗的夜裏，有誰再來給她耐心地蓋好掉下去的毯子呢？安念屏住呼吸，咬著唇，盡量不哭出聲來。姐姐在黑暗中默默站著，好像將她的臉端詳了好一陣子。直到她躡手躡腳走開了，安念才讓兩行淚水恣意地流了出來。

安靈在山洞的另一頭，同樣輾轉未眠。天亮了，她馬上要離開了。洞裏面的火還在燃燒著，安靈卻覺得寒冷極了。

第二天一早，妹妹在外面的石椅上吹笛子的時候，安靈就在鍋裏煮著鳥蛋，一邊收拾著自己的行李。鳥蛋煮熟了，一共八個，又大又圓閃著亮晶晶的光。安靈將它們全堆在一個瓷罐子裏，留給妹妹吃。安靈想起拾鳥蛋的那天，妹妹還是一個有說有笑的快樂小女孩，可是，僅僅兩個星期過去，她們的世界已經發生了天翻地覆的變化了。她的臉上流著淚，默默地將她路上用得著的東西裝進背包裏。那個她背了好幾個月的急救箱，她想了想，將它拿了出來，放在妹妹的床上。她對著鏡子匆匆梳理了一下頭髮，然後，將那面鏡子也留在了妹妹的床上。妹妹眼睛看不見，用不著鏡子了，可是，安靈很慚愧以前跟妹妹搶它，她要將鏡子留給妹妹做紀念。

妹妹吹了很久笛子，她的手指看上去都僵硬了，她的臉上掛著冰凍的淚。安靈站在洞邊默默聽了好久，她吸了一口長氣，才好容易忍住即將要掉下來的眼淚。「安念，你該吃早飯了。我已經吃過了。」

妹妹進去了，安靈就坐在那石椅上，看著周圍的山、樹、雪、天。

「我要走了，我要去找天鶴峰和太陽草。我不會去多久的，你們等著我回來好了。妹妹的眼睛看不見了，我請求你們一定要多多照顧她。」她心裏默默對著眼前的景物說話。她看到它們面面相覷，靜了好大一會兒，然後，它們的神色變得緩和了：「去吧，我們等你回來。」她彷彿聽到它們在回答她。

宇宙語。她想起了智者說的話。

她擦了一下淚眼朦朧的眼睛，走回到洞裏。安念已經吃好了，

她就坐在床上等她。

安靈一走到她的跟前,妹妹就飛快地站了起來,倒進她的懷裏。

她們緊緊地擁抱在一起,安靈感到妹妹冰冷的臉上流著的淚跟她自己的混合在一起了。

她從妹妹的懷中艱難地掙扎出來,提起她的行李。「再見,安念。」

「再見,安靈,你要小心。」

「我會的,你自己多保重。」她走了兩步,忽然間又想起什麼又折了回來。「哎,安念,我會很快回來接你的。你不要隨便走動,讓我找不到你。」

「沒關係,你放心好了。我這個樣子,能夠走到哪裡去呢?」妹妹自嘲地笑起來。

安念的笑容,像一陣風吹過渺渺水面一樣,在安靈的心中掠過一陣顫慄。她強抑制著沒有說話,因為她知道她只要一開口,嘩嘩的眼淚就會掉下來了。她知道她不能再軟弱下去。她已經決定了。

「祝你好運,安靈。如果需要勇氣,記住,你在銀行存過一些的。」

「是的,我記得的。你也存過一些耐心的。關鍵的時候,也可以取一點出來用。」

「嗯,我知道。」妹妹久久地凝視著她的臉,彷彿她還可以看見她似的。然後,一絲淡淡的笑容從她的臉上悄悄滑過去。「那麼,再見了,安靈。」

「再見了,安念。」姐姐哽咽起來。

「再見,小心看路走,不要摔跤哦。」妹妹微笑著招手,聲

音卻低沉下去了。

安靈的心碎了。她轉了身，不再看她，眼淚卻撲簌簌掉落下來。她背朝著她，心裏卻期望著妹妹再喊一聲：「等一等，安靈，等一等，跟我一起走！」

可是，沒有，安念什麼也沒有說。安靈停駐了一片刻，然後踉蹌著邁開了步。很快，她的身影就消融進茫茫雪海之中了。

＊　＊　＊　＊　＊　＊　＊　＊

安靈在雪山上踉踉蹌蹌走著。她時不時回過頭看一下身後，好像以爲妹妹會跟在那裏一樣。可是身後除了茫茫白雪，什麼也沒有。

她咬咬牙，不再往回看。她走得很快，雖然路又滑又窄。她不知道自己到底已經走了多久了，她只覺得腳累得很。她在白茫茫的山坡上停下來，惘然四顧著，一時間恍如夢中，不能確定自己在哪裡，要到什麼地方去。

狹窄的山脊上橫躺著幾棵倒下來的大樹，路完全被堵塞了。她沒有辦法，只好從它們上面爬過去。可是，其中一棵圓木樹，忽然滾動起來。慌亂之中，她趕緊抱住了它。它帶著她，在雪地上滾了好遠才止住。她站起來，覺得全身都是酸痛的了，額頭上有什麼溫熱的東西掉下來，她這才發現那是血。雪、血、汗粘在一起，將她的頭髮都浸濕了。

她不想停下來，又往前走了幾步，卻覺得頭有些暈，眼前金星亂跳起來。她只好在附近的被雪蓋住的灌木邊上停下來。灌木蓬蓬鬆鬆地，像一把撐著的傘一樣。傘下邊有個淺坑，那裏沒有雪。她蹣跚地挨過去，靠著那灌木在坑裏坐下來。她真的覺得累了。好累！一種發自內心深處的累。

　　她哆哆嗦嗦拉開背包的拉鏈，想找點乾淨的紙去擦拭一下仍在滴滴答答流著血的額頭。她這才發現，那個她本來已經留給妹妹的急救箱赫然出現在包裏。唉，妹妹什麼時候將它放在這裏面的呢？難道這又是她的未卜先知？

　　她含著淚將箱子打開，突然又嚇了一跳：箱子裏面還放著一面小鏡子 —— 那面她們兩個曾一直搶個不休的小梳妝鏡！

　　她的眼淚無聲地滑落了下來。她打開鏡子，在額頭上塗了一些消炎粉。她看著鏡中的她，滿臉憔悴疲憊，額頭傷痕累累，眼睛也紅紅腫腫的，看上去就像一個她不認識的人一樣。

　　她將箱子放回背包，然後，她的手又碰到了包裏面一個陌生的東西。啊，這不是她留給妹妹的那個裝鳥蛋的罐子嗎？她將罐子打開來，只見裏面是八個圓圓的煮熟的鳥蛋 —— 她特意留給妹妹的雞蛋。妹妹眼睛看不見，她是怎麼去感知這一切的呢？她又是如何偷偷摸摸做這些事情的呢？哦，安念！她捂住臉，淚水再也控制不住，從她凍僵的指縫間一傾而下。雪花飄下來，落在她的臉上，很快就被她灼熱的眼淚融化了。

　　她哭累了，搖搖擺擺站了起來再繼續上路。雪並不顧忌她的憂傷和疲倦，它自故自地悠悠落下來。雪打在她的臉上，她起先覺得痛，後來臉上凍得木木的，什麼感覺都沒有了。天色漸晚，雪越下越大，鬆鬆軟軟的，她一踩上去，就是一個大窟窿。

　　那天，她找著了一個山洞，卻並不著急進去休息，就在山洞外面徘徊著。就算躲在山洞裏，也不過是冰冷一片，有什麼意思呢？她覺得很冷，忍不住裹緊了大衣。在天和國長途跋涉這麼久，她的個子已經長高了不少。她本來有的一些衣服都有些嫌小了。她現在身上穿的是母親曾經穿過的一件防雨大衣，衣服正合身，而且後面還有長長的腰帶，可以將她嚴嚴實實裹起來。

　　到處都是雪，除了雪，什麼都沒有了。天黑下來了。她仍然背靠著山洞，呆呆盯著對面出神。對面的山是她明天要去的地方，她看到那半山坡上有一棵閃閃發光的樹，那樹木怎麼發光呢？她凍僵了的腦袋似乎不能思考了。她眯著眼睛，總算明白了，那樹後面一定有什麼東西在照亮它。可是，這是個沒有月亮的晚上啊。那到底是哪裡來的光呢？她困惑極了。難道那是誰家的燈光嗎？

　　「喂，對面山上有人嗎？」她捲起喇叭，朝著對面喊起來。可是，除了大山的回聲，她什麼別的聲音都沒有聽到。

　　那種傘形的樹她倒是見過很多次的，它的枝條像柳樹一樣垂下來，不過那枝條現在都是冰條了。奇異的光線照在它上面，彷彿是一個幽靈用它身上無數的閃閃發光的眼睛向她神秘地眨著、召喚著。

　　黑暗在她身邊流動著。她默默凝視著對面，她彷彿看到時光在慢慢倒流，昔日已經模糊了的記憶又如排山倒海紛至遝來。我是誰？我是誰！她憤怒地喊著；與此同時，淚水從她失魂落魄的眼睛裏潸潸掉下來。

　　直到夜色完全暗下來的時候，她才摸索著進了山洞。她生了火，胡亂吞了一些東西進肚子裏，就躺下了。她閉上眼睛，任黑暗在她眼睛裏遊來遊去。猛然間，一股寒流從頭到腳流過，她冷得發抖，蜷縮著身軀，咬得緊緊的牙關也咯咯地響起來。

　　黑暗中，風從岩石縫隙裏面時不時鑽進來，發出怪異的聲音。她的手心冒出了冷汗，手裏緊緊攥著被角，儘量讓急促的呼吸放平些，可是，她狂亂的心卻偏偏要跟這黑夜的寧靜背道而馳似的，它突突跳得厲害，她沒有辦法抑制它。

　　就這樣過了好久，介於醒與睡之間的她隱約聽到外面雪從樹上落下來的沙沙聲，又好像聽到什麼人的低低的唱歌聲：

大海大海流呀流，
流到西流到東
流入母親的懷抱中。

小鳥小鳥飛呀飛，
飛到西飛到東
飛入自由的天空中。

雪花雪花飄呀飄，
飄到西飄到東
飄入永恆的宇宙中。

　　也不知是什麼時候，她迷迷糊糊睡著了。可是，她的睡眠一點都不安穩，因為她夢見的全是惡夢。她夢見安念被野獸攻擊了，她全身血淋淋地倒在地上。她又夢見安念因為饑寒而死了，等她趕到的時候，她已經變成了一軀白骨。

　　「安念！」她驚恐地跳起來，急切地四顧尋找她，卻只見周遭一片黑暗，眼前一片空白，哪裡有安念的影子？

　　「安念，你在哪裡？」她頹然地呼喊著。可是，除了醲醲的黑暗，什麼也沒有。她倒在地上，再一次默默地哭泣起來。

＊　　＊　　＊　　＊　　＊　　＊

　　第二天，安靈從夢中驚醒，全身沾乎乎的都是汗，她忽的一下坐起來，睜大迷濛的雙眼，環視四周。離天亮還早得很，從山洞外面透進來的光還是灰濛濛的，將這間狹小的空間照了一個模糊的輪廓出來。

　　她不等天亮就起身上路了。她拄著棍子，深一腳淺一腳走得

很快，呼哧呼哧，好像要擺脫幽靈一樣的悲傷。雪在她的靴子和棍子下面咯吱咯吱響著。她覺得靴子裏面有些濕，雪大概弄到襪子裏面去了，她就坐在地上，將它倒出來。腳已經凍得木木的，她在雪地上將手哈暖了，慢慢揉著腳，揉了好一會兒，才有些知覺了。

太陽慢慢出來了，照在白茫茫的雪地上，刺得眼睛發疼。路更難走了，有些地方已經結了厚冰。沿途到處是被冰雪壓斷了的樹枝，有的岩石裹著厚厚的雪，橫蠻地躺在路中間。她必須時時去注意路上的障礙物。

太陽略略偏西的時候，她已經爬下山，開始上對面的山，山又陡又窄，兩邊就是深深的懸崖。天色有些暗了，但滿地的雪光增加了能見度。她記起昨天晚上對面的半山腰上有亮光閃爍，她就朝著那邊走。上山更加艱難了，她的速度慢下來，每走一步都很吃力。走累了的時候，她就默默背誦著那個詩人給她的詩。

這詩歌似乎給了她勇氣。漸漸地，她又可以看到遠處那閃閃發光的樹了。她想，那也許不是什麼燈光，而是夕陽照在樹的冰枝上，所以才會在白色的雪地上顯得那麼亮。但那柔和明亮的光線對她彷彿有著無形的吸引力，她朝著它艱難地挪過去。好些次她都滑倒了，她就爬起來拍拍身上的雪再走。

就在這時，她聽到小鳥的哀鳴聲。她停下腳步，找尋了好久，才看到懸崖邊上的一棵樹上，有只綠色的小鳥棲息在一根掛著冰條的樹枝上。小鳥的腳也許被冰雪凍住了，它掙扎著要飛起來，卻無能為力，唧唧地帶著哀傷叫喚著。她的惻隱心上來了。小鳥讓她想起了那只草原上的小地鼠，那可憐楚楚的樣子真是惹人憐愛極了。她想如果妹妹在這裏，一定會想辦法幫助小鳥的。

「小鳥小鳥，你真孤獨啊，你跟我一樣，我們都是可憐的人。」

她一邊輕輕說，一邊伸出手去夠它。但是她夠不著，小鳥離得太遠了。它看到她試圖接近它，它停止了叫喚，歪著頭看著她，它的漆黑的眼珠像凍僵的葡萄一樣。

「不要害怕，小鳥，我會幫助你的。」她微笑著，眼睛向它溫柔地眨巴了一下。樹的下面就是黑乎乎的懸崖，她不敢靠懸崖邊太近了，她小心地伸出棍子，想把凍住小鳥的那根樹枝鉤過來，讓她可以夠著它。可是，她沒有留意到腳下的雪其實是空的，她一腳踩下去，雪就無聲地塌了下去，她也跟著塌了下去。一切發生得寂靜無聲。她相信她掉下去的時候，情不自禁高聲地啊了一聲，因為她從高處迅速下落的時候，她看到一大朵的雪花飛進了她張開的嘴裏。然後，一切都悄然無聲地結束了，她進入到了一個黑暗的世界裏。

＊　＊　＊　＊　＊　＊　＊

安靈醒來時，發現自己躺在一個異常冰冷的地方。周圍一個人也沒有。她覺得很冷，很冷，一種冰冷徹骨從來沒有體驗過的冷。眼前漆黑一團，冷冰冰如地獄一樣。她的全身好像也冷成了冰，像冰山一樣，僵直地堆著，根本動彈不得，她等待著被融化，等待著被鬆綁。

忽然間，有一個模糊的意識向她像幽靈一樣襲過來──她要死了，就在這雪山上，這冰冷徹骨的地方，孤孤單單一個人。她的眼睛狂亂地睜開了，鋪天蓋地的黑暗和絕望頓時抓住了她。「不，求求你！」她耳語著，好像在哀求誰放她一條生路。但是她的眼前根本沒有人，也沒有誰聽到她在說話。她看到的只是眼前一片冰冷冷的黑暗，和在黑暗中攢動的各式各樣鬼魅的影子。可是，黑暗和影子們都不理會她。她孤獨的哀求聲在他們中間徒然回蕩。

不知道過了多少時候，她費力地睜開眼睛，卻覺得眼前的一切都是渙散的。我的頭在哪裡？我的身子在哪裡？這真的是我的頭麼？如果是的話，爲什麼它不能替我弄清楚，究竟發生了什麼？我現在在哪裡？

她看到面前有一座巨大的雪山，可是山頂在她眼前跳來跳去，跳得她噁心起來。她趕緊閉上眼不去看它。她不明白到底發生了什麼事情？自己爲什麼這麼軟弱，這麼痛？右腿上到底有什麼東西在咬她，不然怎麼會痛得這樣厲害？她咧咧嘴，呻吟著：冷，冷，好冷！一股冷氣鑽心地竄過來，她覺得冷，從來沒有過的冷。她覺得她很快就要被凍死了。她痛苦地抬起頭來，正好看到灰色的夜空邊上鑲著一顆星星。那星光似乎是冷的，她凝視著天邊的那顆星。「奇怪，」她想，「這顆星爲什麼看上去這麼冷呢？」

接著，她好像聽到有人在她耳邊低語著：「我要馬上給你動個小手術，你先忍一忍，不要掙扎。」什麼是手術？他爲什麼要給她動手術？她覺得好費解。一切事情都好費解。好像什麼事情都是散的，飄的，碎的，一絲絲，一縷縷，好難將它們拼湊攏來。然後，好像有人將她抬起來，搬到一個什麼地方去。就在這時，一陣撕心裂肺般的劇痛像一把鋸子一樣割過她的全身。她知道她馬上要死了。她聽到她自己淒厲的叫聲將白茫茫的山脈劈開。

「忍一點，我在給你的傷口消毒。你千萬不要亂動。」好像有人在對她這樣說。她拼命咬著牙，試圖攥緊雙手，但雙手也不聽使喚了，捏都捏不攏。這是平生第一次，她有這種恐怖得要死但比死更痛苦得不堪忍受的感覺。好像有一個人，在拿著一把並不鋒利的鋸子，在一點點地鋸她的腳，又像一個人在無情地，一寸一寸地，將她的腳的骨頭人爲地折斷。「上天，救我！」大汗

淋漓中的她，再一次失去了知覺。

她再醒過來時，忽然感到周圍有一種不可思議的寧靜和祥和。她看到身邊有很大的火在熊熊燃燒著，而自己的兩隻腳被紗布一直纏到了大腿上。她摸摸自己的腳，右邊膝蓋處纏了紗布的地方，似乎還有些濕潤，那一定是血還在那裏滲透出來。她覺得有些痛，但是可以忍受的痛。

她應該是在一個山洞裏。泥地有些潮濕，在火的炙烤下，冒著很大的蒸汽，她看不清楚火邊有什麼。她睜大迷濛的雙眼，費了很大的勁，才看到一個穿著桔色棉袍的人幾乎跟火的顏色融合在了一起。她只看到他的側臉，古銅色的臉，亂蓬蓬的鬍鬚，捲曲的長髮。她立刻認出來了，他就是那個隱者。他彷彿感覺到她醒來了，他將臉別過來，她看到他的眼裏有一種既痛苦又柔和的光芒。她覺得心裏有些溫柔的東西被觸動了。

她掙扎著想坐起來，可是，她的軟弱的身體連那點力量都沒有。「我在哪裡？我在做夢嗎？」她喃喃自語。

「你在一個山洞裏。人生就是一場夢，不是嗎？」

「這是誰的山洞，你的嗎？」

「這重要嗎？」

「我發生了什麼？我怎麼到這裏來的？你又怎麼會在這裏的？」

「三天前的傍晚，你掉下了懸崖。我的狗聽到你的呼救聲了。我們看到你的時候，你的大衣腰帶將你掛在懸崖底下的一棵大樹上。可以說，是那樹和大衣救了你的命。可是，你的兩條腿都斷成了好幾節，左邊的手腕和指頭也骨折了。尤其是右腳傷得最厲害，我想你的膝蓋也許撞到一塊尖石上面了。你的膝蓋骨都掉出去了，上面有一個碗大的口子。我看到你的時候，你的血都快從

那個口子裏流乾了。我立即跟你就地動了手術，止了血，上了夾板和繃帶。」

　　她不禁打了一個寒噤。自己真的受了這麼大的傷嗎？而且是在三天前！爲什麼她感覺一切不過是剛剛發生的事？

　　她眯起眼，憂傷地看著他。「我的腿還可以走路嗎？」

　　「再過一段時間應該可以的，不過，這也要看你的願力了。」

　　「你以前也跟我講過這樣的話。」

　　「是的。我很高興你還記得。」

　　「我的妹妹還在另外一個山洞裏。她的眼睛看不見了。你可以幫她嗎？」

　　「我已經去看過她了，她在一個很安全的地方。現在花兒也跟她待在一起，你不用擔心。」

　　「太好了，」安靈安心地歎了口氣，閉上眼睛。不一會兒，她又睜開眼，「噢，請你不要告訴妹妹我受傷了，好嗎？」

　　「我不會的。爲什麼要她無謂地擔心呢？每個人擔負自己的擔子就足夠了。」

　　「謝謝你。」她不由自主又舒了一大口氣。

　　「你好好休息吧，現在已經是深夜了。這個山洞隔壁還有個小房間，我就睡在那裏面。晚上有什麼事情，你可以隨時叫我。」

　　她點點頭，「謝謝你，這是你第二次救了我了。我是安靈，你呢，我應該怎樣稱呼你？你叫什麼名字？」

　　「有一天你會明白的。現在你不要講這樣多話，好好休息吧。不要擔心，一切都會好起來的。」他站起來，朝她淡淡地笑了一下，就消失在隔壁的岩洞裏了。

　　「是的，不要擔心，一切都會好起來的，」她也對著火光輕輕笑了一下，「晚安，安念。」然後，她閉上眼睛沉沉睡去。她

已經很久沒有睡得這麼安穩了。

　　　　＊　　＊　　＊　　＊　　＊　　＊

　　安靈在山洞內已經躺了整整一個月了，可是，四肢的三肢還是被緊緊綁在夾板和繃帶中，她只能整天或躺或坐，除此以外什麼活動都不能做了。

　　「要是有本書就好了，至少我可以坐在這裏看書。」

　　可是沒有，什麼也沒有。她只能每天靠回想度日。爺爺、奶奶、妹妹、詩人、咕嚕國、天和國……所有經歷過的人和事，就如放電影一般，影影綽綽在她腦前一幕幕閃過。她暗暗感歎光陰荏苒，物換星移，往事已如春夢了無痕。她記得以前的她，常常睜大眼睛坐在海灣邊看著無邊無際的海水出神。現在，她只有睜大眼睛盯著那黑黝黝的洞頂出神了。

　　妹妹現在怎樣了呢，她冷嗎？她也跟她想念她一樣想念著她嗎？她有沒有足夠的柴火和糧食？應該有吧，隱士不是說過他會幫助她的嗎？何況她還有小狗作伴呢。她應該沒有問題的。她的不自由的身體讓她更加同情起妹妹的處境來。她現在困在這山洞的冰冷的床上，不過一個月，她已經覺得每分鐘都是煎熬，可是妹妹，她得一輩子生活在黑暗裏，沒有任何身體的自由。多麼不幸啊。她想著想著，就掉下淚來。

　　她有時候又想，妹妹會為她擔心嗎？她去了這麼久音訊杳無，她會不會以為她掉下懸崖死了呢？她越想越著急，恨不得馬上跑過去看她，告訴她不要惦記她，她好好的，不過受了點輕傷罷了。可是，為什麼她的腿到現在還不可以走路呢？

　　這個山洞跟妹妹那邊住的一樣，岩石上有個小窗戶。窗戶正在她床的右邊，她可以隨時將它拉開。窗外依舊是地凍天寒，到

處一片冰雪茫茫。時間也似乎凍住了，康復中的每分鐘都顯得那麼漫長。安靈本來是個有耐心的人，可是隨著時間一天天過去，她漸漸地有些不耐煩起來了。

儘管洞裏面燃燒著火，她總覺得冷極了。有一天晚上，她拉開窗戶，一縷月光照進來，她覺得那月光也像被雪浸泡過一樣，清冷清冷的。她的雙腳冷得痛起來。她煩躁地坐起來，用那只沒有負傷的右手摩挲著那雙冷鐵一樣的腳。為什麼它們總是這樣冰冷冰冷的呢？

隱士白天很少在家，他總是背著鼓鼓囊囊的藥袋出去了，一直要到傍晚的時候才回來。他沒有告訴她他去哪裡，她也沒有問他。她知道他不是個愛說話的人，除非在必要的時候，她才會打擾他。

一天傍晚，他帶了一對拐棍回來。

「是你幫我做的嗎？」安靈欣喜若狂。在床上等待康復的日子真是太難捱了。現在有了拐棍，她總算可以下地走走了。

他幫她去掉了繃帶和夾板。她試著彎了彎膝蓋，徒勞，兩隻膝蓋僵硬得紋絲不動。然後，她的視線落到那一條條坑坑窪窪的傷疤上，傷疤還是新鮮的，那深紅色的疤痕彷彿還在流著殷紅色的血，尤其右邊膝蓋處還有一個巨大的凹下去的十字。這真的是我的腿嗎，她不禁詫異起來。它們怎麼看上去這麼瘦小、蒼白、醜陋呢？以前那雙矯健光潔的腿到哪裡去了呢？我真的曾經受過那沉重得幾乎致命的傷嗎？

她在他的攙扶下下了地。她的腳剛一觸地，她就感到暈眩噁心，眼前金星狂舞。生硬的拐杖夾在腋下，頂得很疼，很不自在。尤其是那只折斷過的左臂，軟綿綿的像棉花，一點力氣都沒有。而兩條腿，又僵硬沉重得不聽使喚，幾乎抬不起來。她咬咬牙，

忍住痛苦，像嬰兒學走路似的，猶豫著邁開了第一步。轟的一聲，
她的身子一搖，拐棍跌下來，整個人差點兒栽倒在地上……

　　汗水從她蒼白的臉上落下來，她痛苦地叫了一聲。他趕緊扶
住了她，將她放回床上，然後，又仔細地檢查了她的雙腳。他將
她的左腿握在手裏，眯著眼，反複研究著。她看到他的神色比平
常更冷峻了，他的臉閃著凜凜的青光。她害怕了，她不去看他的
眼睛，因為她不敢去面對那即將要面對的。

　　她等著他告訴她，她的腿再也不能走路了，也許她一輩子要
坐在輪椅上了。或許更糟，他會告訴她她可能就要死了。

　　可是，他搖搖頭，什麼也沒說。他拿了他的衣服出去了。她
從山洞的小窗戶裏追蹤著他。只見那掛著沉甸甸冰條的傘形樹
邊，有一塊很大的斷石。她看見他坐在那塊斷石上，他橘色的棉
袍在微風中若隱若現。她看不到他的臉。他的掛滿亂鬍子的寬臉，
藏在了他豎起來的大衣領裏。他顯然正在想著什麼心思，呆呆對
著山谷出神。

　　過了好久，她看到他神色凝重地站了起來。

　　她預感到了什麼，她的呼吸隨之急促起來。

　　「安靈，」他鄭重地站在她的面前，就像一棵凍僵的樹一樣，
「恐怕我得再給你重新動一次手術了。」

　　「你說什麼？」她好像聽不懂他的話，她蒼白著臉看著他。

　　「你受傷的那天，出了大量的血，情形糟糕透了。尤其是右
腳，是粉碎性骨折。為了要挽救它，我可能有些忽視了你的左腳。
現在，你的左腳畸形癒合了，我得重新給它再動一次手術將骨頭
矯正。」

　　一片濃濃的陰影從她的臉上閃過。「怎麼動？」

　　「將它人為地折斷，再重新接它，裝上夾板。」

「我不要。」她瘦小的身子縮到牆角裏，不去看他。

「不動手術，你的骨頭永遠是彎的，你將沒有辦法走路。尤其你的右腿那麼弱，左腿將起著關鍵的支撐作用。」

「什麼時候動？現在嗎？」她咽了口苦澀的唾液，覺得喉嚨發緊。

「不，至少要再等兩個星期，等你的身體稍微強健一點。你現在太弱了，而且極端貧血。」他憐憫地看著她，他的嘴唇好像有些發抖。

她的心緊縮了一下。她閉緊嘴唇不出聲了。她知道她不可能會等兩個星期的。她已經害怕得在發抖了。她從小就怕痛，現在更怕。一個多月前他給她動第一次手術時，她幾乎是昏迷的，完全清醒後，已經是三天後的事了，那過度的痛楚都在昏迷中過去了。可是，這一次不同了，她將要在完全清醒的狀態下，看著他劃開她的腿，將那裏面的骨頭敲斷……

想到那必定要經受的巨大的肉體的痛苦，她就害怕得顫慄起來。我不要，我一定要逃走，我不要去忍受那令人煎熬的痛苦，她這樣告訴自己。

＊　＊　＊　＊　＊　＊　＊

隱士每天一出去，安靈就靜悄悄起來了。這些天，她一直在扶著拐杖偷偷練習走路。剛剛練時，她痛得滿頭大汗。可是，功夫不負有心人，她現在終於可以慢慢走了，她左邊的膝蓋也可以彎曲，右邊的腿也可以勉強挪動了。雖然左邊的腿用點力就痛起來，但只要有拐棍支撐著，腳下不用什麼力，她還是可以行動了。

那天早上，隱士背著長袋子準備出去的時候，她其實早就醒來了，可是，她裝作還在睡覺。隱士臨出門的時候，在她的床邊

站了一會兒，然後就輕輕出去了。他一走，她就如釋重負地睜開眼睛，急忙下了床。

　　她的行李早就收拾好了，塞在床下，床單蓋下來，從外面一點都看不到。為了不露痕跡，她不過收拾了一些必不可少的東西丟在裏面，準備輕裝上陣。現在，她將一些吃的塞了進去，就偷偷溜出了山洞的門。

　　她一走出山洞，就忍不住靠在那棵傘形樹上看著藍天。這是這麼些天來她第一次面對外面的世界。當她瘦骨伶仃的身影走進這陌生的宇宙中間時，周圍一切似乎都變得鴉雀無聲起來，好像連它們也認不出她來了。

　　自從受傷後，她瘦了很多。她仍然穿著母親遺留下來的那件長風衣。它罩在她的身上，好像一個掛在竹竿上的大口袋一樣。她的下巴幾乎是尖的了，臉容蒼白得見不到一絲血色。她的本來濃密的頭髮變得稀疏了，一雙本來就大的眼睛，深陷在突起的顴骨下面，更顯得大而明亮了。悲喜交集的她面對著那懸崖無聲地哭泣起來。

　　她邁開腳步，一步一挪。她的拐杖仍然用得不太靈活，身體的重心幾乎都壓在了兩根棍子上。她走得相當吃力，尤其是在這樣凹凸不平被冰雪覆蓋的山坡上。她踉踉蹌蹌沒走出多遠，就跌倒在地上了。她抱住拐棍，坐在雪地上無助地哭泣起來。

　　「我非得走不可。非得走不可！幫幫我啊，我的腿！」

　　她搖搖擺擺站起來，又準備邁開步。太陽正好那個時候出來了，紅色的光線將雪都染得火紅了。

　　「我要去哪裡呢，是天鶴山，還是妹妹那裏？」她眯著眼睛看著太陽，輕聲問自己，又像問太陽。

　　太陽不語。

「我不知道我該去哪裡，我只知道我一定要離開這裏。我沒有辦法去承受那不應該我承受的痛苦。」她低聲對自己說。她看著不遠處的懸崖上的那棵樹。她馬上記起來了，一個多月前，她就是從那裏掉下去的。她忽然有一種衝動，她要去看一眼那懸崖，想像一下她是怎樣落下去的，母親的長大衣又正好讓她掛在哪一棵樹上呢？

她蹣跚著邁開了步。她不敢走得太近，因爲她現在有了血的教訓了：岩邊的雪地是靠不住的。從她的角度，看不到懸崖這邊的底部，但她可以看到對面斷崖下面那萬丈高的黑洞。她忽然有一個奇怪的衝動，她想朝那黑洞的方向跳下去。那樣，什麼都沒有了，沒有了煩惱、憂傷、擔心、害怕，只有無止境的寧靜……

她剛試著動了動，她的腳搖晃了一下，棍子在雪地上一滑，緊接著從她腋下飛了出去，掉在了遠處。她再一次倒在了冰地上。這一次她無論如何掙扎著，都爬不起來了。她看著那太陽，太陽好像也在嘲笑她。

她將身上的背包賭氣地扔在地上，眼淚也跟著嘩嘩流下來：「上天啊，我做了什麼，你爲什麼要我忍受這麼多的苦難呢？」

天空無語。

她不知道自己在冰冷的山坡上呆呆地坐了多久。她看到她扔在地上的那個包已經跟地凍在一起了。她看到那閃閃發光的太陽落到了懸崖的另一邊去了。她冷得哆嗦起來。

她聽到有人在呼喚她，在朝她的方向跑過來。他跑到她身邊，怔住了。她別過去，垂下眼簾，不看他。他蹲下去，察看了一下她的腿，然後就像拎小雞一樣地將她拎在了肩上。

「放開我，讓我走。我不要回你的山洞。我有離開的自由！」她憤怒地掙扎著。「你是什麼人？你憑什麼管我？你不要多管閒

事，讓我選擇我的自由！」她在他的肩上哀號著，拼命要跳下來。

她不記得他是如何將她扛回山洞將她扔到床上的。她縮在岩角裏，閉緊了嘴。

很久，兩人都沉默著。她頑固地堅持著沉默，他也是。

他的臉是鐵青的，他將火燒得好大。他怒氣衝衝的臉色讓她懷疑他要將她扔進火裏燒死了。他在火邊坐了好久好久，一動不動。

她終於聽到他沉悶的聲音：「你，爲什麼要逃跑？」他的語氣是低沉的，他犀利的眼光像在質問一個臨陣脫逃的士兵一樣。

「我不知道。」

「你不會不知道！」他的眼神更加嚴厲了。

她被他的眼神刺傷了。他是什麼人，他憑什麼管她呢？她不是有她逃跑的自由嗎？她充其量不過是他的一個病人罷了，他頑固地要治好她，也許是爲她好，也許僅僅是爲了他的驕傲、自尊、或者名聲而已。可是，如果一個病人不願意接受治療，醫生有什麼權力強制她？

「你知道，你不過不願意承認罷了。安靈，爲什麼你不敢面對你自己？爲什麼？！」她心裏驚了一下，她被他的憤怒震攝了。她猜他一定生氣極了，因爲他的臉色和嘴唇都十分蒼白，他的眼睛裏有淚光在閃，他哭了，爲了她嗎？她忽然納悶極了。

忽然間，火光躥上來，照在他的脖子上，她看到那裏有什麼東西閃了一下。

「你的脖子上戴著什麼？」她抬起身，她的臉抽動了一下。

他咬咬嘴唇，然後，將頸脖上那閃光的東西輕輕摸了一下。

「給我看一下。」她低聲命令道。

他遲疑了一下，終於將它慢慢摘了下來。

　　她抖抖索索接過來：那是一個水晶墜子，跟她和妹妹脖子上掛的一模一樣的水晶墜子！

　　「父親！」她喃喃喊了一聲。

　　她看到他的身子像樹葉一樣抖動了一下，淚水在他的眼眶裏冒出來。

＊　＊　＊　＊　＊　＊　＊

　　他給安靈講了一個故事，一個很長的故事：

　　他和她是在同一個小城長大的，不同的是他們來自於兩個截然不同的社會階層。他是一個藥農的兒子，家裏一貧如洗，全靠賣一點草藥爲生。他的父母節食縮衣才可以勉強供他上學。她則是當地首富的女兒，她失明多年的母親很早就去世了。她就跟著父親和繼母過。她也沒有兄弟姐妹，從小就是父親的掌上明珠。

　　他們一直上同一個學校，同一個班級。兩個人的功課都特別好。他的夢想是將來做救死扶傷的醫生。她則熱愛音樂，她決心要做個超凡脫俗的譜曲家。她十五歲生日那年，父親和繼母將一個沉甸甸的水晶鐲子戴在了她的手上。他十五歲那年，已經學會幫著父母在集市裏叫賣草藥了。

　　有一天，學校對他們這個年級進行了一次民意測驗，要求學生用最簡短的話來概括他們的理想。因爲是匿名問卷，他未加顧慮，就匆匆寫下了當時浮上腦海的幾行字：我的理想，是在森林裏的一間小診所裏。上班的時候，我的病人們需要我，就像我需要他們一樣。下班後，我的診所變成了一個溫暖的家。也許窗外很冷，正紛紛揚揚下著雪，而我們的小屋裏卻溫暖如春：火苗在壁爐裏嗶嗶啵啵快樂地跳躍。我與我的所愛，手牽著手，站在窗戶旁，快樂地數著雪花，一面聆聽窗外嘩啦啦的樹濤聲……

誰知問卷一交上去，老師就當眾一篇篇念出來。他念了一篇又一篇，幾乎每篇都是說要聽老師和父母的話，好好學習，爭取以優異成績考上大學，將來做個本份的好公民、好職員等等。

輪到他的了。他永遠也不會忘記這個鏡頭：老師破例將他的念了兩遍。念第一遍時，幾乎所有的同學都直起了腰，張大眼睛，一副震驚失色不可相信的樣子；而第二遍念過之後，大家都哈哈大笑起來。雖然是匿名問卷，也不知道人家怎麼都猜到了這是他寫的。大家都回過頭，指著他看著，笑個不停。笑聲越來越大，越來越刺耳，他尷尬極了，他的指甲深深掐進桌縫裏，頭皮冷得幾乎要炸開來。他惱怒地抬起頭，忽然，他看到一個脖子上戴著一條紫色紗巾的女孩別過了頭，用她那雙明亮的眼眸向他這邊投過來深情的一瞥。那眼眸，就像一束和煦的陽光一樣撫慰了他，他怨恨的心立刻平靜了下來。

又有一天，全班都統一一起去看一個著名的歌劇。他喜歡音樂，也是個極其感傷的人。歌劇演到最後，主人公要死了，憂傷的音樂讓他的心要碎了，他看得滿眼是淚，又沒有帶手絹，只好讓淚水都掉到衣服上了。忽然，他感到右邊的胳膊被誰悄悄碰了碰，他詫異地一看，是她，那個脖子上戴著紫紗巾的女孩。她微笑著，也不做聲，將一隻纖細的手伸到他面前。那只手上面展著一張白色的紙巾。

她的膽大嚇了他一大跳。他看到她的眼眸像海上的波光一樣撲朔迷離。她也一定哭過了。他盯著她的臉，感到身體像受到電流襲擊一樣微微顫慄起來。她彎起小巧的嘴角輕輕笑了。她的眼眸像春天的溪水一樣滋潤了他。他也為讓一個女生看到自己狼狽的樣子而臉紅了，他臉上掛著淚痕，遲疑著接過了她的紙巾。她抿著嘴唇微笑了一下，將手很自如地縮回去了。就這麼一個小小

的幾秒鐘的插曲，在他的心裏刻下了永遠的印象。

　　有一天天下起了傾盆大雨，雷轟隆隆響起來，風吹壞了他那個破棚子家的窗戶。他跑到暴雨中去修窗子，忽然看到院子裏有朵小小的白色的梔子花，正被狂風暴雨打得暈頭轉向的樣子。他想也沒有想，就奔向了它，將它從雨中搶救了出來。一個炸雷在他的頭頂轟地響起來。其實少年的他本來是很怕打雷的，但那天那震耳欲聾的轟炸聲卻讓他充耳不聞。他的衣服被雨澆得透濕，身體渾身發抖，他也沒有在意。他狼狽地跑回家，手裏擎著那朵珍貴的花，陶然欲醉，好像一個得勝回朝的將軍。

　　第二天他破例地一大早就去上學。到教室的時候，裏邊還是黑沉沉的，一個人影也沒有。他像一個小偷一樣躡手躡腳走到她的桌前，將那朵早已被他的體溫烤得暗黃的梔子花，丟進了她的抽屜裏。做完這件事後，他覺得鬆了一口氣。過了好久，他看到她像往常一樣步履輕盈地朝她的桌椅走過去。他裝做沒有注意她的樣子，可是他眼睛的餘光卻在觀察著她的一舉一動。他知道她看到了那朵花，但生性不愛大驚小怪的她，卻並沒有像一般的女生那樣大驚失色地尖叫起來。好像那朵花本來就是她的，她把它擎著，用心地端詳了好一會兒，然後，她側過身，朝他的方向看了一下。他們的目光相遇了，他的心劇烈地跳了起來，他低頭去看著他的書本，與此同時，一股奇妙的喜悅的暖流傳遍了他的全身。他不敢再正眼看她，可是，他全部的注意力都在注意著她。他彷彿看到她微微笑了一下，她轉過身去，從抽屜裏拿出了一本相當厚的書，也許是教科書，也許不是，他看到她將花夾進了書本，然後又小心翼翼放回抽屜裏。她的鎮定和從容，讓他著實嚇了一跳。他想他是不瞭解她的，但是，也正是由於這種不瞭解，他感到他在越來越被她吸引。那天一整天，他都聞得到教室裏梔

子花那特有的襲人幽香。

　　他們相愛了，可是，在別人眼裏，他們裝作若無其事，不敢在任何人面前顯露他們的感情。他越來越希望看見她，可是又越來越害怕看見她。沒有人知道他上課時，他的眼睛常常情不自禁對著她的背影出神。但在表面上，他又在儘量回避她。連本來要經過她的桌子邊上時，他也要故意繞路而行。

　　日子一天天過去了，他轉眼成了一個挺拔的小夥子，她成了一個亭亭玉立的少女。高中畢業了，他雖然功課拔尖，考上了醫學院，卻因爲交不起學費而不得不望門興歎。她如願以償上了音樂學院。

　　他成了城裏一個小店裏打工的，以靠賣自己的體力爲生，每天幫人進貨、運貨、卸貨。晚上有一點餘暇，他就跟著父親學些有關草藥方面的知識。他想他若做不成一個正式的醫生，至少有一天還可以做個民間看病的郎中。可是，跟她在一起的夢想早就破碎了。他們屬於兩個不同世界的人。他認命了。

　　有一天，他在店裏幹活時，忽然間抬起頭，看到對面街上有一個熟悉的身影在朝他們的商店這邊走過來。他的臉色立刻變了。他丟下手中的東西，從商店後門一溜煙跑了出去。他的老闆娘那個時候正在隔壁跟那個賣糖果的人聊天，忽然看到雇員丟下工作不管，她氣極了，就站在店門口將他破口大罵起來。她罵得難聽極了，聲音又洪亮又尖銳，附近的人都忍不住駐足聆聽。對面的那個女孩皺了皺眉，好像是猶豫了一下，結果還是朝著商店走了過來。

　　老闆娘停止了怒罵，轉而好奇地打量著這個陌生的女孩。「你要找他嗎？哦，是的，他剛才還在，現在可能回家了。你到他家裏去找他吧。」她笑著將他的地址告訴給了她。

　　她點點頭，朝老闆娘指點的方向走去。他從店裏跑出來，就徑直跑到了家中。他剛關上門不久，就聽到一個文雅的聲音，在問隔壁的老婦他是不是就住在這裏。他猛地站起來。他無處逃循，只好鑽到了一張靠著窗戶的桌子下面。他剛剛藏好，就聽見了有節奏的敲門聲。他趴在地上，一動也不動，屏住呼吸。

　　他聽到他的太陽穴在突突跳著，血在他的皮膚下奔流著，膨脹著，好像要從那裏爆炸出來。敲門聲又有節奏地響了三下。篤，篤，篤，那三聲好像三枝結結實實的箭一樣直端端刺進他的心裏。他痛得渾身微微地抽搐起來。他覺得他的心臟已經停止了。他但願它已經停止了。死亡不會比他現在的感覺更難受些。

　　「也許他不在吧。你有沒有去他幹活的店裏看一看？」他聽到鄰居在向她解釋。

　　這個多事的鄰居也許為了向她證明他確實不在家，她從外面推開了他家的窗戶，指著空空如也的房間給她看。一陣沉默。他彷彿看到她撐著眉頭在原地站了好一會兒，然後，他聽到她漸漸離開的腳步聲。

　　他鬆了一口氣，閉上了眼睛。雖然是大白晴天，他看到黑暗從他的四周蔓延上來。而且，在這釅釅的黑暗中，他聽到「喀嚓」一聲，那是什麼東西在他的心裏斷裂開的聲音。

　　他是個非常固執的人。那雙海水一樣柔和的眼睛，那一朵小小的白色的梔子花，那活潑的紫色的紗巾，都已經深深地銘刻進他的骨髓了，他再也沒有辦法將它們取出來。他很清楚，他的生命裏只可能有一次這樣的戀愛了。從今以後，不管對誰，他永遠不會再有他對她的那種感情了。

　　他以為這就是最後一次見她了。他的絕情和倔強一定深深傷害了她了。也許她現在才知道他原來是如此貧窮潦倒的一個人，

她根本就後悔對他的情意了。可是，他錯了，過了幾天，她又來了。他在店子裏守店，正胡思亂想之際，忽然覺得有一個人影投在自己臉上。他看到一雙眼眸在微笑著面對著他。數年同窗，他們幾乎沒有講過一句話，但是，她現在正面對面站在他面前。他覺得喉嚨酸楚，驚喜得說不出話來。最緘默的感情就是最強烈的感情。他咬著牙，手指哆嗦著，甚至不敢正眼瞧她。在這麼多寂寞灰暗的日子裏，只有他自己清楚他曾經怎樣地幻想過有這麼面對面的一天。可是，如今幻想成真，他跟她相隔咫尺，他卻變得無所適從起來。

「你逃不掉了。」她頑皮的眼神彷彿在告訴他。

他跟著她走了出來，他們朝著附近的柳林走去。樹林外面還很亮。兩個人都不大說話，氣氛有些沉悶，但她好像並不介意，時不時抬頭看他一眼，朝他會心笑一下。他的心裏像有小鹿在撞著，一種甜蜜而痛苦的感覺掠過他的全身。拂下來的柳枝偶然阻礙了他們的去路，她就笑一笑，用手將它們輕輕撥開。他覺得她抬手腕的姿態美極了，似乎這個小小的舉動，將她所有的溫柔都體現了出來。「一絲柳，一寸柔情。」他的腦子裏突然蹦出了這句話。

兩人走了一圈又一圈，他很想好好的看她一眼，他到現在還從來沒有真正盯著她的臉容看過。她好像知道他的心思似的，故意放慢了腳步，朝他轉過了她優美的頭。他一動沒有動，傻傻地看著她，好像要從她的眼裏找出一些什麼來。

他注意到，她的眼睛亮得像被陽光照亮的海一樣，而當她微笑的時候，海裏面的兩個小太陽，就在深波裡一閃一閃。他看著她的眼睛，他彷彿看到一道強烈的光線從那裏射進了他的心裏，並刺激得它怦怦跳起來。他忽然有一個強烈的衝動，他想抱住她，

他想吻她，他想去摸一摸她脖子下面繫著的紫色紗巾。

「嫁給我，我們再也不要分開了。」他想跟她這樣說，可是，他說不出口，因為他害怕她的拒絕超過一切。

她似乎也意識到他內心的風暴。她寧靜的眼眸閃了一下，然後好奇地駐留在他的臉上。他在她的注視下稍微安靜下來。他彷彿感到了她目光的溫柔和熱度，她似乎在期待著什麼，他感到她的視線在撫摸著他的臉，他喜歡那種感覺，卻不敢面對它。他的眼神匆忙地避開了它。他覺得她跟他好像並不是平等的，他沒有直接面對她的勇氣。儘管他又是那麼渴望面對她，向她傾訴他對她的愛慕。

他覺得不能再這樣沉默下去了，他實在應該說些什麼，可是，他的手心攥著汗，太陽穴撲撲跳著，牙齒和舌頭像上了鎖。他相信他就算說話，那時說出的任何話語，都是可笑的、多餘的。她的臉上露出稍微的迷茫來。末了，還是她停下腳步，目光在他的臉上又逗留了一下。

「我知道你在想什麼，你為什麼不說出來？」她仰起臉，溫柔地看著他。

他依然沉默著。

「我走了。」她幽幽地說。

他點點頭，看著她背轉身輕輕遠離了。他就這樣呆呆地看著她的背影。她走了多遠的距離，他的心，就被她給帶到了多遠的距離。忽然間，他看到她又急促地轉過身來，他聽到她輕聲呼喚他的名字。從來沒有人這樣充滿柔情地呼喊過他，他的心好像被她略為沙啞的聲音掰成數片了，他渾身顫抖起來。他含了眼淚，迎向她。

「這朵花，這些年來我一直帶在身邊。」她從口袋裏拿出一

張折疊的紙張，給他看那裏面藏著的梔子花。雖然它已經變得枯黑並且退縮得不像一朵花了，隔著那紙張，他似乎還可以聞到它淡淡的香味。

他蒼白著臉看著她，心裏感到一陣從來沒有過的酸楚，他的眼睛濕潤了。她咬著嘴唇，將一隻手伸向了他。他像抓一根救命稻草一樣地忘情地抓住了它。她的手是細長的，冰冷的，並跟他的一樣在發著抖。

「我，我想告訴你……」他的語音哽塞，他看到淚水也在她的眼裏轉動著，好像她也在一直等待著這一刻，但是，她克制著，沒有讓眼淚掉下來。

「不要，」她溫柔地阻止了他，「現在不要說，明天去跟我的父親和繼母說吧。不要怕，拿出勇氣來。」

柳林口處，他們同時戀戀不捨地停下腳步。她亮晶晶的眼眸深深看著他，他聽到她柔聲說了一句：「明天見。」她彎著可愛的嘴角，朝他淺淺笑了一下，然後，她的背影就在一片翠綠中漸漸消失了。

他第二天去了，滿手提著沉甸甸的禮物，那是他父親用辛苦積攢了多年的積蓄幫他買的東西。她一看到他，就羞澀地躲了起來。

「我愛你們的女兒，我要娶她。」他放下禮物，開門見山就說。

「你怎麼養活她？」她的父親正吸著煙管，煙霧徘徊在他的臉上，他漫不經心地瞥了一眼他和他帶來的禮物。

「我可以靠自己的雙手賺錢。將來也可以給人看病。」

「你聽說過哪個窮人的兒子做了醫生？」他看到他臉上堆起冷冷的笑。

他還沒有反應過來，他和他的東西都被扔了出來。雖是炎熱的暑天，天色也還早，他就覺得夜色降臨了，他的心頭有寒冷的感覺，世界末日彷彿來臨了。

就在他轉身要離開時，他看到身後的門開開了，她肩上背著一個小包飛快地跑了出來。

「我跟你走。」她堅決地說。他失神的眼睛猛然間亮了。

他們住在了一起，因爲沒有房間，就住在他打工的商店的儲藏室裏。她家的門從此向他們永遠關閉了。可是她並不在乎。她一邊照看著這個簡陋的家，一邊常常在紙上寫寫畫畫，她在譜寫她的音樂。晚上，他們湊在昏暗的燈光下，輕聲哼著她創作的曲子，快樂地幻想著美好的未來。他們的日子過得貧困，可是很快樂。

可是就連這樣的快樂的日子也有期限。有一天，她被查出晚期癌症，一種非常可怕的癌症，根本沒有辦法治好的癌症。也是與此同時，她懷孕了。

他害怕失去她害怕得幾乎發瘋了。尤其他是學醫的，卻眼睜睜毫無辦法救她。他看著生命從她的身體裏一天天消去，直到她最後變得骨瘦如柴了。他知道，她的生命就要走到終點了。

他深深懼怕著那一天。她的身體受著巨大的煎熬，可是，她一直很勇敢。她安慰他，告訴他生命是永恆的，他不應該爲她悲傷。她的靈魂本來早就做好離去的準備了，可是她一直徜徉著不肯離去 —— 因爲她的孩子還沒有生下來。她固執地堅持著，如果她的生命只剩下最後一刻，她也要盡這最後一刻的力量將她的孩子生下來 —— 這是她獻給這個世界的最後的作品。

她們果然生下來了。一對雙胞胎女兒。可是，她的生命也因此耗盡了最後的一絲力氣了。她要他將自己戴著的水晶鐲子請工

匠分成了四份,做成了四個一模一樣的水晶墜子。

「從小我就看過一本書,上面說,在一個神秘的天和國裏,有一種草叫太陽草,它是一種可以讓人永生不死的草。水晶墜子上刻上太陽草吧,我們四個人一人佩戴一個。這樣,我們的靈魂會永在一起。」臨終的時候,她這樣對他說。

快到生命的最後一刻了,她用她眼裏的兩個小太陽深深地看著他。她好像很冷,她的嘴唇咬得很緊,他從來沒有看到她的臉色這樣慘白過。他將她緊緊摟在懷裏。

「親愛的。」他彷彿聽到她微弱的聲音在呼喚他。他的心顫動起來。他記得,曾幾何時,她也用這樣嘶啞的聲音呼喚過他,他的心也這樣顫動過。他彷彿又看到她的手裏握著一朵小小的梔子花吻著。淡淡的香味飄到了她的臉上,他的心上。

「記住,我會永遠在你們身邊。」她一說完就閉上了美麗的眼睛。

他的心被絕望徹底淹沒了。他決定要遠離家鄉了,他沒有辦法再待下去。命運對他們太不公平了,他要遠遠離開這個令他傷心欲絕的地方。他用了所有的積蓄,幫父母在僻靜的海邊重新安頓了下來,將兩個孩子託付給了他們。然後,他就準備離開了。他不知道他到底要到哪裡去,只知道走得越遠越好。

講到這裏,隱士的聲音哽塞了。「我責怪你逃避,你現在明白了,我自己也是一個逃避的人。」

夜色將他的話語凝固了。安靈覺得喉嚨被什麼東西卡住了。她想對他說些安慰的話,可是,她什麼也說不出來。只有在這個時候,她才真正體會到父母間原來有如此的癡情。她本來想怪父親絕情,丟下她們這麼多年不管。可是,現在她一點都不怪他了。她明白了,他絕對不是一個冷酷的人,他的心,不過在母親去世

的那一個晚上碎了，所以從此他就藏起了自己，過起了隱居的生活，裝出平靜淡漠的樣子。人眼睛所看到的一切，不過是別人所願意讓他看到的罷了。

「可是，你並沒有真正放棄我們，父親。你一直在暗中幫助我們，保護我們，不是嗎？」

他的語氣漸漸平靜下來，「我將你們託付給你們的祖父母後，可以說，我一直以我的方式關心著你們。」

「是你邀請我們來天和國的，對不對？」

「也可以這樣說，也可以說是你們自己邀請了你們自己。因為時機不到，沒有誰可以請你們過來。」

「是你在森林的溪邊幫我趕開了野獸，是你在沙漠裏幫我們放水，是你在我們生日那天讓我們撿到糧食，是你未卜先知將妹妹安置在那什麼都不缺乏的山洞裏……」

「噢，是這樣嗎，父親？」她溫柔地看著他。

他點點頭：「我不過盡我的力量幫了你們一點點罷了。可是，真正幫助你們的還是你們的母親。不要忘記：是她的大衣在關鍵的時候救了你。如果沒有它，你不可能活到現在的，安靈。沒有誰可以掉下那個懸崖還會活著上來。安念也是一樣，好多次，在最危急的時候，都是你們的母親暗暗幫助了她。」

「母親說過的，她會永遠跟我們在一起，不是嗎？」安靈深情地吻了一下脖子上的墜子，淚痕未乾的臉上露出夢一樣的微笑來。

　　　　＊　＊　＊　＊　＊　＊　＊

這一天是特殊的一天，安靈早早地就起來了。從門縫裏吹進來的風已經有些暖意了。她從那小小的窗戶裏看到，天空還沒有

亮，但已經露出了一點透明的藍色。遠處的雪峰上雖然還是白雪
皚皚，山洞門邊的那棵傘形樹上的綠葉卻已經大部分露出來了，
小鳥在上面抖著羽毛叫個不停，春天早就在不知不覺中來臨了。

今天她將接受那個讓她失眠多夜的手術。她的心裏因為激動
而撲撲跳起來。她看到父親已經不在山洞裏了。她迅速地套上衣
服，躡手躡腳步出了洞門。那時父親已在一塊大斷岩上以蓮花座
的姿勢盤腿靜坐，她在他身旁坐下來時，他連眼簾都沒有動一下，
他的身體巍然不動，帶著笑意的嘴角微微上翹。顯然，他早已進
入了物我兩忘的境界了。

她默想了一下，逐漸放鬆了身體，眺望遠處模糊的雪峰。從
後面看去，她跟隱者坐的姿勢一模一樣。兩個人都是坐在長有青
苔的大岩石上，重心落在腹部，身體微微向前傾斜。只是女孩的
腿不能像他那樣將兩隻腳自如地疊到大腿上去。

現在還是清晨，日出前的朝霧還沒有完全散去，除了晨風吹
拂的呢喃聲，和冰雪融化後在山坡上匯成小溪的淙淙聲，周遭一片
安祥靜謐。她感到有些冷，彷彿有一股寒意從脊椎下面傳上來。

她用心地吸了一口長氣，閉上眼睛，全神貫注地去觀察自己
的呼吸。她坐在那裏，好像一棵樹一樣。有一會兒，她覺得時光
倒流，昔日已經模糊了的記憶又如排山倒海紛至遝來。她就靜靜
地觀察著它們，觀察著每一個念頭，宛如她是一個旁觀者或者局
外人一樣。太陽出來了，她感到了它落在她身上的暖意，她的呼
吸越來越緩慢，漸漸變得若有若無，身體變得越來越輕，輕得似
乎要飄起來。她就這樣靜靜坐著，從容不迫、神態安祥。有一隻
白色的鳥在她面前好奇地停駐了一下，她也沒有注意到。

「安靈，你準備好了，我現在要動手術了。」她彷彿聽到有
一個聲音在耳邊輕輕響起來。

「我準備好了，父親，開始吧。」

她感覺她的左腿好像被什麼狠狠敲了一下。她覺得有些痛，她皺皺眉頭，不去管它。她試圖將全身的意識都去感受那正在冉冉升起的太陽上面。

「太陽是最偉大的醫生。它的能量，不僅能治百病，而且可以洗滌人的靈魂。」她記得父親這樣告訴她。

「如果是下雨天沒有太陽呢？」她問。

「你照樣靜坐，因為沒有太陽的天是不可能的，它不過被雲遮住了。人們看不見的東西不等於沒有。」

太陽出來的時候，她彷彿看到自己的身體輕輕巧巧躍到了空中，飛進了那個燦爛的世界裏，在那裏自由自在地盤旋、翱翔。那個世界是神秘而充滿愉悅的，陽光終年照著它，閃閃發光熠熠生亮。時光在那裏如海水一樣，一點一滴緩緩流淌，既沒有起點，也沒有終點。她的母親坐在海邊的一棵樹下，笑語吟吟地看著她。她看到母親的一雙眼睛清亮清亮的，太陽清清楚楚地折射在她的瞳仁裏。

「不要怕，我的孩子。受苦的不過是肉體。你像小鳥一樣飛得高一點，就不會體會到那痛苦了。還記得智者說過的話嗎，走投無路的時候，你一定要像一棵樹一樣拼命往上長，往上升，因為在最高的層次，沒有痛苦，只有平安和喜樂。」

「所有平凡的人都可以做到這一點嗎？」

「是的。就像所有的鳥都會飛一樣。一隻鳥，在樹下，任何災難都可能發生在它身上，可是，只要飛到一定的高度，它就不會面臨外界的威脅了。人也一樣，危險只是針對肉體來說的。靈魂不會有任何危險，世上沒有任何東西可以傷害到它。」

「你很快樂嗎，母親？」

「是的。」

「爲什麼？」

「因爲我已經學會飛了。」

她看到母親漸漸飛入了那一大片淡紫色的陽光中。她更加專注地看著那一片光。她看到她的每一個毛孔爲歡迎它們而張開。她的身體，像吸塵機一樣，將那些溫暖的雨點輕輕吸進皮膚、血液和骨髓之中。她想像它們進入了她的體內深處，盡情在那裏嬉戲玩耍，然後，它們像金色的煙花一樣綻開來，變成一朵朵美麗的花，明亮得像水晶一樣，將她的身體照得溫暖而雪亮。在這些奇異光線的照耀下，她的內部變得越來越溫暖，五臟六肺清晰可見，最後她的呼吸也顯得若有若無了。她彷彿看到自己變成了一個閃閃發光的火球，她跟母親在一起了，她跟天地萬物宇宙星河融合成一體了。那時候的她，是個真正充滿快樂的人。以前的一切憂傷、痛苦、懼怕、煩躁，彷彿都在這些光線的照射下融化了。

「安靈，醒一醒，我們的手術已經做完了。」她聽到有一個聲音在叫她。

她睜開眼睛，含著眼淚看著父親，「母親剛才來了，你也聽到她說話了嗎？」

「是的，我聽到了。因爲你們剛才用的是宇宙語說的話。」

* 　* 　* 　* 　* 　* 　* 　*

山坡延伸下去便是一個幽深空曠的山谷，那裏有一條被群山裹住的天然淡水湖。湖並不大，卻很深。冬天的時候，它是一條十足的冰湖。天氣暖和，冰塊漸漸融化的時候，湖水是跟藍天一樣晶瑩透明的湛藍色，裏面清晰地倒映著樹和峭壁的影子。

父親出去了，安靈順著細長陡峭的山路去山谷裏汲水，她小心翼翼地往下走。她的腿雖然幾乎康復，但是右邊膝蓋還是不能

彎曲自如。下坡的時候，小腿和膝蓋很有些僵硬、吃力，所以她覺得下山比起上山更加困難。但時移境遷，今日的她，跟那時的她，又發生了多大的變化啊。她早已經不是那個畏懼一切痛苦的女孩了。平生第一次，她的心裏非常清靜了，一種從未有過的清靜。她已經不再懼怕了，她有的是面對任何困難的勇氣。彷彿就是天塌下來，她也不會害怕了。這是多麼大的解脫啊。

山谷中已經有些早開的野花，它們在早上淡淡的霧氣中是羞答答的樣子。剛下過雨不久，那裏充滿了潮濕清馨的味道，她情不自禁深深吸了口氣。

那時天邊最高的那座山已經被粉紅色的柔光覆蓋了，陽光在冰湖上投下無數閃閃發光的寶石。她趴在湖邊，低頭汲水的時候，忍不住看了一眼湖裏的人。「你是誰？你在這裏做什麼？」這個一直折磨著她的聲音又溜了出來。那個聲音很空曠很低沉，她一下子無法判斷它是來自哪裡，或是誰的。它彷彿來自一個很遙遠的地方，一個她無法觸及的地方。也許它直接來自她的靈魂也說不定。

「你是誰？」那個聲音彷彿在叮叮噹噹敲著她，她的腦子被敲得嗡嗡作響。雖然這個聲音並不大，像一個小石子掉進深潭裏，它在水面震盪了一下，就無聲地消失到最底層了。但是，那個最底層就是她的靈魂深處，石子在那裏衝擊了一下，濺起了一串長長的水花，將她從一個長長的沉睡中的夢驚醒了。

她努力集中注意力去思考它。她的心好像被風吹著的漣漪一樣，情不自禁震盪了一下。她皺著眉頭，思考了好一會兒，忽然，她微笑起來，指著雪峰下面繚繞的那片柔軟的雲彩，調皮地說：「我是誰？我就是雪峰下的那片雲。」

「可是，那片雲是極其渺小的。」一個聲音不知從哪裡傳過來，這樣說。

「我也是。」她輕輕附和。

「它軟弱虛空，不懈一擊，一陣微風，就可以將它吹散了。」

「我也是一樣。所有人類都是一樣。」她的聲音變得有些無奈。

「它來無影，去無蹤，它無羈無礙。」

「是的，我也但願這樣。所有的修行者都但願這樣。」

「可是，」這個聲音遲疑了一下，然後冷酷地說，「雲的存在對它本身來說是毫無意義的。雲化成雨、雨蒸發爲雲，這樣反反複複，如此而已，有什麼意義或者價值呢？宇宙中多的是雲，它的存在與否都毫不重要。也許有人會需要它，但它並不需要它自己。」

「你這麼說也對也不對，」她沉思著答，「是的，單片的雲，也許是毫無意義的。但是你有沒有想到，世界上不可能有任何單獨的東西？只要它存在，它就是宇宙的一部分了。而宇宙中沒有任何東西是毫無價值和毫無目的地存在著的，包括一片雲，看上去漫不經心，但它卻絕不是偶然存在或者毫無目的的。」

「那麼，我問你，一片雲存在的價值和目的是什麼？是變成雨嗎？」那是一個嘲弄的竊笑的聲音。

「不，雨，只是雲存在的另一種形式而已，不是它存在的價值和目的。我知道，你在問我，一個人生存的價值和目的是什麼？難道是死嗎？」

「你很聰明。我待會兒正要問你這個問題。」

「好，我先告訴你，雲存在的價值和目的。雲，就像大海裏的一滴水。」

「比喻得好。那滴水是可有可無的。」

「不，它絕不是可有可無的。恰恰相反，它是非有不可的。」

「什麼？一滴水？非有不可？」這個聲音哈哈笑起來。

「是的，非有不可。因爲沒有這滴水的時候，大海是不一樣的大海。」

「有什麼不一樣呢？」

「就是少了這滴水的不一樣。」

「好，就算你解釋了這滴水的存在的合理性，那麼你也不能說明這就是這滴水存在的價值。」

「凡是大海的價值就是這滴水的價值。雲也一樣。天空中雲的總和的價值，就是這片雲的價值。」

「那麼渺小的它們怎麼去體現這個價值呢？」

「水匯入大海中，雲，融入天空裏，這不就是它們體現價值的最好的方式嗎？」

「可是，並不是每滴水、每片雲都有一樣的純淨度，它們也有的含有很多雜質。如果它們有價值，它們的價值也是不一樣的。」

「是的，但是那些雜質並不是它們，它們的本質只是純淨的水。所以，現在我們又回到了剛才談論的那個話題。不論是那片雲，還是那滴水，它們以各種不同的形式存在著，只爲了一個目的。」

「什麼？」

「最終擺脫那不純淨的，跟那最純潔的融合在一起。」

「那麼人呢？」

「人也跟它們一樣。我還需要再仔細解釋嗎？」

「不必了。我還不至於這麼笨。」那個聲音變得親切起來。「好吧，我最後再問你一個問題。」

「什麼？」

「你是誰？」

「我就是宇宙。」她說完了這句話，就背著水壺上了山。

＊　＊　＊　＊　＊　＊　＊　＊

　　那天，安靈跟父親照樣吃了簡單的早餐：每人一個煮熟的土豆和一把去了殼的核桃。

　　安靈吃過了，父親照舊給她端來一碗藥，「喏，喝了吧。」

　　「好，謝謝。」

　　「你的氣色好多了，不過還有些貧血。」他仔細地端詳著她的臉。

　　「已經好多了，父親，多虧了你的藥。它們都是你在天和國種的藥嗎？」

　　「有些是，有些是我去雪峰上採來的。」父親不露聲色地說。

　　現在，安靈明白了，父親每天背著長袋子出去，原來就是爲了給她找藥。在那樣寒冷刺骨的冰天雪地裏攀登，那是多麼危險啊。她感激地看著他。「謝謝你，父親。」

　　他淡淡地笑起來，「謝什麼呢？」

　　「謝謝你這麼多日日夜夜照顧我，謝謝你冒著危險到處找藥幫助我恢復。」她仰著臉，柔和地看著他。

　　「這難道不都是一個父親該做的嗎？」他的眼裏閃爍著慈祥的笑意。

　　「要是安靈也可以靠吃草藥恢復視力就好了。」安靈的臉上掠過悵然的神情。

　　「相信奇蹟總有一天會出現的，我的孩子。」

　　她點點頭，用心地看著他滿臉鬍鬚的臉，說：「我今天要走了，父親。我要去找妹妹，然後再一起上路去找天鶴峰。」

　　父親輕聲笑起來，「你們還要去找那個監護人嗎？如果是這樣的話，你們倒不必去了。」

　　安靈也笑起來，「監護人倒是不必找了，因爲他現在就站在我面前。可是，我們還得去找妹妹的太陽草。另外，我們的目的

地既然是天鶴峰，無論如何，也應該爬到頂部去看一看。將來別人問起我們，我們也可以告訴他們天鶴峰到底是什麼樣子呀。」

「你說得對極了。一個人定下的目標，一定要達到才好。」父親贊許地說。

「爲什麼當初你要我們在天鶴峰見面呢，父親？」她專注地看著他。

「很快你就會明白的，安靈。」他的唇角再次浮現出神秘的笑意。

她點點頭。「那我就要動身了。」

「噢？你覺得身體已經恢復得夠了嗎？」他很注意地看著她的腳。

「是的，我覺得很好了。」

「那好，我送你一程。」

「不必了，你不是說過，每個人最後都得自己走自己的路嗎？我知道路線，我會很小心的。」

「你說得對，我不送你了。你得走自己的路。」他凝神片刻，臉上露出了溫煦的笑容。

「我們還會見面嗎？」

「是的，肯定會的。跟你母親一樣，我永遠不會離開你們的。」

「謝謝，再見。」「她緊緊地擁抱了他一下，一邊淘氣地摸了摸他亂蓬蓬的大鬍子，她看到他的眼圈紅了。

她慢慢地邁開步子，她走得稍微有些跛，但她已經不需要拐棍了。走出了很遠，她回過頭，還看到父親坐在那塊大岩石上看著她離去。她朝他揮揮手，他也揮揮手。然後，一陣柔和的音樂聲從她的身後傳過來，那是他的笛子，父親在吹笛子。大山將他的笛聲用回聲送了過來，她停下腳步，很用心地聽著。

　　她暗暗吃了一驚，那是她們生日那天妹妹吹的那首曲子。那柔和的曲調像是有生命的一樣，它在空中飄飄忽忽，溫柔地鑽進她的耳朵裏，安撫著她的身心。她彷彿看到母親的靈魂也同著她一起享受這柔美深沉的音樂，她看到她笑了。她也微笑了。

　　「再見，父親。再見，母親！」她喃喃說了一句，就頭也不回地走了。

＊　＊　＊　＊　＊　＊　＊

　　安靈還沒完全接近妹妹的山洞，濃烈的芳香就已經撲鼻而來。一隻大白狗汪地叫了一聲，撲到她的身上。

　　「噢，花兒！」她驚喜地抱住它。然後做了一個噓的手勢，蹲下去輕輕撫摸著它，它立即在她腳邊安靜了下來。她打量一下四周，幾個月不見，只見山洞外面簡直成了一個小小的花園，那裏到處是花。陽光下工作的是興奮無比的蜜蜂們，它們正忘情地拍著翅膀吸吮著甘甜的花汁，小小的身影映在花瓣上。

　　一個女孩從洞裏邊跑出來，面對著她。

　　「安靈？」她揚起長長的眉毛。

　　「噢，是的，是我，安念。我回來了。」安靈的眼淚掉下來。妹妹雖然沒有看見她，大概她的直覺讓她「感到」她了。幾個月沒見，妹妹似乎又長高一些了。

　　「我就知道今天你會回來的。」安念微笑了，聳聳歪鼻子，頑皮地說。

　　「為什麼？」

　　「因為昨天早上我聽到笛聲了。」

　　「父親的笛子？」

　　「是的，父親的笛子。」

「那山隔這邊很遠，你不可能聽見的。」

「可我還是聽見了。」她鼓起腮幫，得意地揚起眉毛。

「安念……」安靈鼻子一酸，淚眼朦朧起來。

「哦，安靈，你回來了就好，我等你好久了。」

兩人緊緊地擁抱在一起。

「對不起，我還沒有找到天鶴峰，也沒有找到太陽草。我受傷了。」

「我知道了。」

「父親告訴你了？」

「沒有，他什麼也沒有說。我猜的。我的直覺素來很厲害。所以這幾個月來我一直在爲你祈禱。」

「你的祈禱變成現實了，我可以走路了。右腿還有些瘸，不過再多練習一些日子就會好的。現在天氣好了，我們很快就可以一起上路了。你看不見，我可以牽著你的手。花兒也可以幫助你。」那小狗好像聽得懂似地，適時地汪了一聲。

「我不需要你牽著，花兒可以回到父親身邊去，我們也不需要再去找太陽草了。」安念圓圓的臉蛋上掛著神秘莫測的笑。

安靈愕然不解地看著她。

「是的，安靈，我可以看見了。頭些天不久，我的眼睛突然又好了。」

「真的嗎？」安靈瞪大了眼睛，目不轉睛地看著她。

安念咯咯笑起來，「安靈，你還不相信嗎？你看，我現在看見你的臉並沒有洗乾淨，上面還有一小塊黑色的泥土呢。」她伸出手，將姐姐臉上的泥巴揭下來。安靈的心因爲狂喜而怦怦跳起來，她的臉也因爲興奮而變紅了。

「噢，安念，我多麼高興啊。」她嘴上歡笑著，眼淚卻從她

的眼睛裏不斷掉下來。她憐愛地理了理妹妹的又長又亂的頭髮，「你光說我的臉髒，你沒有看看你的頭髮亂得跟鳥窩差不多了。」

妹妹的眉毛高高揚了上去，她不示弱地看著她：「呵，安靈，我擔保，要是沒人將我的梳妝鏡帶走，我現在的尊容會高貴多了。」

妹妹的聲音在安靈聽起來就像音樂一樣悅耳。她欣慰地看到妹妹眼裏那曾經消逝了的兩個小太陽又回來了，而且比以前更亮。

「我們多麼幸運啊，安念，」她喃喃說，「我只覺得心裏充滿了感激，無法言喻的感激。」她轉過身，面對著藍天、太陽、岩石、殘雪、和宇宙中的所有一切，默默合上了雙手。

「謝謝你們。」她聽到她的心在說。

「也謝謝你 ── 太陽草！」她看到妹妹像小鳥一樣輕盈盈地跳起來，她拉著她的手，跑到那石椅旁，指著那下面一株草給她看：「你看，安靈，這是什麼？」

是的，這是一株非同尋常的草。它似乎是透明的，而且個子很矮。不像其他的草是散開往外長的，這草卻像葫蘆一樣往上收攏來。陽光正好照在它上面，每一片草葉都在閃閃發著光，而光線在草的最上面聚攏的地方閃爍著一棵小小的橙色的珠子。草和珠子在微寒裏光芒四射，站在一旁的兩個女孩彷彿都能感受到它的巨大熱量和煥然生命力了。

「這真的就是太陽草嗎？」安靈皺起眉頭，惘然地看著妹妹，「怎麼我們在這裏呆了好多天一點都沒有發覺呢？」

「雪太厚了，將它深深覆蓋住了，所以我們沒有看見。父親告訴我，太陽草在寒冬的天氣也會冬眠的，這樣它吸收了冰雪的能量，在解凍的時候才會有更加奪目的光彩和生命力。」

安靈沉默著。彷彿一下子不知說什麼才好。淚光在她的眼裏閃爍著。

「是它的能量救了我的眼睛，父親告訴我，這是我每天都在它身邊靜坐的結果。」

安靈唇邊浮現起調侃的微笑：「我注意到了，安念，你還沒有吃它的可以讓你長生不老的珠子喲。難道你還在等我來跟你分享嗎？」

「呵呵，」安念毫無顧忌地放聲笑起來，眼裏帶著促黠的味道，「可是我們已經不需要吃它了，因爲我們已經找到了通往永生的秘密，安靈，不是這樣嗎？」

「通往永生的秘密，哎呀呀，那是什麼呢？」安靈聳聳肩，裝作不解的樣子看著她。

「飛翔，像小鳥一樣飛到高高的藍天上。」

兩個人又緊緊地擁抱在一起。陽光在她們佩戴的墜子上閃耀著神秘的光。

* * * * * * * *

太陽出來了。金色的陽光照在終年不化的白色山頂上，發出凜冽的寒光。兩個女孩又在山上走了好些天了。這一天上午，她們在一個偏僻的角落裏停了下來。有一隻頭上有一圈翠綠的小鳥，在一棵樹枝上清脆不停地朝她們叫著。安念也模仿著小鳥的聲音叫起來。小鳥像是怕羞似的，撲的一聲朝著對面的山峰飛走了。

「安靈，我有一個感覺，我們離目的地不太遠了。」

「但願如此。」安靈受過傷的腿實在很累了，她一屁股癱坐在地上。

「噢，安靈，快走吧。我沒有騙你，我們真的馬上要到了。」安念好像在空中嗅到了什麼特殊的味道似的，眉飛色舞手舞足蹈起來。

「你怎麼知道？」姐姐掙扎著站起來，狐疑地看著妹妹，因爲前面沒有任何建築物或人的跡像。

「我不知道，我只是感覺到了。」妹妹水靈靈的大眼睛撲閃著，裏面是抑制不住的期待和喜悅。

果然，她們繞著山腰的後背走了不遠，就見一棟白色尖頂石頭房赫然映入眼簾。房子的外形很古典，窗戶很大而且數量很多，就像房子的許多眼睛在向遠方張望著。白色的屋頂斜斜地從屋兩邊拖下來，正好緊緊夾住兩面帶著暗花的石牆。

她們躡手躡腳走進去。門在她們面前輕輕打開，又在她們身後無聲無息合上了。

她們首先看到院子裏有一個石像，上面覆蓋著薄薄的青苔。院中有幾朵膽怯的淡黃色的花，從石頭縫隙裏面害羞地探出頭來，張望著這個世界。

她們走了好久，穿過長長的走廊，走廊盡頭有一間房，從外面的窗戶可以將裏面看得清清楚楚。裏邊沒有人，卻有很多像圖書館裏一樣碼得整整齊齊的書。

接著，她們來到一個巨大的花園裏。她們看到那裏有各種顏色的花在那裏爭奇鬥豔。有的花葉子很嫩，軟軟地朝下垂著，好像新生小孩的頭髮一樣。有些花是大團大團的，她們走近了才知道那團團簇簇都是由一小朵一小朵的小花組成。周圍的草地上就像蓋了一床繽紛的花被，又像下了一層彩色的雪。

她們看到就在花園邊上，太陽下面，有一個老人坐在一塊大青岩上講道，他的周圍簇擁著好些人。他們有的坐在地上，有的坐在石椅上。老人大約講到什麼好笑的事情，他呵呵笑起來，他周圍的人、花、樹、動物們也跟著他呵呵笑起來。不同的愉快的笑聲混合在一起，在寬闊的花園裏形成一種特別和祥的回聲。

「哎呀，他就是智者！」兩個女孩不由得暗自驚呼起來。

她們找了一個僻靜的臺階坐了下來。忽然間，一隻狗朝她們快樂地哼了一下。兩個女孩大吃了一驚：那不是花兒嗎？花兒旁邊站著的，不正是朝著她們役微笑的父親嗎？他們什麼時候來了？而坐在父親身旁的那些畢恭畢敬聽道的人，不就是跟她們同坐一趟船過來的嗎？白衣女人，隔壁的詩人，怕看悲劇的人，兩個小偷，怕黃燈的人，時髦女人……他們什麼時候都到達了這裏？

她們看到老人背在胸前的褡褳裏安靜地偎著一黑一白兩隻小貓，它們好像很甜蜜地睡著了。智者拿起一根棍子，在地上畫了一個圓圈。「你們看到這個圓了嗎？它很圓，是不是？」

眾人點頭。

「你們還注意到了什麼？你們也許會說，什麼也沒有了，不過一個圓而已。可是，你們有沒有試著問自己，這個圓很圓，它為什麼這麼圓呢？」

為什麼，女孩們擰起眉頭，覺得這個問題太奇怪了。

「因為它有著一個圓心，所以它才會圓。每個人也一樣，如果沒有一個圓心，他的生命就不可能是圓滿的。做任何事情一樣，如果沒有一個圓心，他也不可能成功。」

他停了停，好像在給他們時間思考，然後又接著說：「這個圓心就是你的靈魂，就是宇宙之心。這就是為什麼我們說，快樂，要在內心找，不要去外部找，你要知道，永恆的快樂的源泉在哪裡 —— 你的圓心所在的地方。可是，如果你永遠待在這個圓心不動，你很安全，不會有任何痛苦、悲傷，不會有任何冒險的經驗，但這也意味著你不可能知道圓心與圓的區別，因為你從沒有體驗過，怎麼會知道它呢？所以，我反複強調，熄滅痛苦的真理，你必須親自去實踐它。」

「打個比方說，內心的快樂就是一個家，你是屬於這個家的，你是這個家的主人，但這並不等於，你不可以到外面去旅行，去接交各種各樣的朋友，去學習各種知識、創造各種經驗。但是，你應該意識到，不管你在哪裡，旅行就是旅行，你是個過客，你不屬於那裏，你住的地方也是旅店，不管你憑著自己的能力，住上多麼豪華的旅店，旅店就是旅店，不是你的家。你如果固執地將旅店當成你自己的家，想將它永遠占為己有，那就是你的不幸了。當你疲倦的時候，你應該想到，你的家在哪裡，你應該常常回去看看它，去體會你做為主人的感覺。其實任何時候我們都是不孤獨的，靈魂是我們永遠的陪伴者，最忠實的守護神。何況它並不是一個弱小的個體，它是屬於宇宙的，漫漫無邊威力無窮的宇宙是它的發源地也是它的歸屬處。我們好好去研究它，跟它溝通，就等於是跟這個宇宙溝通了，是不是？」

「讓我們再拿一條蛇來作比喻。蛇頭代表它的靈性，蛇尾代表它的個性。為什麼蛇頭常常喜歡去咬蛇尾呢？因為只有它的靈性跟它的個性合為一體，它才是一條圓滿的蛇。人也一樣……」

眾人帶著微笑聚精會神聽著，好像在靜靜默思老人講的每一句話。

詩人這時候正好抬起頭，他冷不防看到了兩個女孩。安靈朝他輕輕笑著揮手，他的眼睛瞪圓了，臉上露出一個歡欣無比的笑容。

「所有的小路無論在山腳下轉多少彎，最後都會通到山頂上。」她們聽到智者這樣結束了他的講道。那依偎在他胸前的兩隻小貓這時已經醒來了，它們悄悄跳下他的膝蓋，溜到花兒的身邊去跟它親熱了。

2010 年 8 月 12 日空因於溫哥華